SOS
FINS DE MOIS DIFFICILES

K&B
JEAN-FRANÇOIS KOWALSKI
CAROLINE BEE ÉDITEURS

Suivi éditorial : Caroline Bee et Guillaume Clapeau
Direction artistique : Jean-François Kowalski
Maquette : Frédérique Chapelle

Achevé d'imprimer en février 2009
sur les presses de Brodard & Taupin, La Flèche, France
n° 51332

ISBN : 978-2-915957-95-2

Édité par K&B Éditeurs
19, rue de Liège — 75009 Paris — France
www.kandb.fr

À ma compagne, pour son soutien permanent.

À mes enfants.

À Aline et Alvio, pour leur appui continu.

À ma famille, qui m'accompagne depuis toujours dans
mes différentes expériences professionnelles.

À Wilfrid Pavie, expert-comptable de l'association CAPE,
spécialiste de la création d'entreprise.

SOMMAIRE

PRÉAMBULE

Septembre 2008 – Un matin dans une petite brasserie en région parisienne.

Une odeur de café torréfié envahit l'espace et plane au-dessus du bar. Le percolateur fonctionne à plein régime et le personnel s'agite pour servir au plus vite une douzaine de clients.

Comme à mon habitude, je déguste un expresso tout en prenant connaissance des dernières nouvelles : elles ne sont pas bonnes, pas bonnes du tout... Le secteur du bâtiment et des travaux publics se porte mal, l'industrie et le commerce également, le chômage repart à la hausse, la consommation des ménages s'essouffle... La croissance de notre pays et le pouvoir d'achat des Français sont en berne : c'est la crise.

Survolant par-dessus mon épaule un des nombreux articles qui y sont consacrés, un homme m'interpelle gentiment : « Combien de temps ça va durer ? »

Poliment, je réponds : « Les économistes eux-mêmes ont du mal à s'entendre sur les conséquences et la durée de la crise, alors combien de temps ça va durer... »

Je réfléchis un court instant puis reprends :

« Pour des millions de Français, la crise sera de toute façon trop longue...

– C'est-à-dire ?

– Avant la crise, des millions de Français étaient déjà dans une situation budgétaire et sociale difficile. La crise ne va rien arranger, bien au contraire. »

Hochant de la tête, mon interlocuteur acquiesce.

Fin de notre petite discussion.

Quelques minutes plus tard, je règle ma consommation, sort de la brasserie et m'interroge : « La crise va toucher durablement la vie quotidienne de millions de familles françaises et les fins de mois vont être de plus en plus difficiles pour beaucoup d'entre elles... Que puis-je faire de plus qu'aujourd'hui ? »

Juin 2005 – Après dix années passées au service de sociétés de crédits à la consommation, j'ai décidé de donner un nouveau sens à ma vie professionnelle en créant l'association CAPE (Conseil et assistance aux particuliers endettés). Bilan, après trois ans et demi de vie associative : j'ai aidé plus de 2 500 familles et particuliers à gérer au mieux leur budget, à éviter une situation de surendettement ou encore à en sortir. C'est beaucoup lorsqu'on agit seul et de façon isolée, mais un grain de sable dans le désert comparé au nombre de Français en difficultés.

Lentement mais sûrement, l'idée d'écrire un livre a fait son chemin et la réalisation d'un guide pratique destiné au plus grand nombre s'est imposée.

À qui s'adresse *SOS Fins de mois difficiles* ?

SOS Fins de mois difficiles s'adresse aux jeunes qui entrent dans la vie active, aux salariés, à ceux qui sont à la recherche d'un emploi et aux seniors. En bref, à tous ceux qui peuvent avoir besoin d'informations et de conseils dans la gestion de leur budget au quotidien.

À quoi sert *SOS Fins de mois difficiles* ?

À augmenter votre pouvoir d'achat en maîtrisant vos dépenses : avec *SOS Fins de mois difficiles*, je vous donne toutes les clés pour agir rapidement et efficacement sur toutes vos dépenses et augmenter vos ressources de façon simple et sûre.

À gérer efficacement votre budget, à éviter le surendettement ou à en sortir : avec *SOS Fins de mois difficiles*, je vous livre mes conseils pour améliorer la gestion de votre budget.

Épargne, crédits, rachat de crédits, services bancaires, assurances... Je passe en revue les pièges à éviter, les bonnes pratiques et les bons réflexes à adopter avant de signer.

Loin des grandes théories, je m'appuie dans ce guide sur de très nombreux cas concrets issus de mes expériences professionnelles dans le secteur bancaire et associatif. Enfin, je vous propose en exclusivité de télécharger gratuitement des outils de suivi budgétaire, développés par la société Oneproof (p. 218).

Je vous en souhaite bonne lecture.

Gilles GEFFROY
Fondateur-bénévole de l'association CAPE
Animateur de l'émission « Coûte que coûte » diffusée sur M6
Directeur du pôle Surendettement de la société OneProof

Partie 1
Augmentez votre pouvoir d'achat en maîtrisant vos dépenses !

AVANT DE COMMENCER...

Le **revenu disponible** d'un ménage comprend :

- les revenus d'activité professionnelle ;
- les revenus du patrimoine (immobilier et mobilier) ;
- les transferts en provenance d'autres ménages (donations, legs...) ;
- les prestations sociales (y compris les pensions de retraite et les indemnités de chômage).

Le revenu disponible est net des impôts directs (c'est-à-dire que les impôts en sont déduits).

Les **impôts directs** sont principalement :

- l'impôt sur le revenu ;
- la taxe d'habitation ;
- les contributions sociales généralisées (CSG) ;
- les contributions à la réduction de la dette sociale (CRDS).

Les situations budgétaires des particuliers et des familles présentées à partir du chapitre 1 ne tiennent pas systématiquement compte de ces définitions mais reposent cependant sur des cas concrets et significatifs issus de mes expériences professionnelles.

COMMENT MAÎTRISER VOS DÉPENSES ?

Maîtriser vos dépenses, c'est tout d'abord apprendre à contrôler ce que vous faites de vos ressources, c'est-à-dire la façon dont vous dépensez votre argent tous les mois. En contrôlant votre budget, vous pouvez accroître votre capacité à consommer, mais aussi à épargner ou encore à investir. En clair, maîtriser vos dépenses vous permet d'augmenter votre pouvoir d'achat !

Pour agir sur vos dépenses, vous devez tout d'abord en réaliser un état des lieux précis : « Avant de savoir où je vais, encore faut-il que je sache où je suis ! »

Tout au long de mon parcours professionnel, j'ai constaté qu'une partie importante des Français ne suivent pas de près leur budget, c'est-à-dire la façon dont ils dépensent leurs ressources.

Si ceux dont les ressources sont élevées peuvent en général se permettre de ne pas trop compter, ceux dont les ressources sont limitées doivent au contraire faire preuve d'une grande vigilance : le moindre faux pas peut se payer comptant...

Parce que personne n'est à l'abri d'un « accident de la vie » (chômage, maladie, divorce ou séparation...), je vous conseille donc de réaliser un état des lieux précis de vos dépenses, quelle que soit votre situation financière.

COMMENT RÉALISER VOTRE ÉTAT DES LIEUX ?

Étape 1 — Contrôlez votre dernier relevé de compte bancaire

Pour réaliser un bon état des lieux de vos dépenses, récupérez sur le mois dernier :

- votre relevé de compte bancaire mensuel (ou vos 2 derniers relevés si vous en recevez un tous les quinze jours) ;
- vos tickets de paiement par carte bancaire (facturettes) ;
- vos tickets de retrait d'espèces délivrés par les distributeurs de billets ;
- vos souches de chéquiers ;
- vos tickets de caisse lorsque vous réglez en espèces ;
- toutes les factures que vous réglez chaque mois.

Avec votre relevé bancaire, vous allez vérifier :

- les virements que vous avez reçus et émis (virement vers un de

vos autres comptes bancaires ou à destination d'un tiers) ;
- les prélèvements correspondant à vos factures, à vos crédits et aux impôts lorsque vous êtes mensualisé (c'est-à-dire lorsque vous les payez tous les mois) ;
- vos règlements par chèque et par carte bancaire ;
- vos opérations de retraits d'espèces dans les distributeurs de billets.

Cette vérification est indispensable ! En effet, bien que très performant, le système informatique de votre banque peut parfois présenter des failles, sources d'erreurs. De plus, toutes les opérations au débit et au crédit de votre compte ne sont pas forcément réalisées par le système informatique de votre banque. Elles peuvent être réalisées manuellement à l'initiative de votre chargé de clientèle, ou sur votre demande.

Ces erreurs peuvent correspondre :
- **À des frais, des commissions ou à des cotisations injustement prélevés par votre banque.** Vous pourrez alors les contester auprès de votre chargé de clientèle ou auprès du directeur de votre agence bancaire. Si les frais, commissions ou cotisations sont justifiés et si vous n'avez jamais eu de problèmes particuliers avec votre banque, appelez votre chargé de clientèle ou prenez rendez-vous (privilégiez le rendez-vous au contact téléphonique). Expliquez-lui les raisons de votre erreur de gestion qui a occasionné le calcul des frais (commissions ou cotisations) et assurez-lui que cela ne se reproduira pas. Demandez-lui de faire preuve d'indulgence et de compréhension, il ne pourra qu'apprécier votre démarche. Qu'il vous accorde ou non l'annulation de tout ou partie de vos frais (commissions ou cotisations), il se souviendra de votre appel ou de votre passage ainsi que de votre honnêteté. Enfin, si les frais sont justifiés et que vous avez déjà eu des problèmes avec la gestion de votre compte bancaire, votre négociation sera beaucoup plus délicate.
  Néanmoins, quelle que soit l'issue de cette négociation, elle mérite d'être tentée pour une bonne raison : vous n'avez pas appliqué la politique de l'autruche, vous avez fait face à vos responsabilités !
- **À des opérations non débitées, non créditées, ou encore à des erreurs portant sur les montants.** Si vous n'arrivez pas à identifier l'origine de l'erreur, n'attendez pas ! Prenez immédiatement contact avec le chargé clientèle en charge de la gestion de vos

comptes bancaires. Il doit être en mesure de vous apporter des explications ou, à défaut, de vous dire précisément ce que vous devez faire pour les obtenir.

Étape 2 — Regroupez vos dépenses par type

Vous venez de contrôler toutes les opérations au débit et au crédit de votre compte à l'aide de votre dernier relevé de compte bancaire mensuel. Vous savez donc avec précision ce que vous avez payé sur le mois dernier. Vous allez maintenant regrouper vos dépenses par type.

Les différents postes de dépenses

Afin de faciliter le regroupement de vos dépenses, vous trouve-rez ci-dessous la liste des principaux postes de dépenses des ménages français. Ces postes de dépenses sont classés par ordre décroissant d'importance dans le budget des ménages français, c'est-à-dire que le 1er poste de dépense « Logement, chauffage et éclairage » est le plus important et que le dernier de la liste « Éducation » est le moins important (je reviendrai sur l'importance de chaque poste de dépenses tout au long de la première partie de ce livre).

1. **Logement, chauffage et éclairage**
2. **Transports**
3. **Alimentation et boissons non alcoolisées**
4. **Services financiers, assurances et soins à la personne.** Ce poste de dépenses comptabilise ce que vous coûtent votre banque (cotisation pour votre carte bancaire, abonnement pour la consultation de votre compte sur Internet, frais, commissions…), vos assurances (pour votre logement, pour vous-même et votre famille, pour vos véhicules…) et vos soins personnels (coiffeur, soins esthétiques… hors frais de santé).
5. **Loisirs et culture.** Ce poste de dépenses inclut les appareils électroniques (lecteurs MP3…) et informatiques (ordinateurs, logiciels, imprimantes, scanner…).
6. **Hôtels, restaurants et cafés**
7. **Équipement du logement.** Ce poste comprend les meubles et l'électroménager.
8. **Vêtements et chaussures**
9. **Santé.** Ce poste de dépenses comprend uniquement les dépenses de santé restant à votre charge (déduction faite des sommes remboursées par la Sécurité sociale et par votre mutuelle).

10. **Boissons alcoolisées et tabacs.** Ce poste de dépenses inclut toutes les boissons alcoolisées (champagne, vin, bière, spiritueux... quel que soit le taux d'alcool) et tout type de tabac (cigarettes, cigares, cigarillos, tabac à rouler, tabac pour pipes...).
11. **Communication.** Ce poste comprend la téléphonie fixe et mobile, Internet et les chaînes et les bouquets de chaînes payants.
12. **Éducation des enfants.** Ce poste de dépenses prend en compte toutes les dépenses non prises en charge par l'Éducation nationale : livres, matériels et petites fournitures scolaires...
13. **Impôts.** Ce poste de dépense inclut l'impôt sur le revenu, la taxe d'habitation (comprenant la redevance pour la télévision) et la taxe foncière.

À noter

Le poste de dépense « Impôts » n'est pas un poste de dépenses comme les autres. En effet, il ne s'agit pas d'une dépense de consommation (acheter un bien ou un service) mais de la participation de chacun au budget de l'État en fonction de ses ressources.

Conseil pratique

Pour que le regroupement de vos dépenses soit le plus proche possible de la réalité, prenez bien en compte toutes vos dépenses : par chèque, carte bancaire, virement, prélèvement et espèces.

Concernant les dépenses en espèces, soyez aussi précis que possible ! Pour cela, pensez à demander un ticket de caisse pour chaque dépense. Lorsque vous achetez une baguette, un café ou encore un journal, il est rare que le commerçant vous remette de lui-même un ticket de caisse. Demandez-le-lui ou notez la somme sur un petit carnet. Voici la façon dont vous pouvez noter vos dépenses réalisées en espèces (et sans ticket de caisse) sur votre carnet :

Date	Nature de la dépense	Montant
01/12/2008	1 journal 1 café dans une brasserie 1 baguette	0,9 1,2 0,8
02/12/2008	1 timbre 1 baguette Pressing : 1 pantalon	0,55 0,8 4,4
Total		8,65

Cas concret : Monsieur Basile
Pour bien comprendre l'intérêt de noter vos dépenses réalisées en espèces et sans tickets de caisse, voici l'exemple de Monsieur Basile... qui ne note pas ce type de dépenses et ne comprend pas « où » part son argent...

Tous les matins, Monsieur Basile prend un café (1,20 €) tout en lisant son quotidien préféré (0,90 €). Sa journée de travail achevée, il achète une baguette avant de rentrer chez lui (0,80 €).

Le total des dépenses réalisées par Monsieur Basile sur 1 mois est de : (1,2 € + 0,9 € + 0,8) 30 jours = 87 €. Soit plus de 1 000 € sur 1 an ! (1 058,50 € pour être précis).

Imaginons maintenant que Monsieur Basile soit fumeur et qu'il achète un paquet de cigarettes par jour (5,30 €).

Le total des dépenses réalisées par Monsieur Basile sur 1 mois devient : 87 € + 159 € de cigarettes (5,3 € × 30). Soit près de 3 000 € sur 1 an ! (2 993 € pour être précis).

Baguette, café, paquet de cigarettes, journal... Peu importe ce que vous achetez : à chaque fois que vous payez en espèces sans recevoir de ticket de caisse, notez toutes vos dépenses !

Étape 3 — Calculez le montant total de vos dépenses pour chaque poste de dépenses

Vous avez contrôlé vos relevés de compte bancaire (Étape 1). Vous avez regroupé vos dépenses par poste (Étape 2). Vous allez maintenant calculer la somme totale que vous dépensez pour chaque poste.

La mensualisation des dépenses

Pour que vos calculs soient le plus proche possible de la réalité, vous devez impérativement mensualiser toutes vos dépenses qui ne font pas l'objet d'un paiement mensuel de votre part, c'est-à-dire que vous allez faire comme si vous aviez à les régler tous les mois !

En ce qui concerne vos dépenses quotidiennes (une baguette, un café, un journal...), hebdomadaires (un plein de carburant pour votre véhicule, les courses de la semaine...), mensuelles (votre loyer, le facture de votre fournisseur d'accès à Internet, une mensualité de crédit...), vous n'aurez aucune difficulté à les additionner pour en connaître le montant total sur un mois.

Cependant, pour que votre calcul de regroupement de vos dépenses par poste soit exact, vous devez aussi prendre en compte les dépenses que vous réalisez :

- tous les 2 mois (une facture d'électricité...) ;
- tous les 3 mois (vos charges de copropriété...) ;

- tous les 4 mois (l'impôt sur vos revenus si vous payez par tiers provisionnel...) ;
- une fois par an (la taxe d'habitation et la redevance télévision si vous n'êtes pas mensualisé...).

Pourquoi « mensualiser » les dépenses que vous ne réalisez pas tous les mois ?

Pour une raison toute simple : « Gérer, c'est prévoir ! »
En des termes plus clairs, gérer correctement votre budget, c'est prévoir toutes les dépenses que vous allez devoir réaliser tout au long de l'année. En anticipant vos futures dépenses, fini les mauvaises surprises ! (Je parle ici uniquement des dépenses prévisibles, pas des dépenses qui ne peuvent pas se prévoir à l'avance comme des soins de santé exceptionnels.)

Cas concret : Madame Geneviève
Madame Geneviève est propriétaire d'un appartement « tout électrique » (elle se chauffe et s'éclaire à l'électricité), perçoit un salaire mensuel de 1 450 € et règle :

- tous les 2 mois : sa facture d'électricité de 120 € ;
- tous les 3 mois : ses charges de copropriété de 300 € ;
- tous les 4 mois : le tiers provisionnel de l'impôt sur ses revenus, soit 600 € ;
- une fois par an : la taxe d'habitation (900 €) et la taxe foncière (1 200 €).

En « mensualisant » ses dépenses, Madame Geneviève prévoit un budget par mois :

- de 60 € pour sa facture d'électricité (120 € divisés par 2) ;
- de 100 € pour ses charges de copropriété (300 € divisés par 3) ;
- de 150 € pour l'impôt sur ses revenus (600 € divisés par 4) ;
- de 75 € pour la taxe d'habitation (900 € divisés par 12) ;
- de 100 € pour la taxe foncière (1 200 € divisés par 12).

Le montant total des dépenses « mensualisées » par Madame Geneviève est donc de 485 €.

En bonne gestionnaire de son budget, Madame Geneviève place cette somme sur un produit d'épargne sans risque : le livret A (je reviendrai sur les différents produits d'épargne, leur fonctionnement, leur utilité et les avantages qu'ils présentent dans la deuxième partie de ce livre). Ainsi, Madame Geneviève fait d'une pierre deux coups :

1. En mensualisant ces 485 €, elle prévoit ses dépenses pour toute l'année et ne rencontre donc aucune difficulté pour régler ses impôts, ses taxes, sa facture d'électricité et ses charges de copropriété.

2. En plaçant les 485 € sur un livret A, Madame Geneviève perçoit près de 120 € d'intérêts par an !

De quoi régler 2 mois de factures d'électricité, par exemple !

À retenir

En « mensualisant » toutes vos dépenses, vous maîtrisez votre budget et vous pouvez même commencer à gagner de l'argent en épargnant. Vous augmentez donc votre pouvoir d'achat !

Rentrons maintenant dans le vif du sujet : comment maîtriser vos dépenses pour augmenter votre pouvoir d'achat.

1
SE LOGER, SE CHAUFFER, S'ÉCLAIRER ET ÉCONOMISER L'EAU

Selon l'INSEE (Institut national de la statistique et des études économiques), le poste de dépenses « Logement, chauffage et éclairage » a représenté 25,3 % de la consommation des ménages français en 2007 (hors prêts immobiliers). Ce poste de dépenses est le 1er poste de dépenses des Français.

Souvenez-vous...

- Vous avez contrôlé votre relevé de compte.
- Vous avez regroupé vos dépenses par poste de dépenses.
- Vous avez calculé le montant total de vos dépenses par poste de dépenses.

Vous savez donc combien vous consacrez tous les mois au poste de dépenses « Logement, chauffage et éclairage ». Vous devez maintenant déterminer la part de vos ressources que vous consacrez à ce poste de dépenses.

Cas concret : Monsieur et Madame Odilon

Monsieur et Madame Odilon disposent de 32 400 € de ressources par an, soit 2 700 € par mois. Ils sont locataires d'un appartement de 3 pièces. La totalité des dépenses qu'ils réalisent pour le poste de dépenses « Logement, chauffage, éclairage » représente 945 € par mois.

La part du poste de dépenses « Logement, chauffage, éclairage » de Monsieur et Madame Odilon dans leurs ressources est donc : (945 / 2 700) × 100 = 35.

Monsieur et Madame Odilon consacrent donc 35 % de leurs ressources mensuelles au poste de dépenses « Logement, chauffage, éclairage ».

Si Monsieur et Madame Odilon consacraient 25,3 % de leurs ressources mensuelles à ce poste de dépenses (moyenne nationale des ménages français), ils devraient dépenser en réalité : 2 700 × 25,3 / 100 = 683,1 €.

Ils dépensent donc 261,9 € de trop par mois par rapport à la moyenne nationale, ce qui correspond à 3 142,8 € par an !

Attention, ce chiffre n'indique pas que Monsieur et Madame Odilon affectent une partie trop importante de leurs ressources à ce poste de dépenses. Il dit seulement : « Attention, vous êtes au-dessus de la moyenne nationale ! » Ce chiffre n'est par conséquent qu'une indication, pas une conclusion en soi.

LES PARAMÈTRES

La part des ressources qu'un foyer (particulier ou famille) consacre au poste de dépenses « Logement, chauffage, éclairage » dépend d'un nombre important de paramètres.

Le type de logement que vous habitez

Le marché immobilier de votre lieu d'habitation détermine son prix, que vous soyez locataire ou propriétaire. Vous logez dans une habitation à loyer modérée ou pas, dans une maison ? Vous avez une place de parking, un box, un ascenseur, une cave ? Vous avez un jardin, une terrasse, un balcon ? Toutes ces particularités liées à votre logement font varier son prix.

Votre système de chauffage

Les prix varient en fonction du système que vous utilisez : chauffage au gaz, électrique, au fioul, au bois, à granulés de bois, solaire ou encore pompe à chaleur géothermique (énergie extraite du sol). Les prix changent également en fonction de la bonne ou mauvaise isolation thermique de votre logement.

Votre éclairage

Les prix peuvent aussi évoluer en fonction du type de lampes avec lesquelles vous vous éclairez : lampe classique à incandescence, lampe à incandescence aux halogènes ou encore lampe fluorescente (lampes à basse consommation). Les prix varient aussi en fonction de la surface vitrée de votre logement : plus vous avez de surface vitrée, moins vous éclairez.

Ce ne sont là que quelques exemples. Beaucoup d'autres paramètres déterminent le montant de la part de vos ressources que vous consacrez au poste de dépenses « Logement, chauffage, éclairage ».

LOUER

Comment bien choisir votre logement ?

Pour bien choisir votre logement, vous devez dans un premier temps définir votre besoin avec précision. La définition de votre besoin dépend :

- du nombre de personnes dans votre foyer, qui détermine le nombre de pièces dont vous avez besoin pour vivre ;
- de votre budget, qui fixe la somme d'argent maximum (le plafond) que vous pouvez lui consacrer.

Mais bien sûr, ce n'est pas tout...

Les trois principales questions que vous devez vous poser avant de louer un logement

Je ne vous parlerai ici que de dépenses, donc de votre pouvoir d'achat.

Comment choisir le lieu de votre futur logement ?

La somme d'argent que vous pouvez consacrer à votre logement détermine les zones géographiques (une partie de département, une commune, un quartier...) où le marché de la location correspond à votre budget. À chaque zone géographique correspond un ou plusieurs moyens de transport pour vous rendre sur votre lieu de travail.

À noter

Pour chaque zone géographique, vous devez vous informer des différents moyens de transport possibles.

Cas concret : Monsieur et Madame Édouard

Monsieur et Madame Édouard ont deux enfants, scolarisés en école primaire. Ils disposent de 24 600 € par an, soit 2 200 € par mois. Ils viennent d'emménager dans leur nouveau logement dont le loyer est de 550 € par mois.

Monsieur et Madame Édouard ne se sont pas suffisamment renseignés et constatent que leur commune est peu desservie par les transports en commun. Madame Édouard doit donc prendre sa voiture pour déposer et récupérer les enfants à l'école et Monsieur Édouard la sienne pour se rendre sur son lieu de travail. Conséquence : Monsieur et Madame Édouard dépensent 200 € de plus par mois en carburant, ce qui représente plus de 9 % de leurs ressources !

Pour équilibrer leur budget, Monsieur et Madame Édouard doivent maintenant réduire leurs postes de dépenses « Loisirs et culture » et « Hôtels, restaurants, et cafés »...

Conseil pratique

Le choix de votre futur lieu d'habitation doit non seulement tenir compte de la façon dont il est desservi par les transports en commun (toujours moins coûteux que la voiture), mais aussi de la distance qui vous sépare des écoles si vous avez des enfants ou si vous souhaitez en avoir prochainement.

Idéalement, et afin de limiter vos dépenses de transports, votre logement doit être situé non loin des commerces (boulangerie, charcuterie, cordonnerie, pressing...), d'une supérette (magasins en libre-service de moins de 400 m^2), d'un supermarché ou hypermarché, de votre banque, de professionnels de santé (médecins généralistes et spécialistes, dentistes, kinésithérapeutes...) et d'un hôpital.

La distance qui sépare votre lieu d'habitation de chacun de ces « centres d'intérêt » doit être un véritable critère de sélection dans le choix définitif de votre logement.

Le logement dispose-t-il d'une bonne isolation thermique ?

L'isolation thermique est la capacité d'un logement à pouvoir retenir la chaleur en hiver et conserver la fraîcheur en été. Une bonne isolation thermique vous permet de moins chauffer en hiver et de ne pas avoir recours à un système de climatisation pendant l'été. En clair : une bonne isolation thermique vous permet d'alléger vos factures d'énergie et donc de réaliser des économies.

L'isolation thermique concerne :

- les murs : parties extérieures, parties intérieures et entre les deux, c'est-à-dire leur épaisseur ;
- la toiture : le toit et les toits-terrasses (toits d'une maison ou d'un appartement faisant office de terrasse) ;
- les combles : habitables ou aménageables et perdus (non habitables) ;

- les planchers : sur terre-plein, sur vide-sanitaire, sur parties chauffées et non chauffées ;
- les parois vitrées : les fenêtres et les vitrages.

Vous venez peut-être d'en prendre conscience : l'isolation thermique concerne presque toutes les parties de votre logement. Alors avant de louer : soyez vigilant ! Observez et posez toutes les questions utiles sur ce sujet au loueur !

Pour plus d'informations sur l'isolation thermique de votre logement, je vous recommande de vous rendre sur le site de l'ADEME (Agence de l'environnement et de la maîtrise de l'énergie) : *www.ademe.fr/particuliers/fiches/isolation_thermique/rub4.htm*

Y a-t-il des charges à payer en dehors du loyer ?

Les charges locatives sont des charges liées :

- à l'utilisation du logement loué ;
- aux parties communes du bâtiment (si c'est un bâtiment).

Ces charges sont réglées :

- soit par le locataire ;
- soit par le propriétaire qui en réclame le remboursement au locataire ; on parle alors de « charges récupérables ».

Voici la liste des charges locatives ou « charges récupérables » les plus couramment supportées par les locataires :

- ascenseurs et monte-charge ;
- eau froide, eau chaude et chauffage collectif des locaux privatifs et des parties communes ;
- installations individuelles : chauffage et production d'eau chaude, distribution d'eau dans les parties privatives… ;
- parties communes intérieures au bâtiment ou à l'ensemble des bâtiments d'habitation : dépenses relatives à l'électricité, aux fournitures consommables, exploitation et entretien courant, menues réparations, entretien de propreté… ;
- espaces extérieurs au bâtiment ou à l'ensemble de bâtiments d'habitation : voies de circulation, aires de stationnement, espaces verts, aires et équipements de jeux… ;
- hygiène : dépenses de fournitures consommables, exploitation et entretien courant, élimination des rejets… ;
- équipements divers du bâtiment ou de l'ensemble de bâtiments d'habitation ;
- impositions et redevances : droit de bail, taxe ou redevance d'enlèvement des ordures ménagères, taxe de balayage…

La liste est longue... Alors pour éviter les mauvaises surprises, pensez à demander au loueur (propriétaire, agence immobilière...) si le loyer comprend les charges locatives ou s'il existe des charges récupérables. Un tel oubli de votre part ou de la part du loueur peut-être lourd de conséquences sur votre budget !

Vous avez maintenant les idées claires sur les questions que vous devez vous poser avant de louer votre logement. **Reste à le trouver...**

Comment faire pour trouver l'offre qui correspond à votre besoin, sans perdre trop de temps et à moindre coût ?

Les agences immobilières

Pour trouver votre logement, vous pouvez faire appel aux services de professionnels de l'immobilier. Vous devrez prendre rendez-vous avec de nombreuses agences immobilières pour augmenter vos chances de trouver rapidement votre logement. Concrètement, cela sous-entend :

- chercher des agences immobilières ;
- les contacter par téléphone pour prendre rendez-vous ;
- exposer votre projet de location lors de chaque rencontre ;
- visiter les logements sélectionnés par l'agence immobilière sur la base de vos recommandations.

Point supplémentaire : les déplacements pour vous rendre aux rendez-vous dans les agences immobilières. C'est une véritable course contre le temps.

Certes, les collaborateurs des agences immobilières ont une connaissance du marché local de l'immobilier que vous n'avez pas, ils disposent de biens en location parmi lesquels vous trouverez peut-être votre bonheur et ils sont en mesure de vous prodiguer certains conseils propres à votre recherche... **Mais tout ceci a un prix : la « commission d'agence » ou « frais d'agence ».**

Conseil pratique

Au-delà d'être coûteux, les frais d'agence sont libres. Ils peuvent donc varier d'une agence à une autre.

Je n'aurai qu'un seul conseil : si vous souhaitez passer par une agence immobilière pour louer votre logement, consultez plusieurs agences, comparez les prix et faites jouer la concurrence. En clair : **Né-go-ciez !**

Internet

Pour gagner du temps et aussi de l'argent, Internet peut constituer un allié précieux. En effet, il existe de nombreux sites qui vous offrent la possibilité de rechercher votre logement sans passer par une agence immobilière : **vous gagnez de l'argent.**

Sans vous déplacer, vous pouvez sélectionner plusieurs habitations répondant à vos besoins : **vous gagnez du temps.**

Alors quels sont les sites Internet sérieux vous permettant de faire une recherche efficace ? Pour vous aider, voici une liste de sites de recherche de location de logement sans intermédiaire (pas de frais d'agence).

- **Cologimmo : *www.cologimmo.com*.** Ce site propose des annonces immobilières de location en France et exclusivement issues de particuliers. La consultation est gratuite, tout comme le dépôt des annonces. Vous y trouverez également des conseils et des services pratiques.
- **De particulier à particulier : *www.pap.fr*.** Ce site présente des milliers d'annonces immobilières de particulier à particulier consultables gratuitement, des conseils, des modèles de lettres, des fiches pratiques et des adresses utiles.
- **Entre particuliers : *www.entreparticuliers.com*.** Ce site vous offre la possibilité de louer un bien immobilier directement entre particuliers et à l'échelon national. Il propose également un espace personnel (avec mémorisation des annonces et créations d'alertes), des services et des conseils pratiques sur les crédits, les assurances, les travaux, les diagnostics et des modèles de lettres.
- **Logis demande : *www.logisdemande.com*.** Ce site est un site gratuit de petites annonces immobilières inversées. Il propose exclusivement les annonces des personnes étant à la recherche d'un logement en location ou colocation. Ce sont les propriétaires qui sélectionnent les candidats locataires et qui entrent en contact avec eux.

Si vous souhaitez faire appel aux services d'une agence immobilière, voici une liste de sites spécialisés dans l'immobilier.

- **Acheter-louer : *www.acheter-louer.fr*.** Ce portail Internet spécialisé dans l'immobilier, également éditeur des journaux gratuits *Acheter-louer.fr*, *Actua-Immo* et *Paris Immobilier*, diffuse des annonces immobilières de locations et colocations. Il propose aussi des services pratiques avec ses partenaires et des annuaires d'agences.
- **À la lucarne : *www.alalucarne.com*.** Ce site est un réseau de huit

agences qui proposent des biens sur toute la France. Précurseurs dans le domaine de l'immobilier associé aux nouvelles technologies, au multimédia et à Internet, leur principal point fort est leur technologie de visites virtuelles totalement interactives.

- **Annuaire-immo : *www.annuaire-immo.com*.** Ce site est un annuaire qui répertorie 31 000 agences immobilières en France. Vous y trouverez leurs coordonnées complètes : téléphone, adresse, site web, adresse e-mail.
- **À vendre-À louer : *www.avendrealouer.fr*.** Site de petites annonces d'agences immobilières avec des critères de recherche complets, précis et innovants. Vous trouverez un guide très riche avec des informations juridiques et pratiques, un service d'alertes et des liens utiles.
- **Century 21 : *www.century21.fr*.** Réseau de 900 agences ou cabinets d'agents immobiliers, Century 21 propose des biens à la location, partout en France, ainsi que des actualités, des fiches pratiques et des chiffres clés.
- **FNAIM : *www.fnaim.fr*.** Le site de la Fédération nationale de l'immobilier propose des annonces immobilières de biens à la location sur toute la France grâce à son réseau d'agences. Vous y trouverez également un guide immobilier, des informations et des conseils pratiques et des analyses économiques.
- **Foncia : *http://fr.foncia.com*.** Le groupe Foncia vous propose de nombreux services concernant la location immobilière sur toute la France.
- **Guy Hoquet : *www.guy-hoquet.com*.** Ce site vous présente son réseau d'agences immobilières en France et ses activités relatives à la location de biens.
- **Immostreet : *www.immostreet.com*.** Ce site vous propose des annonces immobilières de locations, de l'actualité, des adresses utiles, un annuaire d'agences immobilières et des informations pratiques par l'intermédiaire de leurs nombreux partenaires.
- **L'adresse : *www.ladresse.com*.** Ce groupe est un des plus jeunes grands réseaux immobiliers avec ses 400 agences immobilières affiliées à la FNAIM. L'adresse développe des services dans la location de biens.
- **Laforêt : *www.laforet.com*.** Le site du réseau Laforêt Immobilier permet de consulter les annonces immobilières des 700 agences situées dans toute la France. Vous trouverez également de l'actualité, des conseils, une calculette financière et un outil de recherche ciblée.

- **Logic-immo :** ***www.logic-immo.com.*** Ce site vous permet de consulter des milliers d'annonces de location sur toute la France, des fiches pratiques, ainsi qu'un moteur de recherche des agences immobilières partenaires du site.
- **Paru Vendu :** ***www.paruvendu.fr.*** Ce site vous permet de consulter des milliers d'annonce immobilières mises à jour quotidiennement. Recherches automatiques, envoi des nouvelles annonces par e-mail, conseils pratiques, actualités : le site met à la disposition des internautes toute une gamme de services et d'outils pratiques.
- **Se loger :** ***www.seloger.com.*** Ce site présente des annonces immobilières actualisées en temps réel pour trouver un appartement ou une maison en location partout en France. Il vous propose également des informations pratiques, des offres de partenaires et des liens utiles.
- **SNPI :** ***www.snpi.fr.*** Le site du Syndicat national des professionnels de l'immobilier propose près de 14 000 biens à la location, des services (calculettes, cartographie, alertes) ainsi que des informations pratiques.

La colocation

Vous ne pouvez pas louer seul ? Unissez vos forces ! Pour faire face à l'augmentation constante du prix des loyers, notamment dans les grandes villes, de plus en plus de personnes (bien souvent des étudiants, des jeunes actifs mais aussi, depuis peu, des séniors actifs ou non) recherchent un logement à partager : c'est la colocation.

Les loueurs y trouvent un avantage certain : le cumul des revenus des colocataires diminue le risque d'impayés de loyer.

Comment ça marche ?

Le contrat de colocation est similaire à tout contrat de location. Il précise le nom de chacun des colocataires, indique la durée du bail, les conditions de son renouvellement et de sa résiliation. Lors de l'arrivée d'un nouveau colocataire, un avenant au contrat est établi.

La clause de solidarité

Le loueur a tout intérêt à ce qu'une clause de solidarité figure au contrat, car elle constitue pour lui une garantie de paiement. Ainsi, si l'un des colocataires ne règle pas sa quote-part, les autres devront la régler à sa place !

La taxe d'habitation

La taxe d'habitation est due par l'habitant du logement au 1er janvier de chaque année. L'administration ne délivre qu'un seul document par logement. La quote-part de chacun des colocataires devra donc être calculée entre eux.

Conseil pratique

Il est souhaitable qu'un pacte de colocation soit souscrit entre les colocataires, afin de déterminer les conditions de vie de chacun dans le logement.

Ce pacte délimite les parties privatives de chacun (chambre, placards, etc.) et les parties communes du logement. Il établit également la liste des dépenses collectives (factures de chauffage, d'électricité...) et des dépenses individuelles (nourriture personnelle...).

Il peut aussi organiser financièrement l'absence d'un des colocataires pendant quelque temps (pour cause de stage, par exemple) et prévoir les modalités d'hébergement temporaire d'amis ou de parents.

Enfin, lorsque les colocataires ont apporté des équipements ménagers ou des meubles destinés aux parties communes, le pacte de colocation peut indiquer à quel locataire ils appartiennent et quel sera leur sort en cas de départ anticipé de celui-ci.

Trouver une colocation

Pour vous aider dans votre recherche de colocation, voici une sélection de sites Internet spécialisés dans ce mode de location.

- **Appartager :** ***www.appartager.com.*** Sur ce site, vous trouverez des appartements à louer en colocation, des colocataires, la photo des chambres et/ou du colocataire ainsi que toutes les informations essentielles à la colocation (informations juridiques, modèles de baux et lettres types).
- **Colocation :** ***www.colocation.fr.*** Ce site offre plus de 100 000 annonces de colocation chaque semaine (offres et demandes des colocataires, des propriétaires et des agences) et des informations pratiques.
- **Easycoloc :** ***www.easycoloc.com.*** Easycoloc vous aide à trouver un appartement en colocation avec le colocataire idéal dans votre ville. Vous pouvez y déposer ou consulter des annonces. Vous trouverez également des témoignages et des liens utiles.
- **Recherche colocation :** ***www.recherche-colocation.com.*** C'est un site gratuit de petites annonces de colocation sur toute

la France. Il propose des annonces avec photos, un système d'alertes par mail et des liens utiles sur la colocation.

Les logements pour étudiants

Vous êtes étudiant et vous cherchez un logement ? Pour vous aider, voici une liste de sites spécialisés dans la recherche de logements pour étudiants.

- **CNOUS** : ***www.cnous.fr***. Placé à la tête du réseau national des CROUS (Centres régionaux des œuvres universitaires et scolaires), le CNOUS (Centre national des œuvres universitaires et scolaires) a pour vocation de faciliter la vie des étudiants dans de nombreux domaines, dont celui du logement. Le site vous donne toutes les informations pratiques pour obtenir un logement en résidence universitaire ou en ville.
- **ADELE** : ***www.adele.org***. ADELE vous accompagne dans la recherche de votre logement étudiant (résidence étudiante, cité universitaire ou foyer) dans toute la France et vous donne toutes les informations pratiques pour réussir votre location.
- **Logement étudiant** : ***www.location-etudiant.fr***. Il s'agit d'un service d'aide aux étudiants qui cherchent à se loger dans la ville de leurs études. Le site propose toutes les informations utiles pour trouver un logement, s'installer, gérer les formalités et les litiges, ainsi que des outils pour faciliter vos démarches.
- **Ma piaule** : ***www.mapiaule.com***. Ce site présente l'annuaire des logements étudiants. Vous y trouverez toutes les bonnes adresses pour trouver votre logement : offres de particuliers, cité universitaire, résidences, agences immobilières spécialisées, foyers, logements HLM ainsi que des informations pratiques et juridiques et des lettres types.

Les HLM : Habitation à loyer modéré

Avez-vous droit à une HLM ?

Pour le savoir, suivez le guide.

Étape 1 — À quelle catégorie de ménage appartenez-vous ?

- Catégorie 1 : 1 personne seule
- Catégorie 2 : 2 personnes sans personne à charge, à l'exclusion des jeunes ménages
- Catégorie 3 : 3 personnes ou 1 personne seule avec 1 personne à charge, ou jeune ménage sans personne à charge

- Catégorie 4 : 4 personnes ou 1 personne seule avec 2 personnes à charge
- Catégorie 5 : 5 personnes ou 1 personne seule avec 3 personnes à charge
- Catégorie 6 : 6 personnes ou 1 personne seule avec 4 personnes à charge
- Dernière catégorie : personne supplémentaire

À noter

Dans les catégories 2 et 3, un jeune ménage désigne un couple marié ou couple de concubins ou de partenaires pacsés sans personne à charge, dont la somme des âges est inférieure ou égale à 55 ans.

Est assimilée au conjoint la personne vivant en concubinage avec le candidat locataire ou le partenaire lié à celui-ci par un Pacs (Pacte civil de solidarité) et cosignataires du contrat de location.

La notion de couple s'applique aux personnes mariées, vivant en concubinage ou liées par un Pacs.

Étape 2 — À combien se montaient vos ressources en 2006 ?

Pour le savoir, reportez-vous à votre avis d'imposition de l'année 2006.

Étape 3 — Consultez le tableau ci-dessous

Votre catégorie de ménage	Vos ressources en 2006. Vous habitez Paris ou une commune limitrophe	Vos ressources en 2006. Vous habitez en Île-de-France hors Paris et communes limitrophes	Vos ressources en 2006. Vous n'habitez pas en Île-de-France
1	23 553	23 553	20 477
2	35 200	35 200	27 345
3	46 144	42 314	32 885
4	55 093	50 683	39 698
5	65 548	60 000	46 701
6	73 759	67 517	52 630
Personne supplémentaire	+ 8.218	+ 7.523	+ 5.871

Pour vous aider à bien comprendre ce tableau, voici 3 situations bien distinctes.

Cas concret : Monsieur Raymond
Monsieur Raymond vit seul à Paris. Son avis d'imposition 2006 fait apparaître des ressources de 23 000 €. Monsieur Raymond fait partie de la première catégorie de ménages.

Le plafond de ressources pour un habitant à Paris : 23 553 €.

Monsieur Raymond est en dessous du plafond de ressources : il peut prétendre à bénéficier d'une HLM et donc formuler une demande.

Cas concret : Monsieur et Madame Lucien
Monsieur Lucien réside à Grenoble (Isère) avec sa femme et son unique enfant. Son avis d'imposition 2006 présente des ressources pour le ménage de 35 000 €. Monsieur Lucien fait partie de la troisième catégorie de ménages.

Plafond de ressources pour un ménage ne résidant pas en Île-de-France : 32 885 €.

Monsieur Lucien est au-dessus du plafond de ressources : il ne peut pas prétendre à bénéficier d'une HLM.

Cas concret : Monsieur et Madame Guillaume
Monsieur et Madame Guillaume vivent à Pontoise (Val d'Oise) avec leurs quatre enfants. Leur avis d'imposition 2006 fait apparaître des ressources de 67 000 €. Monsieur et Madame Guillaume font partie de la sixième catégorie de ménages.

Plafond de ressources pour un ménage résidant en Île de France (hors Paris et communes limitrophes) : 67 517 €.

Monsieur et Madame Guillaume sont en dessous du plafond de ressources : ils peuvent prétendre à bénéficier d'une HLM et donc formuler une demande.

À noter

Si, dans la théorie, Monsieur Raymond et Monsieur et Madame Guillaume peuvent prétendre bénéficier d'une HLM, dans la réalité, compte tenu du nombre très important de demandeurs dont les revenus sont très en dessous des plafonds de ressources, ils seraient placés sur liste d'attente.

À qui s'adresser pour bénéficier d'une HLM ?

Pour toute demande de location d'un logement social, vous devez vous adresser :

- en Île-de-France, à la mairie de la commune où vous souhaitez résider ;

- pour les autres régions, vous pouvez également faire une demande directement auprès des organismes HLM.

Pour vous aider dans votre recherche d'organisme HLM, voici une sélection de sites Internet.

- **ESH : *www.esh-fr.org*.** C'est le site de la Fédération des entreprises sociales pour l'habitat. Cette fédération est composée de 298 entreprises sociales pour l'habitat (sociétés anonymes d'HLM). Pour trouver la liste (non exhaustive) des sites de ces entreprises sociales, consultez sur ce même site : *www.esh.fr/annuaire/frame_annuaire.htm*
- **FNAR - Habitat : *www.fnar-habitat.org*.** FNAR - Habitat est le site de la Fédération nationale des Associations régionales. Cette fédération est composée de 21 associations regroupant l'ensemble des organismes HLM de chaque région. L'annuaire des associations de cette fédération se trouve en page d'accueil.
- **HLM COOP : *www.hlm.coop*.** HLM COOP est le site de la Fédération nationale des sociétés coopératives d'HLM. Cette fédération est composée de 160 sociétés coopératives d'HLM. Pour trouver l'annuaire de l'ensemble des coopératives HLM, consultez sur ce même site : *www.habitat.coop/d_immoneo*
- **Offices - HLM : *www.offices-hlm.org*.** Offices-hlm.org est le site de la Fédération nationale des Offices publics de l'habitat (OPH). Cette fédération est composée de 279 offices. Pour les adresses, consultez sur ce même site l'annuaire des offices : *www.offices-hlm.org/infosprat/sitesdesoffices.html*
- **Union - Habitat : *www.union-habitat.org*.** Union-Habitat est le site de l'Union sociale pour l'habitat qui représente quelque 820 organismes HLM qui détiennent et gèrent 4 millions de logements en France. En tant qu'organisation professionnelle, elle ne gère directement aucun logement. Pour connaître les coordonnées des organismes HLM de chaque région, consultez sur ce même site l'annuaire des organismes HLM : *www.union-habitat.org/AnnuaireOrg*

Le 1 % Logement

Les entreprises du secteur privé non agricole qui emploient plus de 10 salariés versent tous les ans une contribution à un organisme collecteur, un Comité interprofessionnel du logement (CIL) ou à une Chambre de commerce et d'industrie (CCI). Les fonds recueil-

Ils permettent aux salariés de ce secteur de bénéficier d'un droit de désignation dans un logement locatif social.

Qui peut en bénéficier ?

Destiné en priorité aux salariés des entreprises de 10 salariés et plus, le 1 % Logement a étendu son action en faveur d'une plus grande diversité de bénéficiaires :

- salariés des entreprises de **moins** de 10 salariés ;
- demandeurs d'emploi ;
- jeunes de moins de 30 ans en situation ou recherche d'emploi et étudiants boursiers d'État ;
- personnes handicapées ;
- travailleurs saisonniers.

À qui s'adresser pour bénéficier du 1 % Logement ?

Si vous travaillez dans une entreprise du secteur privé non agricole de 10 salariés et plus, renseignez-vous auprès de la direction du personnel de votre société.

Si vous travaillez dans une entreprise du secteur privé non agricole de moins de 10 salariés, ou si vous avez moins de 30 ans et êtes en recherche ou en situation d'emploi, renseignez-vous auprès du CIL (Comité interprofessionnel du logement) ou de la CCI (Chambre de commerce et d'industrie) gestionnaire du 1 % Logement le plus proche de votre domicile.

Pour vous aider dans votre recherche d'informations concernant le 1 % Logement, voici une sélection de sites très complets.

- **UESL :** ***www.uesl.fr.*** L'UESL (Union d'économie sociale pour le logement) est la fédération des organismes 1 % Logement. 123 CIL et 31 CCI accompagnent la politique sociale des entreprises et aident les salariés dans leur parcours résidentiel. Ce site vous offre des informations pratiques sur les produits et les services du 1 % Logement.
- **Astria :** ***www.astria.com.*** Ce site rassemble l'ensemble des aides et prêts proposés par le 1 % Logement.

Les autres aides du 1 % Logement

Ces aides concernent les locataires et demandeurs de logement en location.

Les passeports du 1 % Logement

Depuis 1999, le 1 % Logement développe de nouvelles aides pour apporter des réponses adaptées aux besoins des salariés des entreprises.

Pour les locataires et candidats à la location de logement, le 1 % Logement dispose de 3 produits, ou « passeports », pour vous aider selon votre situation :

- à devenir locataire avec Avance Loca-Pass et Garantie Loca-Pass ;
- à subvenir aux dépenses liées à un changement de logement pour raisons professionnelles avec Aide Mobili-Pass.

À noter

Les aides **Avance Loca-Pass** *et* **Garantie Loca-Pass** *sont accordées aux salariés des entreprises du secteur privé non agricole, aux jeunes de moins de 30 ans en situation ou en recherche d'emploi et aux étudiants boursiers d'État pour les* **aider à devenir locataires.**

Grâce à l'**Avance Loca-Pass**, les CIL et les CCI avancent gratuitement le dépôt de garantie sous forme de prêt demandé par le bailleur (le loueur) à l'entrée dans le logement.

Avec la **Garantie Loca-Pass**, les CIL et les CCI prennent l'engagement auprès du bailleur d'assurer pendant 3 ans à compter de l'entrée dans le logement, le paiement d'un nombre maximal de 18 mensualités en cas d'impayé.

L'Aide Mobili-Pass est une subvention d'un montant maximum de 3 200 €, destinée à couvrir :

- 6 mois de loyer et de charges locatives (en cas de double charge de logement) ;
- certaines dépenses liées au changement de logement.

Elle est accordée aux salariés des entreprises du secteur privé non agricole de 10 salariés et plus, qui sont obligés de changer de logement, à l'entrée dans l'entreprise ou en cas de changement de lieu de travail au sein de l'entreprise.

Les « services en réseau » du 1 % Logement

Depuis octobre 2003, le 1 % Logement propose deux services en réseau, réservés aux salariés des entreprises cotisantes (10 salariés et plus).

Cette offre concerne :

- l'accompagnement de la mobilité professionnelle ;
- l'assistance au logement des salariés en difficulté.

Cil-Pass Mobilité est un service proposé pour l'accompagnement des salariés qui doivent changer de résidence principale pour des raisons professionnelles. C'est un service global qui comprend l'ensemble des démarches liées au changement de logement. Pour en savoir plus, rendez-vous sur *www.cil-passmobilite.fr*

Cil-Pass Assistance est un service proposé aux salariés qui rencontrent des difficultés d'ordre conjoncturel (difficultés passagères) liées au logement. Ce service peut comprendre :

- l'analyse de la situation du salarié en difficulté ;
- la recherche de solutions avec, si nécessaire, l'orientation du salarié vers des partenaires spécialisés (services sociaux, collectivités, associations...).

Pour en savoir plus, rendez-vous sur *www.cil-passassistance.fr*

Les autres dispositifs d'aide à la location

Le FSL : Fonds de solidarité pour le logement

Le fonds de solidarité pour le logement accorde des aides financières aux personnes et aux familles en difficulté, afin de leur permettre d'accéder à un logement ou de s'y maintenir.

Qui peut bénéficier du FSL ?

Les aides du FSL sont applicables dans tous les secteurs locatifs (logements publics ou privés). Les aides du FSL peuvent concerner :

- les locataires ;
- les sous-locataires ;
- les résidents d'un hôtel meublé, d'un logement-foyer ou d'une résidence sociale.

Elles sont réservées exclusivement aux personnes et aux familles :

- sans logement ;
- menacées d'expulsion sans relogement ;
- hébergées ou logées temporairement dans des habitations insalubres.

Comment fonctionne le FSL ?

Les **aides pour l'accès à un logement locatif** prennent notamment la forme :

- d'un cautionnement garantissant au bailleur le paiement des loyers et des charges ;
- d'un prêt ou d'une subvention en vue de financer les dépenses liées à l'entrée dans le logement ;
- d'un prêt ou d'une subvention en vue du règlement des dettes locatives ou de factures impayées d'énergie, d'eau et de téléphone (dont le règlement conditionne l'accès à un nouveau logement).

Les **aides au maintien dans un logement locatif** prennent la forme d'un prêt ou d'une subvention en vue du règlement des dettes de loyers, de charges locatives, et en vue du règlement des dettes des frais de procédure supportés par la personne ou la famille pour se maintenir dans le logement locatif.

En règle générale, l'attribution de ces aides exige la mise en place d'un plan de remboursement et d'un accompagnement social (services sociaux, collectivités, associations...). L'octroi des aides du FSL repose sur le niveau de ressources du demandeur, l'importance et la nature de ses difficultés.

Pour en savoir plus, vous pouvez contacter :

- **L'ADIL** (Agence départementale pour l'information sur le logement). Vous pouvez consulter l'annuaire des ADIL en vous rendant sur le site *www.anil.org/fr/votre-adil/index.html*
- **La Banque de France**. Vous pouvez consulter l'annuaire des succursales de la Banque de France en vous rendant sur le site *www.banque-france.fr/fr/instit/histoire/page7.htm*
- **La CAF** (Caisse d'allocations familiales). Vous pouvez consulter l'annuaire des CAF en vous rendant sur le site *www.caf.fr/wps/portal/votrecaf/jechercheunecaf*
- **Le centre communal d'action sociale** de votre commune qui se trouve souvent en mairie.

Pour en savoir plus sur le FSL, vous pouvez aussi vous rendre sur le portail de l'administration française : ***http://vosdroits.service-public.fr/F1334.xhtml***

L'APL : Aide personnalisée au logement

L'aide personnalisée au logement est une aide de l'État qui permet de réduire les dépenses consacrées au logement.

Qui peut en bénéficier ?

Votre logement doit être votre résidence principale. Vous ou votre conjoint devez :

- être titulaire du contrat de location ;
- payer un loyer.

De plus, votre logement doit être conventionné.

À noter

1. *Si le logement vous est loué par un ascendant (parents, grands-parents, arrière-grands-parents) ou un descendant (enfants, petits-enfants, arrière-petits-enfants) de vous-même ou de votre conjoint, concubin, partenaire, vous ne pourrez pas bénéficier d'une aide au logement !*
2. *L'Aide personnalisée au logement vous est accordée à titre personnel. Si vous avez moins de 25 ans, et si vos parents perçoivent pour vous des prestations familiales ou s'ils bénéficient d'une aide au logement ou du RMI, vous ne serez plus pris en compte pour le calcul de ces prestations. Cela entraînera la diminution ou, dans certains cas, la perte de l'allocation dès qu'une aide au logement vous sera attribuée. Avant de faire votre demande, comparez ce que vous pourrez toucher et ce que vos parents perdront. Pour vous aider à faire ce calcul, vous pouvez vous rendre sur le site de la caisse d'allocations familiales :* www.caf.fr/wps/portal/particuliers/simulationlogement

Quel sera le montant de l'APL ?

Le montant de votre APL dépend de nombreux éléments et notamment :

- de vos ressources ;
- de votre situation familiale ;
- de la nature de votre logement ;
- de votre lieu de résidence ;
- du montant de votre loyer ;
- du nombre d'enfants ou de personnes que vous avez à charge.

Qui perçoit l'aide ?

L'aide est versée chaque mois à votre propriétaire. Son montant est déduit directement de votre loyer. Elle est révisée au moins une fois par an.

À noter

Tout changement de situation peut entraîner une hausse ou une baisse de l'allocation.

Où s'adresser pour formuler une demande d'aide personnalisée au logement ?

Le formulaire de demande est à retirer auprès de votre Caisse d'allocations familiales (CAF). Pour connaître votre caisse, vous pouvez vous rendre sur le site de la CAF : *www.caf.fr/wps/portal/votrecaf/jechercheunecaf*

Vous pouvez également télécharger le formulaire sur ce même site : *www.caf.fr/wps/portal/particuliers/formulaires/metropole/al*

La GRL : Garantie des risques locatifs

La garantie des risques locatifs (GRL) permet de couvrir totalement les risques d'impayés de loyers (loyers et charges comprises sans tenir compte des éventuelles aides au logement) sur toute la durée du bail et sans caution. Elle vise à favoriser l'accès et le maintien dans leur logement locatif des ménages qui ne présentent pas les garanties financières généralement exigées.

Quelles sont les conditions pour bénéficier d'une GRL ?

Pour que le loueur soit garanti contre les risques d'impayés de loyers, il faut d'une part que le loueur souscrive un contrat d'assurance GRL et d'autre part que le locataire concerné remplisse un passeport Pass-GRL.

Quels sont les loueurs concernés ?

Tout propriétaire loueur du parc locatif privé peut souscrire un contrat d'assurance GRL en s'adressant à une compagnie d'assurance de son choix. Cependant, la compagnie d'assurance doit adhérer au dispositif GRL.

Qui peut bénéficier d'une GRL ?

Sont éligibles à la GRL :

- les locataires dont le taux d'effort (rapport entre le loyer charges comprises et les revenus mensuels permanents) ne dépasse pas 50 % ainsi que ceux dont le taux d'effort est inférieur à 33 % mais qui ne peuvent pas répondre aux critères exigés par les assureurs ou aux exigences des bailleurs en raison de la nature de leur activité ou de leur contrat de travail ;
- les locataires appartenant au 1 % Logement ;
- les locataires hors 1 % Logement, pris en charge par l'État ;
- les locataires d'un logement du parc privé conventionné.

Comment fonctionne la GRL ?

Le contrat d'assurance GRL couvre :

- les impayés de loyers charges comprises pendant toute la durée du bail dans la limite d'un plafond de 2 300 € par mois ;
- le coût des travaux de remise en état du logement en cas de détériorations constatées au départ du locataire, après application d'une franchise égale à 2 mois de loyer et de charges, dans la limite d'un plafond de 7 700 € par sinistre et par logement.

À noter

Les loyers et les charges garantis ne concernent que les logements occupés à titre de résidence principale et situés sur le territoire français.

Où s'adresser pour bénéficier d'une GRL ?

Le candidat locataire doit s'adresser à un organisme du 1 % Logement pour obtenir un passeport Pass-GRL attestant qu'il remplit les conditions pour être couvert par la garantie des risques locatifs. Pour vous aider dans votre recherche, vous pouvez vous rendre sur les sites suivants : *www.astria.com* ou *www.uesl.fr*

Pour plus d'informations concernant la garantie des risques locatifs, vous pouvez aussi vous rendre sur le portail de l'administration française : *www.service-public.fr*

Location de logement : les pièges à éviter !

Parce que la recherche d'un logement en location s'avère bien souvent être un véritable parcours du combattant, certains acteurs sur le marché de l'immobilier profitent de la situation pour se faire de l'argent facilement.

Les marchands de listes

Les marchands de listes sont des agences immobilières dont l'activité unique est de proposer des listes ou des fichiers de logements à louer. Vous pourrez consulter des listes de logements, en principe libres, avec les coordonnées des propriétaires.

Concrètement, le marchand de listes vous met en relation avec des propriétaires particuliers, moyennant des frais d'inscription, en moyenne de 100 €.

Pourquoi se méfier des marchands de listes ?

L'objectif du marchand de listes n'est pas de vous trouver un logement mais de vous *aider* à en trouver un. Le marchand de listes n'a aucune obligation de résultats, c'est-à-dire que rien ne l'oblige à trouver le logement que vous recherchez.

Que dit la loi ?

À la suite de nombreux abus, une loi est venue réglementer cette profession et l'a soumise aux mêmes exigences que celles des autres professionnels de l'immobilier.

Cependant, contrairement aux autres agents immobiliers, le marchand de listes n'intervient pas dans votre transaction immobilière et ce sera à vous de prendre contact avec le propriétaire. De même, si vous décrochez la location de vos rêves, c'est avec ce même propriétaire que vous signerez votre contrat. Le marchand de listes n'intervient à aucun moment.

S'il ne remplit pas sa mission et que vous vous apercevez, par exemple, que les logements sont systématiquement loués depuis plusieurs mois ou que les propriétaires n'ont pas donné leur accord pour figurer sur les listes communiquées, vous pourrez demander à être remboursé, en fonction de la prestation réellement fournie.

Pour finir, la loi exige un contrat écrit qui doit préciser les mentions suivantes :

- les caractéristiques du logement recherché ;
- la nature du service fourni au client ;
- le montant de la rémunération ;
- les conditions de remboursement si la prestation n'est pas fournie dans les délais prévus.

Attention

Il n'y a pas de délai de réflexion : vous êtes engagé dès la signature du contrat proposé par le marchand de listes !

Conseils pratiques

- *Lisez attentivement le contrat avant de le signer et de payer.*
- *Vérifier que les clauses obligatoires y figurent.*
- *Comparez éventuellement les marchands de liste entre eux.*
- *Déplacez-vous et ne vous contentez pas d'affirmations téléphoniques.*
- *Sachez aussi que vous n'irez pas forcément plus vite, car il faudra appeler les propriétaires et visiter les logements.*

En conclusion, je ne vous conseille pas d'utiliser ces marchands de listes pour rechercher votre logement en location.

Les bons comportements pendant votre recherche de logement en location

Pour éviter de louer un logement qui serait surcoté (dont le loyer serait supérieur aux prix du marché), renseignez-vous sur le niveau des loyers en lisant les petites annonces ou en téléphonant à plusieurs agences immobilières.

Avant de visiter un logement qu'une agence immobilière vous propose, renseignez-vous sur :

- Les caractéristiques du logement. Il arrive souvent qu'un détail passé sous silence ne convienne absolument pas une fois sur place (exposition, voisinage, installation de chauffage...).
- Les garanties ou revenus demandés. Inutile de vous déplacer si les exigences du loueur ou de l'agence sont disproportionnées par rapport à votre situation financière.

Si le logement vous convient, vérifiez :

- l'état des équipements (volets, sanitaires, radiateurs...) et demandez à le visiter une ou deux autres fois, à des jours et horaires différents, pour éviter toute mauvaise surprise ;
- le montant prévisible des charges et taxes, qui peut parfois être sous-évalué au départ.

Les bons réflexes avant, pendant et après la signature du contrat

Si le propriétaire ou l'agence prend des engagements par oral (réalisation de travaux...), demandez à ce qu'ils vous soient confirmés par écrit.

Si vous passez par un agent immobilier, le montant de sa commission doit être clairement affiché. N'oubliez pas : sa commission est fixée librement. Alors négociez, quel que soit le montant. En général, la commission représente environ un mois de loyer hors charges. Vérifiez également que la commission (ou frais d'agence) soit bien répartie à parts égales avec le propriétaire.

Avant d'emménager, il est indispensable de rédiger un état des lieux. Cet état des lieux doit faire l'objet d'un constat amiable rédigé par les deux parties. Cette démarche est en principe gratuite, mais si l'intervention d'un huissier est exigée ou nécessaire, son coût doit être réparti entre propriétaire et locataire ! (Tout comme pour les frais de l'agence immobilière.)

Attention

*Le dépôt de garantie ne doit pas dépasser **un mois de loyer** hors charges, pour les contrats signés après le 11 février 2008.*

Avant cette date, le dépôt de garantie était de 2 mois de loyer hors charges.

Fins de mois difficiles : les solutions

La fin de mois approche et vous savez que vous n'allez pas pouvoir payer votre loyer. Suivez donc cette méthode.

Vous n'allez pas pouvoir payer votre loyer ce mois-ci

Surtout, n'appliquez pas la politique de l'autruche, c'est-à-dire ne rien faire, ne rien dire... Bien au contraire, vous devez faire face à vos responsabilités : réagissez !

Prenez contact avec votre bailleur (votre propriétaire ou son représentant, l'agence immobilière par exemple). Vous pouvez soit lui téléphoner, soit prendre rendez-vous. Dans la mesure du possible, déplacez-vous et prenez le temps de le rencontrer, cela fait toujours bonne impression auprès de votre loueur.

Par téléphone ou en rendez-vous, voici le « plan de négociation » que vous devez appliquer.

Étape 1 — Exposez votre situation financière avec sincérité

Pas de mensonges, pas d'omissions (des oublis volontaires), pas de réalité déformée. Soyez honnête ! Votre interlocuteur le sentira et appréciera votre transparence.

Étape 2 — Soyez factuel, c'est-à-dire présentez des faits

Ne dites pas « J'ai l'impression que ce mois-ci a été difficile financièrement pour moi parce que... » Ne dites pas non plus « J'ai le sentiment que ça ira mieux le mois prochain... ».

Votre interlocuteur (le propriétaire ou son représentant) pensera qu'en réalité, vous ne savez pas du tout ou vous en êtes et que votre situation ne va pas s'améliorer.

Dites plutôt (par exemple) « Ce mois-ci, financièrement ça a été difficile car j'ai eu une dépense imprévue (des soins de santé qui ne pouvaient attendre, par exemple)... Le mois prochain, tout rentre dans l'ordre. »

En vous écoutant, votre interlocuteur doit comprendre que vous savez ou vous en êtes financièrement, donc que vous gérez votre budget et que vous savez où vous allez.

Étape 3 — Ne « pleurez » pas et gardez votre calme

Au sens propre (vous pleurez réellement) comme au sens figuré (vous cherchez à inspirer de la pitié), ne pleurez pas !

Qu'il soit le propriétaire ou son représentant, votre interlocuteur va agir en professionnel : il va garder la tête froide et faire valoir ses droits (à juste titre), c'est-à-dire vous demander le paiement de votre loyer. Alors, gardez votre sang-froid, ne vous écroulez pas devant lui. Cette faiblesse pourrait à ses yeux vous enfoncer : « Mon locataire sera-t-il capable de réagir si un jour il perd son travail ? »

Ce type d'attitude ne marche pas ! Au contraire, votre interlocuteur va perdre confiance en vous. Agissez donc en adulte, en personne responsable et surtout quoi qu'il arrive : gardez votre calme. On ne résout jamais rien dans l'énervement et la dispute.

Étape 4 — Négociez !

Proposez à votre propriétaire d'étaler le montant de votre loyer sur 2, 3, 4 ou encore 6 mois.

Cas concret : Madame Tatiana

Madame Tatiana vit seule et dispose d'un salaire de 1 200 € nets par mois. Elle loue un appartement de deux pièces pour lequel elle paye un loyer de 420 € par mois, charges comprises. Ce mois-ci, elle a cassé sa paire de lunettes de vue et a dû la remplacer. Montant de la facture : 280 € ! Un gouffre dans le budget de Madame Tatiana...

Cette dépense n'était pas prévue dans son budget et ne lui permet plus de payer son loyer. Inquiète, elle prend le taureau par les cornes et convient d'un rendez-vous avec son propriétaire.

Le rendez-vous arrivé, elle lui expose la situation. Mme Tatiana est gênée mais elle parle avec sincérité. Son propriétaire l'écoute avec intérêt sans l'interrompre, jusqu'au moment où il lui demande : « J'ai bien compris votre problème et j'en suis navré pour vous, mais comment allez-vous faire pour me régler le loyer ? »

Sans perdre son sang-froid, elle lui répond le plus simplement du monde : « Je ne pourrai vraiment pas vous régler la totalité ce mois-ci. Je vous propose de vous le payer en 4 fois, 105 € ce mois-ci et 105 € par mois également les 3 mois suivants... »

Le propriétaire marque un temps d'arrêt et reprend : « Cela me met dans l'embarras... Ce n'était pas prévu pour moi non plus... » Mme Tatiana relance la discussion : « Je comprends. Mais tout ce que je souhaite, c'est trouver un terrain d'entente avec vous. » Le propriétaire répond : «Bon, en 4 fois, ça ne m'arrange pas. Je suis d'accord pour que vous me régliez en 3 fois. » Mme Tatiana conclut : « En 3 fois, c'est déjà bien. Je vous règle tout de suite 140 € par chèque (420 € divisés par 3), et je vous fais deux autres chèques de 140 € que vous encaisserez les 2 mois suivants. Ça vous va ? »

Mme Tatiana et le propriétaire se serrent la main. Ils sont tombés d'accord.

Mme Tatiana sort de son rendez-vous rassurée, son propriétaire aussi.

À retenir

Vous n'allez pas pouvoir payer votre loyer ce mois-ci : prenez les devants !

Appelez votre propriétaire ou votre agence immobilière et prenez rendez-vous. Exposez la situation. Soyez sincère. Gardez votre calme et négociez un étalement du loyer impayé !

Vous n'allez pas pouvoir payer votre loyer pendant quelques mois

Étape 1 — Prenez immédiatement rendez-vous avec votre propriétaire

Encore une fois, n'appliquez pas la politique de l'autruche. Dès que vous prenez conscience de vos difficultés, prenez contact avec votre bailleur et prenez rendez-vous. Vous ne devez pas entamer ces négociations avec votre propriétaire par téléphone. En effet, il est toujours plus facile pour votre interlocuteur de dire non par téléphone que si vous êtes en face de lui.

En attendant le jour de votre rendez-vous, que devez-vous faire ?

Étape 2 — Faites-vous conseiller !

Quelle que soit la raison qui vous empêche de payer votre loyer pendant quelques mois et en attendant le jour de votre rendez-vous, cherchez à vous faire conseiller. Que vous soyez responsable ou non de cette défaillance de paiement, une chose est certaine : elle crée beaucoup de peur et d'angoisse. Stressé, vous manquez souvent de recul pour analyser calmement votre situation.

Pour vous aider et parce que les événements qui vous ont amené à ne plus pouvoir payer peuvent être très variés et complexes, je vous conseille de prendre contact avec un **conseiller en économie sociale et familiale** (CESF). Spécialisé dans la gestion budgétaire des ménages, un CESF pourra vous aider :

- à réaliser un état des lieux précis de votre situation budgétaire (mise à plat de vos ressources et de vos différents postes de dépenses) ;
- à comprendre comment vous en êtes arrivé là ;
- à trouver des solutions adaptées à votre situation ;
- à vous faire appliquer rapidement ces mêmes solutions.

Vous pouvez prendre rendez-vous avec un CESF, en contactant :

- Votre mairie. Demandez le service social ou le centre communal d'action sociale (CCAS).
- Le service social du Conseil général de votre département. Pour connaître les coordonnées du Conseil général de votre département, rendez-vous sur le site *www.departement.org/Jahia/pid/2490*
- La Caisse d'allocations familiales de votre département (si vous êtes allocataire). Pour connaître les coordonnées de la CAF de votre département, rendez-vous sur le site *www.caf.fr/wps/portal/votrecaf/jechercheunecaf*

Étape 3 — Tenez informé votre propriétaire

Quelles que soient les solutions proposées par votre CESF, gardez impérativement le contact avec votre propriétaire et tenez-le informé de l'évolution de votre situation.

Si vous ne répondez pas aux courriers de relance, si vous ne répondez pas aux messages laissés sur votre répondeur, votre propriétaire va bien évidemment s'inquiéter et il risque de transmettre rapidement votre « dossier » à un cabinet de recouvrement amiable (des négociations sont possibles) ou pire encore, à un huissier de justice (votre capacité à négocier se réduit très sensiblement...)

Dites-lui également que vous êtes aidé et accompagné par un CESF. Cela veut dire que vous n'êtes pas seul avec votre problème financier et que vous êtes assisté par un professionnel dans votre recherche de solutions.

Étape 4 — Effectuez toujours un règlement de « bonne foi »

Si votre budget vous le permet, effectuez tous les mois un règlement de « bonne foi » !

Un règlement de « bonne foi » correspond à un règlement partiel de votre loyer. Ce règlement peut même être un règlement tout à fait symbolique, de l'ordre de quelques dizaines d'euros. Il ne règle en rien votre problème, mais il permet à votre propriétaire :

- de percevoir tout de même un règlement qui pourra l'aider dans certains cas à payer ses propres charges ;
- de constater que tout en étant préoccupé par vos difficultés financières, vous faites le maximum dans l'attente d'un rétablissement durable de votre situation.

Cas concret : Monsieur et Madame Yvette

Monsieur et Madame Yvette sont locataires d'un appartement de trois pièces. Ils payent 700 € chaque mois à leur propriétaire, charges comprises. Madame Yvette a pris un congé parental d'éducation pour élever leurs deux enfants en bas âge. Tout allait bien dans la gestion de leur budget jusqu'au jour ou Monsieur Yvette est victime d'un accident de la route.

Cet accident de la route conduit Monsieur Yvette à subir une période d'hospitalisation et de rééducation de 6 mois. En arrêt de travail, Monsieur Yvette perd tous les mois une partie non négligeable de son salaire. Monsieur et Madame Yvette ne sont alors plus en mesure de régler la totalité de leur loyer sur cette période de 6 mois.

Aussitôt, Madame Yvette téléphone à son propriétaire, lui explique la situation et lui précise qu'elle a pris rendez-vous avec un CESF (Conseiller en économie sociale et familiale) afin de trouver une solution. Elle conclut en lui disant qu'elle le rappelle dès qu'elle aura vu ce dernier.

Le CESF réalise un état des lieux de la situation budgétaire de Monsieur et Madame Yvette et leur propose :

- Un plan de paiement de « bonne foi » : Monsieur et Madame Yvette devront payer 400 € par mois pendant les 6 mois d'hospitalisation et de rééducation de Monsieur Yvette. Ils prennent donc 300 € de retard par mois, soit sur 6 mois : 300 × 6 = 1 800 €.
- Un « plan de rattrapage » des retards : Monsieur et Madame Yvette devront régulariser les 1 800 € de retard sur 10 mois. Ce qui fait donc 180 € de plus par mois (1800 / 10 = 180).

Selon la solution proposée par le CESF, Monsieur et Madame Yvette devront payer 400 € par mois pendant 6 mois, puis 880 € par mois pendant 10 mois (700 € + 180 €).

Comme prévu, Madame Yvette reprend contact avec leur propriétaire et lui présente cette solution. Le propriétaire accepte. Monsieur et Madame Yvette signent un document par lequel ils s'engagent à respecter le plan de paiement de « bonne foi » et le « plan de rattrapage » des retards de loyer.

J'en conviens, une solution de ce type n'existe pas toujours. Cependant, je vous conseille vivement de prendre conseil auprès d'un CESF expérimenté. Une aide ponctuelle ou durable (matérielle ou financière) peut vous être accordée pour redresser votre situation. Il peut négocier aussi pour votre compte avec le propriétaire et vous accompagner pendant la période financièrement difficile que vous traversez.

D'une façon plus générale, un CESF peut vous aider à résoudre des problèmes budgétaires concernant l'ensemble de vos postes de dépenses : logement, transport, santé...

Attention

Une solution ne sera pas systématiquement trouvée en ayant recours aux services d'un CESF.

ACHETER

Comment bien choisir votre logement ?

Acheter un appartement ou une maison représente pour beaucoup de Français un des projets de vie les plus importants. Mais accéder à la propriété d'un logement n'est pas chose facile.

Avant tout, il vous faut (comme pour un locataire) bien définir votre besoin. Votre besoin dépend étroitement de votre budget.

Suivez le guide !

Étape 1 — Comment définir le budget que vous pouvez consacrer à l'acquisition de votre logement ?

Calculez votre endettement mensuel

Pour calculer votre endettement mensuel, vous devez additionner :

- le montant de votre loyer charges comprises ;
- les mensualités de vos crédits : ce que vous payez chaque mois pour l'ensemble de vos crédits (crédits à la consommation, crédits immobiliers...) ;
- les pensions et assimilées que vous versez chaque mois (pension alimentaire, prestation compensatoire...) ;
- les mensualités des prêts pour lesquels vous vous êtes porté caution solidaire ;
- les loyers pour lesquels vous vous êtes porté caution solidaire.

La caution solidaire est un contrat par lequel vous vous engagez à payer à la place du débiteur en cas de défaillance de paiement de sa part (non-règlement des mensualités de crédit ou non-paiement des loyers, par exemple).

Calculez le montant mensuel de vos ressources

Pour calculer de la façon la plus simple le montant mensuel de vos ressources :

- reportez-vous à votre dernier avis d'imposition ;
- prenez le montant total des ressources que vous avez déclaré ;
- divisez ce montant par 12.

Ce calcul est valable si vos ressources n'ont pas augmenté ou baissé depuis votre dernière déclaration d'impôts.

Dans le cas contraire (vos ressources ont augmenté ou diminué), faites le total de vos ressources des trois derniers mois et divisez-les par 3.

Calculez votre taux d'endettement

Pour cela, prenez le montant total de votre endettement mensuel et divisez-le par le montant mensuel de vos ressources.

Cas concret : Monsieur et Madame Paulin

Monsieur et Madame Paulin travaillent tous les deux et doivent chaque mois régler :

- leur loyer charges comprises : 450 € ;
- leur crédit revolving : 60 € ;
- leur prêt voiture : 100 € ;
- leurs impôts et taxes : 250 € (impôts sur les revenus + taxe d'habitation) ;
- la pension alimentaire : 150 € (Monsieur Paulin est divorcé et verse une pension alimentaire à son ex-femme pour l'enfant qu'ils ont eu ensemble).

Monsieur et Madame Paulin ont deux enfants :

- Un fils âgé de 18 ans. Il vient de trouver un emploi et également une petite chambre en ville pour laquelle ses parents se sont portés caution solidaire (si leur fils ne paie pas, ils devront payer à sa place). Montant du loyer : 150 €.
- Une fille de 21 ans qui vient de terminer ses études. Elle cherche activement du travail car elle doit prochainement commencer à rembourser son prêt étudiant pour lequel ses parents se sont portés caution solidaire (si leur fille ne paye pas ses mensualités de crédit, ils devront payer à sa place). Mensualité du prêt étudiant : 80 €.

Montant total de l'endettement de Monsieur et Madame Paulin par mois :

450 + 60 + 100 + 250 + 150 + 150 + 80 = **1 240 €**

Le dernier avis d'imposition de Monsieur et Madame Paulin fait apparaître des ressources annuelles de 39 600 €.

Leurs ressources mensuelles sont donc de: 3 300 € (39 600 divisés par 12).

Montant total de l'endettement mensuel de M. et Mme Paulin : 1 240 €

Montant total de leurs ressources mensuelles : 3 300 €

Taux d'endettement de Monsieur et Madame Paulin :

1 240 / 3 300 = **37,58 %**

Quel serait le taux d'endettement pratiqué par le secteur bancaire ?

Pour effectuer le calcul du taux d'endettement de Monsieur et Madame Paulin, les banques et sociétés de crédits **ne prendraient pas en compte** (dans la plupart des cas) :

- leurs impôts « mensualisés » : c'est-à-dire les 250 € par mois ;
- le contrat de location de leur fils pour lequel ils sont cautions solidaire : 150 € par mois ;
- le contrat de prêt « étudiant » de leur fille pour lequel ils sont également caution solidaires : 80 € par mois.

Montants retenus par le secteur bancaire pour calculer leur taux d'endettement :

Montant total de l'endettement mensuel de M. et Mme Paulin : 760 €

Montant total de leurs ressources mensuelles : 3 300 €

Taux d'endettement de Monsieur et Madame Paulin retenu par le secteur bancaire :

760 / 3 300 = **23,03 %**

Ce qui change tout...

Monsieur et Madame Paulin ont trouvé la maison de leurs rêves : ils veulent en devenir propriétaire. Ils prennent rendez-vous avec leur banque. Leur chargé de clientèle leur annonce qu'ils peuvent s'endetter jusqu'à 33 % de leurs revenus. Ce taux d'endettement est le taux le plus souvent retenu par l'ensemble des acteurs du secteur bancaire : banques et sociétés de crédits. En appliquant ce taux d'endettement de 33 %, ils peuvent donc d'endetter jusqu'à **1 089 €** par mois (3 300 × 33) / 100).

Quelle sera donc la part que Monsieur et Madame Paulin pourront consacrer tous les mois au paiement de leur crédit immobilier ?

Dans un premier temps, la banque va additionner :

- leur crédit revolving : 60 € par mois ;
- leur prêt voiture : 100 € par mois ;
- la pension alimentaire : 150 € par mois.

Ce qui donne un total de : 310 €.

Puis la banque va tout simplement soustraire ces 310 € aux 1089 € qui correspondent au montant de leur endettement maximum (selon le secteur bancaire).

Selon la banque, la capacité d'emprunt de Monsieur et Madame Paulin sera donc de :
1089 - 310 = **779 €**.

Monsieur et Madame Paulin n'ont pas d'apport personnel.

Il s'agit donc de financer 100 % du bien immobilier, plus les frais de notaire et les travaux à réaliser.

Prix de vente du bien : 100 000 €
Frais de notaire : 7 320 €
Travaux à réaliser : 12 680 €
Coût total de l'achat : **120 000 €**

Monsieur et Madame Paulin signent l'offre de la banque aux conditions suivantes :

Capital emprunté : 120 000 €
Frais de dossier : Aucun
Taux d'intérêt : 5,20 %
Assurance : 0,36 %
Taux effectif global : 5,56 %
Durée de remboursement du prêt : 23 ans
Montant des mensualités : 782 €
Coût total du crédit : 95 901 €

6 mois ont passé...

La fille de Monsieur et Madame Paulin n'a toujours pas trouvé de travail... Sans argent en poche, elle ne peut assurer le remboursement de son prêt étudiant (80 € par mois). Caution solidaire de ce prêt, Monsieur et Madame Paulin sont contraints de prendre le relais, donc de payer pour elle.

Le fils de M. et Mme Paulin a perdu son emploi. Il n'a pas travaillé assez longtemps pour percevoir des allocations chômage. Sans ressources, il ne peut régler son loyer (150 € par mois). Caution solidaire de ce contrat de location, Monsieur et Madame Paulin assument leurs responsabilités et payent le loyer.

À cet instant, où en sont M. et Mme Paulin par rapport à leur budget ?

- Remboursement de leur prêt immobilier : 782 € par mois
- Remboursement de leur revolving : 60 € par mois
- Remboursement de leur prêt voiture : 100 € par mois
- Impôts et taxes : 250 € par mois
- Pension alimentaire de M. Paulin : 150 € par mois
- Paiement du loyer de leur fils : 150 € par mois
- Remboursement du prêt étudiant de leur fille : 80 € par mois

Montant total de leur endettement mensuel :
1 572 € !

À cet instant, leur taux d'endettement (tel que je le conçois à travers ma méthode de calcul) est de : 1 572 € / 3 300 € = **47,64 %** !

Soit 10 % de plus.

Mais ce n'est pas tout...

Préoccupés par l'avenir de leurs enfants et les remboursements qu'ils doivent effectuer pour eux (loyer pour leur fils et prêt étudiant pour leur fille), ils ont totalement oublié d'épargner pour payer leur taxe foncière, qui se monte à 1 060 € ! Sans argent pour la régler, Monsieur et Madame Paulin décident alors de souscrire un crédit revolving de 1 500 € pour lequel ils doivent désormais payer 75 € par mois.

Leur endettement mensuel passe donc de 1 572 € à **1 647 €.**

Leur taux d'endettement a encore augmenté : il frôle la barre des 50 % ! (1 647 € / 3 300 € = 49,90 %).

Très peu de temps après, et comme pour transformer leur rêve en cauchemar, Monsieur Paulin perd son travail. Les revenus du couple passent alors de 3 300 € à 2 545 € !

Leur taux d'endettement est désormais de **64,71 %** ! (1 647 € / 2 545 €)

En clair, sur 3 € gagnés, 2 € passent dans le remboursement de leurs dettes !

À retenir

Je vous conseille vivement d'intégrer dans le calcul de votre endettement :

- *vos impôts et taxes ;*
- *le montant des mensualités des prêts pour lesquels vous êtes caution solidaire ;*
- *le montant des locations de logement pour lesquels vous êtes caution solidaire.*

Nous venons de voir que votre budget est vital dans la définition de votre besoin. Cependant, la définition de votre besoin ne dépend pas que de votre budget en tant que tel. D'autres critères non budgétaires (*a priori*...) sont à prendre en compte.

Étape 2 — Choisir le lieu où vous allez acheter

Une des premières questions que tout acheteur se pose est « Où vais-je acheter ? »

De deux choses l'une : ou vous avez déjà une idée précise du lieu ou vous souhaiteriez acheter, ou vous n'avez encore rien décidé. Que votre idée soit précise ou non, vous devez vous informer des prix pratiqués dans l'immobilier pour chaque zone que vous avez imaginée comme potentiel futur lieu de vie !

Pourquoi ? Simplement parce que le lieu où vous aimeriez acheter n'est pas forcément le lieu où vous pouvez acheter !

Chaque zone géographique a son marché immobilier local. À chaque marché correspond une fourchette de prix. C'est précisément cette fourchette de prix qui vous permettra de savoir si vous pouvez ou non prétendre à acheter votre logement.

Pour connaître les prix pratiqués sur le lieu d'habitation que vous avez retenu, je vous conseille vivement de consulter les petites annonces locales et les agences immobilières. C'est gratuit et riche d'enseignements.

Ces informations vous permettront en effet de savoir si les biens que l'on vous propose dans telle ou telle zone géographique sont supérieurs ou non aux prix moyens du marché. En clair, vous ne serez pas abusé par l'agence immobilière ou le propriétaire (si vous avez choisi d'acheter sans intermédiaire, de particulier à particulier).

Étape 3 — Acheter dans le neuf ou dans l'ancien ?

Acheter un bien neuf signifie acheter un bien sur plan, en cours de construction ou terminé depuis moins d'un an.

Sont considérés comme anciens les biens immobiliers ayant déjà fait l'objet d'une première mutation, c'est-à-dire d'un changement de propriétaire.

Le marché du neuf et de l'ancien

Acheter dans le neuf ou dans l'ancien est bien sûr une affaire de goût et de recherche de confort, mais aussi et surtout de budget ! Pour bien comprendre le marché du neuf et de l'ancien, voici quelques chiffres.

En 2007, près de 927 400 biens immobiliers, neuf ou anciens, ont été vendus en France : près de 800 000 dans l'ancien, 127 400 dans le neuf (source : *www.marche-immo.com*)

Le marché de l'ancien représente donc plus de 86 % des ventes de biens immobiliers, le marché du neuf à peine 14 % ! En clair, il y a six fois plus de biens disponibles à la vente dans l'ancien que dans le neuf. Autrement dit, si vous souhaitez acheter dans le neuf, il va falloir être persévérant et patient...

De plus, ce qui est rare est cher ! Les prix dans le neuf sont donc plus élevés que dans l'ancien. Voici les prix moyens du marché de l'ancien et du neuf en France en 2007 (étude Crédit foncier, 2007).

	PRIX AU M² (LOGEMENT DE TYPE APPARTEMENT)	
Type de marché	Paris	Province
Le neuf	7 500	3 000
L'ancien	6 000	2 400

Que vous habitiez Paris, l'Île-de-France ou la province, le neuf est globalement 25 % plus cher que l'ancien. Acheter dans le neuf prend donc plus de temps et est plus cher que d'acheter dans l'ancien.

Mais ce n'est pas tout ! Emplacements de premier choix avec leurs bureaux, commerces, écoles, jardins publics, cinémas, théâtres, bars et restaurants, les centres-villes ne sont principalement occupés que par des constructions anciennes. Si une construction peut voir le jour en centre-ville, il s'agit d'opérations immobilières très ponctuelles et dont le nombre de logements est limité ; ils sont donc chers.

Autres arguments en faveur de l'ancien :

- les charges de fonctionnement (hors travaux, gros ou second œuvre) sont en général moins élevées, car il y a moins de prestations et de services dans l'immeuble ;
- les taxes foncières et d'habitation sont également moins importantes.

Y a-t-il un intérêt d'acheter dans le neuf ?

Acheter dans le neuf, c'est choisir une isolation thermique et acoustique de qualité généralement plus élevée que dans l'ancien. Concernant l'isolation thermique, cela veut donc dire réduire ses factures d'énergie !

Choisir de se loger dans du neuf, c'est aussi profiter :

- d'une place de parking sous l'immeuble ;
- d'un balcon ou d'une terrasse ;
- de surfaces optimisées : compte tenu du prix au m², les surfaces non utilisables sont réduites au minimum ;
- d'un appartement « sur-mesure » : vous pouvez demander des modifications sur plan avant le démarrage du chantier. Par exemple, transformer un grand salon-séjour en deux pièces séparées ;
- de la télévision par câble, par satellite ou d'une antenne TNT commune ;
- d'une sécurité plus importante : digicode, caméra, voire télésurveillance...

Choisir d'acheter dans le neuf, c'est également pouvoir jouir :

- d'une *garantie biennale* : cette garantie vous couvre pendant deux ans contre les vices et malfaçons d'équipements comme

les portes, fenêtres, volets, revêtements, conduites, tuyauteries, canalisations, radiateurs, sanitaires, robinetterie, cloisons... ;
- d'une *garantie décennale* : cette garantie vous protège pendant dix ans contre les vices et malfaçons affectant le sol, le bâtiment et la non-conformité à certaines normes obligatoires...

Étape 4 — Acheter une maison ou un appartement ?

Pour une majorité de Français, la maison reste le logement idéal. Mais un tel choix suppose que vous acceptiez de vous éloigner du centre-ville, surtout si votre budget est limité.

Autre inconvénient : l'achat et l'entretien d'une maison coûtent cher. Pensez aux dépenses de chauffage, qui peuvent s'avérer beaucoup plus importantes que pour un appartement, surtout si votre maison ne dispose pas d'une bonne isolation thermique. Et c'est sans compter le ravalement et la toiture que vous devrez refaire...

Si vous choisissez de vivre dans un appartement, vos dépenses d'entretien seront certainement moins élevées, mais vous devrez vous soumettre aux règles contraignantes de la copropriété. Vous disposerez de moins d'espace que dans une maison et vous subirez la présence de voisins parfois bruyants. Cependant, dans des constructions récentes ou neuves, vous aurez peut-être la chance de bénéficier d'espaces extérieurs : jardins privatifs en rez-de-chaussée, terrasses aux étages supérieurs...

Accéder à la propriété de votre logement n'est pas un acte d'achat comme les autres. C'est un acte d'achat qui vous engage en général sur toute la durée de remboursement de votre prêt immobilier.

Pour bien choisir votre logement, vous devez donc :
- **Maîtriser votre budget.** Cela implique de connaître le montant de vos dépenses pour chaque poste de dépenses !
- **Définir avec précision le montant** que vous pouvez consacrer à la mensualité de votre prêt immobilier : attention aux dangers que peuvent représenter les impôts, taxes et autres cautions solidaires dans votre calcul.
- **Prêter beaucoup d'attention au lieu** d'habitation que vous allez choisir : ne pas minimiser l'éloignement du lieu de travail, des écoles, des commerces...
- **Choisir le type d'habitation** (maison ou appartement) en tenant compte de tous les impacts sur votre budget : peser les avantages et inconvénients de chacun.
- **Prendre position sur « l'âge » du bien** que vous souhaitez

acheter : neuf ou ancien ? Évaluer entre autres l'impact sur les dépenses en énergie.

Enfin, accéder à la propriété c'est aussi :

- Devenir indépendant avec la (quasi-) certitude de **ne plus devoir payer pour se loger** (une fois vos prêts remboursés).
- Un confort appréciable pour **échapper à la hausse régulière des loyers** et pour faire face à la baisse attendue de revenus au moment de la retraite.
- **Se constituer un patrimoine** à moindre risque.
- **Fixer ses mensualités** pour une longue période. En effet, contrairement aux loyers dont la hausse est régulière, le remboursement d'un prêt à taux fixe est constant pendant toute la durée de l'emprunt. C'est pour vous une tranquillité d'esprit supplémentaire.
- **Protéger sa famille** grâce à la garantie « Décès-invalidité » souscrite obligatoirement lors de l'emprunt. Vos proches n'auront donc pas à assumer la charge du remboursement et conserveront le bien immobilier.

SE CHAUFFER

Comment bien choisir votre installation de chauffage ?

Pour les locataires

Parce que vous êtes locataire, le système de chauffage de votre logement ne vous appartient pas (ce qui peut être le cas également pour les propriétaires d'appartement dont le chauffage est collectif).

En clair, les économies que vous pouvez réaliser sur vos factures de chauffage ne se feront pas en changeant l'installation de votre logement, mais en modifiant certaines de vos habitudes et de vos comportements.

Si vous souhaitez louer un autre logement, les conseils et explications que je formule pour les propriétaires vous concernent. En effet, vous pourrez choisir votre système de chauffage.

Pour les propriétaires

Parce qu'il existe de nombreux types d'installations de chauffage, il n'est pas toujours facile de faire un choix. Pour vous aider, je vous propose de faire le tour d'horizon des principaux types d'installation de chauffage.

Le chauffage électrique

Vous êtes nombreux à choisir une installation électrique pour vous chauffer. En effet, ce type d'installation permet une régulation et une programmation facile de la température de votre logement.

Avantages et inconvénients

Les avantages que procure le chauffage électrique sont les suivants :

- Facile à installer, il ne nécessite pas de travaux importants.
- Il n'y a pas besoin de stockage, comme c'est le cas pour le fioul, par exemple.
- Des primes peuvent être accordées dans le cadre des labels Promotelec.
- L'installation est souvent moins chère que pour d'autres énergies.
- L'énergie consommée est restituée à 100% : pas de pertes.

Mais cela va de pair avec quelques inconvénients :

- L'exploitation d'une installation électrique est relativement onéreuse.
- Une très bonne isolation est obligatoire.

Normes et labels

Le label Promotelec

Pour la construction comme pour la rénovation, les labels Promotelec certifient la qualité des réalisations et garantissent à leurs occupants confort, économies d'énergie et fiabilité de leur installation.

La marque NF

Si vous retenez ce type d'installation, vous devrez vous équiper d'un matériel de qualité, c'est-à-dire marqué NF. La norme NF est une marque de certification. Elle garantit la qualité et la sécurité des produits et services.

Conseils pratiques

Je vous conseille un chauffage électrique si :

- *votre logement est petit ou parfaitement isolé ;*
- *vous ne voulez pas, ou ne pouvez pas, disposer d'une cuve à fioul ou d'une citerne GPL (je reviendrai sur ces deux types d'énergie avec plus de précisions plus loin dans ce chapitre) ;*
- *votre habitation ne peut pas être reliée au réseau de gaz naturel.*

Tarifs

Une fois votre compteur installé, vous devez choisir un abonnement ou revoir le type d'abonnement si vous habitez un logement ancien. EDF propose trois types d'abonnement (si vous êtes clients d'EDF, mais il existe d'autres opérateurs sur le marché de l'électricité : Alterna, Direct Énergie, Electrabel, Enercoop, GDF SUEZ, Planète UI, Poweo, Proxelia...).

Le tarif de base

Ce tarif est recommandé si vous utilisez peu d'appareils électriques et pour une puissance de 3 à 18 KVA(1). Voici les prix pratiqués par EDF en France métropolitaine au 15/08/2008.

Puissance souscrite kVA(1)	Abonnement annuel TTC (€)	Prix du kWh(2) TTC (€)
3	24,84	0,135
6	62,99	0,1106
9	124,18	0,1106
12	177,88	0,1106
15	231,58	0,1106
18	285,28	0,1106
24	476,76	0,1106
30	668,24	0,1106
36	859,72	0,1106

(1) kVA = Kilovolt ampère. Il correspond à la puissance électrique dont vous avez besoin pour votre logement sur un an.

(2) kWh = Kilowatt heure.

Conseils pratiques

Ne choisissez pas le tarif de base si votre logement est équipé d'un chauffage électrique ou d'un chauffe-eau électrique.

Ce tarif ne propose qu'un seul et même prix du kWh, de jour comme de nuit, toute l'année !

Le tarif heures creuses/heures pleines

Le tarif « heures creuses » est adapté à votre logement pour une puissance de 6 à 36 kVA. Voici les prix pratiqués par EDF en France métropolitaine au 15/08/2008.

Puissance souscrite (kVA)	Abonnement annuel TTC (€)	Heures Pleines TTC pour 1 kWh (€)	Heures Creuses TTC pour 1 kWh (€)
Pas d'abonnement pour une puissance de 3 kVA			
6	109,06	0,1106	0,0673
9	195,78	0,1106	0,0673
12	282,36	0,1106	0,0673
15	368,95	0,1106	0,0673
18	455,53	0,1106	0,0673
24	762,73	0,1106	0,0673
30	1069,93	0,1106	0,0673
36	1377,13	0,1106	0,0673

Les heures creuses sont les heures de la journée au cours desquelles la demande d'électricité est faible. Pendant ces périodes, vous pouvez faire fonctionner vos appareils électriques tout en bénéficiant d'un tarif avantageux : vous réalisez ainsi des économies sur votre facture ! Une journée compte 8 heures creuses réparties sur une ou plusieurs plages horaires du jour et de la nuit.

À noter

Pour connaître les heures creuses et heures pleines, je vous invite à prendre contact directement avec votre agence EDF. Vous trouverez les coordonnées de votre agence EDF sur votre dernière facture.

Ce tarif est également adapté si votre logement dispose :

- d'un chauffe-eau électrique ;
- de machines à laver programmables (vous pouvez utiliser votre lave-linge ou votre lave-vaisselle la nuit en le programmant) ;
- d'un chauffage électrique par accumulation (le chauffage électrique à accumulateur de chaleur restitue petit à petit la chaleur stockée en journée, en fonction de vos besoins de chauffage).

Attention

Si vous chauffez très fort, votre radiateur à accumulation aura besoin de se recharger en journée… au tarif habituel !

Le tarif Tempo

Cet abonnement est valable pour un logement neuf, équipé tout électrique.

Le tarif Tempo est basé sur un calendrier de jours bleus, blancs et rouges, chaque jour comportant des heures pleines et des heures creuses.

- Pendant les jours bleus (300 jours répartis sur l'année) le prix de l'électricité est au plus bas.
- Pendant les jours blancs (43 jours répartis aléatoirement sur l'année), il est proche du prix de l'option heures creuses.
- Pendant les jours rouges (22 jours répartis aléatoirement du 1er novembre au 31 mars), le prix est le plus élevé.

La gestion de votre consommation peut être :

- manuelle (l'inconvénient, c'est qu'il faut y penser tous les jours !) ;
- automatique, à l'aide de votre compteur électrique ou d'un gestionnaire d'énergie.

Le gestionnaire d'énergie est une installation électronique reliée à votre chauffage qui vous permet :

- de faire varier automatiquement la température en fonction de vos habitudes ;
- d'avoir une température idéale pièce par pièce, heure par heure, sans avoir à vous en occuper ;
- de régler la température ponctuellement, sans changer la programmation.

Le gestionnaire d'énergie permet donc de réaliser des économies sur votre facture !

À retenir

Tarif de base, heures creuses/heures pleines ou Tempo : faites évaluer votre installation électrique ainsi que votre consommation par un professionnel (un technicien EDF, par exemple). Il vous aidera à choisir le tarif le plus adapté et donc à réaliser de réelles économies.

Pour vous chauffer, vous avez choisi une installation électrique et vous savez désormais quel tarif souscrire auprès d'EDF.

Mais ce n'est pas tout… Vous devez aussi choisir une ou plusieurs « solutions de chauffage » électriques.

Les solutions de chauffage électrique

Que vous recherchiez un appareil de faible encombrement ou le confort d'une chaleur douce, les solutions de chauffage électrique sont nombreuses.

Pour vous aider à faire votre choix, voici un tour d'horizon des principaux appareils et mes conseils pour savoir où les installer et à quels signes de qualité vous devez vous fier.

Les convecteurs

Le principe de la convection consiste à chauffer l'air ambiant, c'est-à-dire l'air que contient une pièce. L'air entre par le bas du convecteur, se réchauffe au contact d'une résistance électrique, puis ressort par une grille frontale (c'est-à-dire située sur le devant de l'appareil).

Avantages :

- Une alimentation électrique suffit pour leur installation.
- La montée en température est très rapide.
- De faible encombrement, les convecteurs s'intègrent facilement et sont proposés en version verticale, horizontale ou sous forme de plinthe.
- **Les convecteurs peuvent être équipés de thermostats mécaniques ou électroniques, permettant de réguler la température et de mieux maîtriser sa consommation d'énergie** ; la régulation électronique, solution un peu plus chère, s'avère plus précise que la régulation mécanique.

Inconvénients :

- L'air est en mouvement et peut donc déplacer les poussières (attention pour les asthmatiques et personnes allergiques).
- Le taux d'hygrométrie (humidité dans l'air) peut également se trouver modifié.
- Les mouvements d'air provoqués par ce type d'appareil sont à l'origine des effets chaud/froid.

Conseil pratique

Pour optimiser son rendement (son efficacité), le convecteur doit être installé sur un mur extérieur, afin d'annuler l'effet de « paroi froide », ou à proximité d'une porte ou d'une fenêtre, dans une pièce dont la hauteur de plafond n'excède pas 3 mètres.

Si vous augmentez son rendement, vous réalisez des économies d'énergie !

Les panneaux

Les panneaux rayonnants, également appelés panneaux radiants, diffusent une grande partie de la chaleur par rayonnement (40 %). Une plaque de résistance transmet sa chaleur au travers d'une façade acier protectrice (en métal, en verre ou en marbre).

Avantages :

- La surface ainsi chauffée à basse température émet un rayonnement qui se diffuse dans toute la pièce.
- L'air ne se dessèche pas et la sensation de chaleur est agréable, répartie de manière homogène.
- En général, ces panneaux sont équipés d'une régulation électronique et d'un système de programmation, synonymes d'économies d'énergie.
- Les panneaux conviennent parfaitement pour chauffer les grands volumes sous plafond.

Inconvénients :

- Les panneaux rayonnants présentent une surface plus importante que les convecteurs et occupent donc plus de place.
- Vous devez laisser au moins 60 cm d'espace libre devant le panneau rayonnant.
- Les panneaux sont plus chers à l'achat que des convecteurs.

Conseil pratique

Si votre budget est serré, vous pouvez installer des panneaux rayonnants dans le salon et la salle à manger et des convecteurs dans les autres pièces.

Les accumulateurs

Cette solution consiste à stocker la chaleur la nuit, lorsque le prix de l'électricité est réduit (heures creuses ou tarif Tempo) et à la restituer le jour, lorsque les tarifs sont les plus élevés.

Avantages :

- Une programmation jour/nuit assure la gestion.

- La chaleur accumulée la nuit est restituée tout au long de la journée et vous réalisez des économies !
- Les accumulateurs peuvent constituer une bonne solution dans le cadre d'un logement mal isolé.

Inconvénient :

- Le chauffage à accumulation n'est pas réputé pour son confort.

Les planchers chauffants

Discret et confortable, le plancher chauffant consiste à passer des câbles électriques à puissance constante ou variable sur un isolant recouvrant entièrement le sol, puis à noyer ces câbles dans une chape d'enrobage très mince.

Avantages :

- Il est possible de limiter cette solution à une seule pièce (le séjour par exemple) et d'opter pour une autre technique de chauffage dans les autres endroits du logement.
- La pièce est libérée de tout émetteur apparent et le contact au sol pieds nus est très agréable.

Inconvénients :

- La température de surface est limitée à 28 °C et souvent ne dépasse pas 24 °C pour une ambiance générale de 19 ou 20 °C.
- La mise en œuvre de ce système de chauffage est lourde et représente un investissement important.
- Cette solution ne peut être envisagée que dans le cas d'une construction neuve ou d'une grande rénovation.
- Il n'est pas recommandé d'équiper toute la maison en planchers chauffants : la salle de bains, par exemple, de part sa faible surface, ne serait pas suffisamment chauffée avec cette technique. Il faudrait donc ajouter un convecteur ou un panneau rayonnant dans cette pièce.
- Sur un sol chauffant, il faut poser du carrelage. Les revêtements collés sont autorisés, à condition que leur épaisseur n'empêche pas la diffusion de la chaleur.

Le plafond rayonnant

La technique du plafond rayonnant est similaire à celle du plancher chauffant. Le plafond rayonnant couvre une large surface et permet l'utilisation des basses températures. Les températures sont cependant plus élevées que celles du plancher chauffant (35 °C) dans la mesure où la chaleur à tendance à monter.

Il s'agit de disposer, sur une isolation, des films ou câbles électriques qui seront cachés par un revêtement mince de type plaque de plâtre ou un plafond tendu en PVC. **L'isolation doit être parfaite pour éviter toute déperdition de chaleur.**

Cette technique, encore peu répandue, reste coûteuse et s'envisage dans le cas de grandes pièces avec une hauteur sous plafond importante ou avec une mezzanine.

À noter

Les planchers chauffants à accumulation ne sont pratiquement plus utilisés, en raison de leur coût et d'un confort jugé moyen.

Pour les planchers chauffants et les plafonds rayonnants, il est préférable d'opter pour une solution ayant reçu l'avis du Centre scientifique et technique du bâtiment (CSTB). Pour obtenir les coordonnées du CSTB le plus proche de chez vous, je vous invite à vous rendre sur le site www.cstb.fr/le-cstb/implantations.html

Il existe bien d'autres solutions de chauffage électrique… Pour vous aider dans votre choix, EDF propose sur son site internet un tableau comparatif complet des principales offres : *www.edf-bleuciel.fr*

Le chauffage au gaz naturel

Souvent considéré comme l'énergie de prédilection des Français, à commencer par ceux qui vivent en ville, le gaz naturel allie performance, confort et économie !

Avantages et inconvénients

Les avantages que procure le chauffage au gaz natuel sont les suivants :

- Très pratique, le gaz naturel permet la cuisson, le chauffage et la production d'eau chaude.
- **Son coût d'exploitation est parmi les plus faibles.**
- Les chaudières à gaz se déclinent au mur ou au sol dans une large gamme de prix et de dimensions. Elles sont faciles à installer.
- Le gaz ne nécessite pas de stockage, puisqu'il est distribué et facturé par GDF-Suez (principalement).

Les inconvénients :

- Son coût d'installation est assez élevé.
- Votre habitation doit se trouver à proximité du réseau de distribution.

- Le prix d'un branchement gaz naturel varie en fonction de l'importance des travaux occasionnés par le raccordement au réseau.
- Comme pour l'électricité, il est nécessaire de souscrire un contrat d'abonnement.

Tarifs

Il existe 4 tarifs réglementés pour le gaz naturel. Ces tarifs varient en fonction de votre consommation annuelle.

- Tarif de Base : pour des consommations comprises entre 0 et 1 000 kWh.
- Tarif B0 : pour des consommations entre 1 000 et 6 000 kWh.
- Tarif B1 : pour des consommations entre 6 000 et 30 000 kWh.
- Tarif B2I : pour des consommations au-delà de 30 000 kWh.

Attention

Pour un même tarif, les prix de vente peuvent varier selon les localités. *En effet, l'architecture du réseau d'alimentation et l'éloignement au réseau principal ne sont pas les mêmes d'une commune à une autre !*

Conseils pratiques

Tarif de base, B0, B1 ou B2I : faites évaluer votre installation au gaz ainsi que votre consommation par un professionnel (technicien GDF-Suez, par exemple). Il vous aidera à choisir le tarif le plus adapté et donc à réaliser des économies.

Avant d'acheter votre logement, renseignez-vous également sur l'état du réseau d'approvisionnement GDF-Suez !

Pour vous chauffer, vous avez choisi une installation au gaz, vous savez maintenant quel tarif souscrire auprès de GDF.

Mais bien sûr, ce n'est pas tout... Vous devez aussi choisir une ou plusieurs solutions pour votre installation de chauffage au gaz naturel.

Il existe deux grandes catégories de chaudières fonctionnant au gaz naturel :

- les chaudières murales ;
- les chaudières au sol.

Mais il existe aussi des chaudières mixtes.

Les chaudières murales

Avantages :

- Les chaudières murales sont plébiscitées pour **leur coût attractif** et leur faible encombrement (80 × 40 × 40 cm environ). Ainsi, il est facile de les intégrer dans une pièce telle que la cuisine et elles sont particulièrement adaptées pour un logement où la place est limitée.
- Elles sont disponibles dans des puissances de 8 à 35 kW, afin de couvrir tous les types de besoin.
- Les chaudières d'une puissance de 23 kW sont les plus couramment vendues et suffisent à assurer les besoins en chauffage et eau chaude sanitaire.

Inconvénients :

- Les chaudières murales ne conviennent pas pour chauffer de grandes surfaces.

Les chaudières au sol

Avantages :

- Les chaudières au sol s'avèrent indispensables lorsqu'une chaudière murale ne peut couvrir les besoins en chauffage : la gamme de puissance des chaudières au sol est donc plus large, de 15 à 70 kW.
- **Pour chauffer une grande maison, il faudra alors choisir une chaudière au sol.**

Inconvénients :

- Les chaudières au sol sont plus encombrantes (100 × 60 × 60 cm environ) et **plus chères que les chaudières murales.**
- Pas question d'installer une chaudière au sol dans la cuisine. En général, ces chaudières trouvent leur place au sous-sol, dans le garage ou une pièce adaptée de type « chaufferie ».

Les chaudières mixtes par accumulation

Une chaudière mixte assure (en plus du chauffage) la production d'eau chaude sanitaire (ECS) soit de façon instantanée (sans réserve d'eau chaude), soit par accumulation (à l'aide d'un ballon).

En instantané, l'eau chaude est produite par la chaudière en priorité sur le chauffage, c'est-à-dire au moment précis où vous en avez besoin. Par accumulation, l'eau est préparée à l'avance et reste disponible en abondance.

Cette solution, très confortable, **reste toutefois chère** et assez encombrante, bien que la capacité des ballons (entre 50 et 100 litres) soit nettement moindre que celle nécessaire avec l'énergie électrique.

Les chaudières mixtes à condensation

Ces chaudières se distinguent des chaudières classiques par leur rendement plus élevé : ce qui permet de réaliser des économies à l'utilisation.

Le principe des chaudières à condensation consiste à récupérer une partie de la chaleur contenue dans la vapeur d'eau produite par la combustion du gaz. Cette chaleur serait en principe perdue...

Avec ce système, la chaleur récupérée permet d'améliorer le rendement de 10 à 15 %. **C'est autant d'économie réalisée sur votre facture !**

Conseil pratique

Ces chaudières sont recommandées dans le cas de planchers chauffants.

Le chauffage au gaz de pétrole liquéfié (GPL)

Avantages

Le GPL est une énergie performante, qui répond simultanément aux trois usages :

- chauffage ;
- production d'eau chaude sanitaire ;
- cuisson.

Inconvénients

Le GPL est une énergie relativement onéreuse. De plus, il existe une contrainte matérielle : le stockage du GPL se fait toujours à l'extérieur. Le GPL nécessite donc de la place et une citerne pour le stocker.

Le chauffage au fioul

Avantages

Le fioul reste une énergie compétitive de par son coût d'exploitation raisonnable. C'est l'énergie de chauffage idéale si vous n'avez pas d'accès au réseau de gaz naturel.

Une cuve de 1 500 l suffit aujourd'hui pour chauffer et produire de l'eau chaude sanitaire pour une habitation de 5 pièces.

Inconvénients

Le **coût d'investissement** est élevé car il nécessite l'achat d'une cuve et d'une chaudière. De plus, il exige une surface et un endroit adapté pour son stockage.

En outre, le fioul est une énergie que l'on paie avant même de l'avoir consommée. Il faut l'acheter en gros pour une période significative (par exemple pour la saison automne-hiver).

Enfin, le prix du fioul suit les cours du pétrole...

Le chauffage au bois

Quel bois choisir pour se chauffer ?

Il est important de bien choisir son bois pour se chauffer, car toutes les essences (type de bois) ne brûlent pas de la même manière. Certaines ont un pouvoir calorifique (capacité à chauffer) plus élevé que d'autres et leur durée de combustion est également différente.

Un bois qui brûlerait trop vite n'aurait pas le temps de produire suffisamment de cendres pour chauffer convenablement. Un bois humide ou qui se consume mal ne produit aucune cendre... et beaucoup de fumée.

À utiliser

À humidité égale, un stère (1 m^3) de feuillus dégage plus de chaleur qu'un stère de résineux. Ainsi, le charme, le chêne, le frêne, l'acacia, l'érable sont des feuillus durs et à forte densité, qui produisent de bonnes braises chauffantes. En les utilisant, vous réalisez donc des économies !

Le hêtre et le bouleau (feuillus mi-durs) brûlent un peu plus vite : il faudra donc plus de bois pour une chaleur équivalente à celle dégagée par les feuillus durs.

À éviter

Le tremble, le tilleul et le peuplier, quant à eux, brûlent mal et chauffent peu.

À éviter également, le châtaignier, qui ne produit pas de bonnes braises et a tendance à éclater.

Les résineux se consument sensiblement de la même manière que les feuillus. En revanche, ils dégagent plus de gaz que de braises !

Danger !
Ne brûlez surtout pas dans votre cheminée de vieilles portes, poutres, poteaux, traverses de chemin de fer, volets... La plupart du temps, leur bois a été traité à l'aide de produits fongicides, insecticides, peintures, lasures ou teintures qui peuvent dégager des émanations de gaz toxiques.

Par ailleurs, ces bois encrassant très vite le conduit de cheminée, **l'entretien de ce dernier n'en sera que plus coûteux !**

Les solutions de chauffage au bois

La chaudière

La chaudière à bois fonctionne sur le même principe que toute autre chaudière, à savoir qu'elle est obligatoirement associée à un système de distribution de chaleur. Les chaudières les plus répandues sont les chaudières à bûches à tirage naturel, qui fonctionnent comme de gros poêles.

Conseil pratique
Les chaudières à combustion inversée sont les plus performantes et offrent une meilleure combustion.

La cheminée à foyer ouvert

Une cheminée à foyer ouvert ne peut, à elle seule, assurer le chauffage d'une habitation. En effet, **elle laisse échapper 70 à 80 % de la chaleur.**

Conseil pratique
Pour limiter ces déperditions, je vous conseille d'équiper votre cheminée à feu ouvert d'un **récupérateur de chaleur, d'un foyer fermé ou d'un insert.**

Il existe de nombreux autres matériels vous permettant de vous chauffer au bois. Pour en savoir plus, rendez-vous sur le site de l'ADEME (Agence de l'environnement et de la maîtrise de l'énergie) : *www.ademe.fr/particuliers/Fiches/chauffage_bois/rub5.htm*

Les énergies renouvelables

Les panneaux thermiques (ou solaires)

Les panneaux thermiques captent les rayons du soleil pour chauffer l'eau. Leur fonctionnement est différent de celui des panneaux photovoltaïques, qui transforment l'énergie solaire en électricité.

4 m^2 de capteurs solaires orientés vers le sud et inclinés à 45°, peuvent assurer jusqu'à 300 litres d'eau chaude selon les régions en été !

Conseil pratique

Il est préférable d'associer vos panneaux solaires à un chauffe-eau « classique ».

Avantages

Selon votre région et la taille de votre installation, vous pouvez couvrir de 20 à 40 % de vos besoins annuels !

Et bien évidemment, cette source d'énergie est inépuisable et gratuite !

Inconvénients

C'est une énergie qui fonctionne par intermittence : il n'y a pas de soleil en permanence et le soleil n'est pas présent de la même manière partout en France.

Pour une petite installation (10 m^2 de capteurs, 70 m^2 de surface chauffée), il faut compter environ 10 000 €. Ce montant comprend l'ensemble des matériels nécessaires pour capter l'énergie solaire, la stocker et la distribuer, ainsi que le montage, mais n'intègre pas le coût de l'appoint (chauffe-eau électrique, poêle à bois, convecteurs électriques le cas échéant, etc.).

Pour un projet plus important (20 m^2 de capteurs, 150 m^2 de surface chauffée) avec gestion de l'énergie d'appoint par la régulation, le coût peut atteindre 20 000 à 25 000 €. Ce montant recouvre l'intégralité du poste chauffage et production d'eau chaude sanitaire (capteurs solaires, stockage, régulation, chaudière d'appoint, circuit de distribution et émetteurs de chaleur, système de production d'eau chaude sanitaire, montage).

À titre de comparaison, une installation conventionnelle (chauffage et production d'eau chaude domestique) au fioul haut de gamme, avec plancher chauffant ou radiateurs basse température, coûte environ 15 000 € pour une maison de 150 m^2.

Le crédit d'impôts pour vous aider à financer votre installation solaire

Le logement à équiper doit être votre résidence principale, il faut que vous en soyez propriétaire, locataire ou occupant à titre gratuit, et qu'il soit ancien, neuf ou encore en construction entre le 1er janvier 2006 et le 31 décembre 2009.

Le montant du crédit d'impôt est de 50 % des dépenses nettes (hors main-d'œuvre) facturées et payées entre le 1er janvier 2006 et le 31 décembre 2009.

Le montant des dépenses éligibles au crédit d'impôt est plafonné à 8 000 € pour une personne seule et à 16 000 € pour un couple marié soumis à une imposition commune.

Vous avez droit à une majoration de 400 € par personne à charge, 500 € pour le second enfant et 600 € par enfant à partir du troisième.

Si le crédit d'impôt excède l'impôt que vous devez, l'excédent vous est restitué !

L'énergie éolienne

Le principe consiste à capter une partie de l'énergie éolienne grâce à une hélice qui tourne sous l'influence du vent. Le mouvement ainsi produit peut être utilisé pour pomper l'eau ou, par l'intermédiaire d'une dynamo, pour produire de l'électricité.

Avantages

Tout comme l'énergie solaire, c'est une énergie gratuite et inépuisable.

Inconvénients

L'investissement dans une telle solution énergétique est cher. De plus, votre logement doit être parfaitement isolé et se situer bien sûr sur un site venteux.

Les pompes à chaleur

Le sol, l'eau et l'air qui nous entourent stockent chaque jour l'énergie du soleil. Récupérer cette énergie gratuite et inépuisable et s'en servir pour le chauffage, est devenu possible grâce aux pompes à chaleur.

Il existe plusieurs types de pompes, qui puisent la chaleur soit dans l'air (pompes aérothermiques), soit dans le sol ou l'eau des nappes phréatiques (pompes géothermiques).

Le crédit d'impôts

L'acquisition de ce type de matériel est encouragée par les pouvoirs publics grâce à des aides, en particulier un crédit d'impôt important. Ce crédit d'impôt permet aux ménages de déduire de leur impôt sur le revenu une partie des dépenses réalisées pour certains travaux d'amélioration énergétique portant sur leur résidence principale. Si ce crédit d'impôt est supérieur au montant de l'impôt dû, l'excédent est remboursé au ménage.

Ce crédit d'impôt se monte à 50 % des dépenses toutes taxes comprises payées entre le 1er janvier 2006 et le 31 décembre 2009. Les montants sont plafonnés en fonction de votre situation familiale.

Dans un logement acheté neuf, la pompe à chaleur doit avoir été intégrée par le vendeur ou le constructeur. Dans un logement ancien ou en construction entre le 1er janvier 2005 et le 31 décembre 2009, elle doit être fournie par l'entreprise chargée de l'installation.

Les dispositifs d'aide spécifiques

Afin de garantir l'accès du plus grand nombre à une énergie bon marché et de lutter contre la précarité énergétique, le gouvernement a décidé de renforcer les dispositifs d'aide aux ménages les plus modestes.

Pour cela, **le tarif spécial de solidarité pour le gaz naturel** permet le versement d'une aide forfaitaire qui atteint 118 € pour un foyer de quatre personnes se chauffant au gaz.

Les foyers qui bénéficient déjà du tarif d'électricité de première nécessité seront automatiquement rendus bénéficiaires de ce tarif spécial de solidarité pour le gaz.

Le tarif électrique de première nécessité (TPN)

Depuis le 1er janvier 2005, les usagers disposant de faibles ressources bénéficient d'"une tarification spéciale de l'électricité.

Ce tarif social de l'électricité est ouvert, pour leur résidence principale, aux personnes :

- titulaires d'un contrat de fourniture d'électricité d'une puissance inférieure ou égale à 9 kVA ;
- dont les ressources annuelles du foyer sont inférieures ou égales à 7 747 €.

Au-delà de ce montant, un barème permet de tenir compte de la composition familiale :

- le plafond de ressources est ainsi majoré de 50 % s'il y a deux personnes au foyer ;
- il est ensuite majoré de 30 % pour la troisième et la quatrième personne ;
- il est enfin majoré de 40 % pour chaque personne au-delà de la quatrième.

La tarification spéciale est accordée pour un an, renouvelable après validation des droits par les organismes d'assurance maladie.

Le bénéfice de cette tarification spéciale est compatible avec les aides de toutes natures accordées aux personnes en situation de précarité pour préserver ou garantir leur accès à l'électricité (aide au paiement des factures impayées, conseils pour réduire les factures, par exemple).

Conseil pratique

Pour savoir si vous pouvez bénéficier du tarif électrique de première nécessité, contactez votre fournisseur d'électricité.

Le tarif spécial de solidarité en gaz (TSS)

Le dispositif de tarification spéciale de solidarité en gaz est un nouveau tarif qui complète le dispositif existant en électricité. Comme pour le TPN, le bénéfice du tarif spécial de solidarité en gaz est ouvert aux personnes dont les ressources n'excèdent pas 620,58 € par mois (7 447 € par an). Ce seuil correspond à celui de la couverture maladie universelle (CMU).

Ce tarif est susceptible de s'appliquer à près de 1 100 000 ménages utilisant du gaz naturel, tant en habitat individuel (800 000) que collectif (300 000).

Ce tarif est proposé par tous les fournisseurs de gaz naturel aux particuliers : GDF-Suez mais aussi EDF, Poweo, Altergaz...

Le TSS est une **déduction forfaitaire**, imputée directement sur la facture pour un logement individuel. Elle est versée sous forme de chèque pour les logements collectifs. La déduction est établie en fonction des usages du gaz (cuisson, eau chaude et chauffage) et augmente avec le nombre de personnes du foyer bénéficiaire.

Le fournisseur de gaz informe les intéressés de l'existence et de la possibilité de bénéficier du TSS. Le client qui l'accepte retourne au fournisseur un formulaire spécifique. Pour en accélérer la mise en œuvre, les foyers bénéficiant déjà du TPN (électricité) et raccordés au gaz en bénéficieront automatiquement.

Conseil pratique
Pour savoir si vous pouvez bénéficier du tarif social de solidarité, contactez votre fournisseur de gaz naturel.

Les bonnes pratiques

L'étude « Consommation et modes de vie », n° 210, mars 2008, réalisée par le Centre de recherche pour l'évaluation et l'observation des conditions de vie (CREDOC) constate que les Français consomment individuellement plus d'énergie qu'autrefois.

La température moyenne des logements serait passée de 19 °C en 1986 à 21 °C en 2003 et la consommation d'électricité aurait augmenté de 85 % par m^2 entre 1973 et 2003 !

Savez-vous que le simple fait de diminuer la température de votre logement d'un degré fait baisser votre facture de 7 % ?

Alors n'attendez plus, changez vos comportements et adoptez les bonnes pratiques !

À appliquer tout de suite et sans frais (ou presque)

Bien utiliser votre chauffage, ça commence par quelques gestes simples :

- **Ne couvrez pas vos appareils de chauffage.** Pour sécher le linge par exemple ; ils ne sont pas faits pour ça et vous allez consommer davantage d'énergie.
- **Pour aérer une pièce, 5 minutes par jour suffisent.** Coupez votre chauffage pendant l'aération.
- **Un bon entretien de votre système de chauffage, c'est 10 % d'économie.** Alors n'attendez pas qu'il soit moins performant ou défectueux pour le faire réviser.
- **Fermez les** volets et les rideaux durant la nuit : le froid pénètre moins dans votre logement, donc vous conservez davantage de chaleur.
- **Baissez** la température du chauffage en cas d'absence d'un ou plusieurs jours, ou mettez votre système de chauffage en mode « hors gel ».
- **Changez** les filtres plus souvent s'il y a des animaux à poils dans la maison.

- **Réglez** la chaudière sur une température comprise entre 50 °C et 60 °C.
- **Modulez** le chauffage en fonction des pièces : la pièce principale doit être entre 19 et 20 °C, les chambres à 17 °C.

À appliquer si votre budget vous le permet (surtout si vous êtes propriétaire de votre logement)

Isolez !

Isoler votre logement est essentiel pour réaliser des économies conséquentes. Une mauvaise isolation pour une habitation standard (une famille de quatre personnes), c'est 600 € de plus en moyenne par an sur votre facture de chauffage !

Chassez les courants d'air

Environ 30 % de la chaleur d'une maison s'échappe par de petites fissures et de petits trous.

On peut les détecter en passant une bougie autour des fenêtres et des portes et en observant si la fumée ou la flamme est repoussée par l'air entrant.

Conseils pratiques

- *Équipez les seuils de porte d'un coupe-bise ou d'un bourrelet.*
- *Avant d'envisager de poser un double vitrage ou un survitrage, vous pouvez améliorer l'étanchéité des huisseries et des châssis de fenêtres en remplaçant simplement les joints.*
- *Le calfeutrement des fenêtres (joints, mise en place d'un rideau épais) peut permettre de réaliser une économie d'énergie évaluée en moyenne à 5 % en habitation collective et à 8 % en logement individuel.*

Fenêtres : équipez-les d'un double vitrage

Les fenêtres représentent jusqu'à 30 % des pertes de chaleur d'une maison de conception traditionnelle (une fenêtre perd jusqu'à 10 fois plus de chaleur qu'un mur de même superficie).

Conseil pratique

L'installation d'un double vitrage permet de diminuer la perte de chaleur causée par la condensation (la surface intérieure est plus froide avec un simple vitrage).

En attendant de pouvoir remplacer vos fenêtres simple vitrage par un double vitrage, une simple feuille plastique de 3 mm d'épaisseur fixée sur les boiseries avec de l'adhésif permet de gagner 3 ou 4 ° ! Soit 20 à 30 % d'économie sur votre facture de chauffage.

Gainez les tuyaux de chauffage

Pour réduire les déperditions d'énergie pendant le transport de la chaleur (entre votre chaudière et vos radiateurs, par exemple), il faut gainer les tuyauteries d'isolants thermiques.

Conseils pratiques

Le plus simple est d'utiliser des manchons souples en mousse ou en fibres minérales.

Vous pouvez aussi utiliser, de manière plus écologique, des isolants à base de laine de mouton ou de chanvre. Pour être efficace, l'épaisseur de l'isolant doit être de 2 à 3 cm.

Il n'est pas totalement utile d'isoler les canalisations qui passent dans les cloisons des pièces chauffées.

Entretenez vos radiateurs

L'air contenu dans les radiateurs doit être purgé régulièrement et au plus tard quand ils se mettent à gargouiller.

Conseils pratiques

Veillez à ce que les rideaux ne passent pas devant le radiateur et évitez de mettre du mobilier devant.

Vous pouvez en revanche fixer des ***feuilles métalliques isolantes*** *sur le mur derrière le radiateur : elles permettront de renvoyer la chaleur émise dans la pièce et éviteront de surchauffer le mur. Cette précaution est inutile si les murs sont isolés.*

S'ÉCLAIRER

Un bon éclairage ne se mesure pas au nombre de watts installés, mais au choix des équipements que vous effectuez et à l'usage que vous en faites.

Le choix d'un éclairage de qualité peut vous permettre de réduire vos dépenses électriques. Il faut savoir que l'éclairage représente en moyenne 15 % de votre facture d'électricité (hors chauffage, eau chaude et cuisson).

Conseil pratique
Privilégiez la lumière du jour lorsque vous le pouvez.

Comment bien choisir votre éclairage ?

Le terme « lampe » correspond dans le langage courant au mot « ampoule ».

L'ampoule n'est en fait que l'enveloppe en verre de la lampe. Sur le marché des particuliers, il existe deux types de lampes : les lampes à incandescence et les lampes fluorescentes.

La lampe à incandescence classique

C'est une lampe à filament métallique dans une atmosphère gazeuse. **Elle n'est pas économique** car elle émet de la chaleur en même temps que la lumière, ce qui diminue son efficacité. En revanche, **elle est peu chère à l'achat.**

La lampe à incandescence aux halogènes

C'est une lampe à filament de tungstène dans une atmosphère gazeuse contenant des gaz halogènes. Elle produit une lumière plus blanche que les lampes classiques.

La lampe fluorescente

C'est une lampe en forme de tube dont l'ampoule est tapissée de poudre fluorescente. Elle prend essentiellement deux formes : les tubes fluorescents et les lampes basse consommation (ou fluocompactes).

Les lampes basse consommation

Les lampes à basse consommation : une facture d'électricité divisée par 5... (pour la partie éclairage)

Privilégiez l'achat de lampes basse consommation. Pour bien comprendre pourquoi, voici les équivalences de puissance entre les lampes à incandescence et les lampes à basse consommation.

Équivalence de puissance	
Incandescence	Fluocompacte (basse consommation)
40 W	9 W
60 W	11 W
75 W	15 W
100 W	20 W
115 W	23 W

En raison de son efficacité lumineuse supérieure, une lampe fluocompacte de 9 W éclaire aussi bien qu'une lampe classique de 40 W.

D'après une étude parue dans *Que choisir* (n° 392, avril 2002), pour 1 000 heures de fonctionnement, la facture d'électricité atteint 11,43 € avec une lampe à incandescence contre 1,76 à 2,31 € pour une fluocompacte.

En moyenne et à éclairage équivalent, les lampes fluocompactes réduisent donc votre facture par 5 (pour la partie éclairage) !

... et une durée de vie multipliée par 8

D'après la même étude (*Que choisir*, n° 392, avril 2002), la plupart des lampes fluocompactes dépassent 4 000 heures de fonctionnement et peuvent atteindre 8 000 heures. Malgré leur prix d'achat beaucoup plus élevé, le seuil de rentabilité est atteint dès 1 000 heures. Au-delà de 1 000 heures d'utilisation, vous faites donc des économies !

ÉCONOMISER L'EAU

Les économies à réaliser

En s'appuyant sur une étude sur l'économie d'eau par l'Institut méditerranéen de l'eau, voici trois types de mesures qui peuvent vous permettre de réaliser des économies d'eau :

- le comptage individuel ;
- le suivi de votre consommation ;
- les matériels économiseurs.

Les compteurs individuels

En France, en l'absence de compteurs individuels, les consommations dans les bâtiments collectifs sont calculées sous forme de pourcentage. Ces calculs de consommation d'eau se font soit par rapport à la superficie du logement, soit par rapport au nombre de locataires.

Mais ce mode de comptage est imprécis. Cette évaluation floue de la consommation d'eau n'encourage donc pas les consommateurs à surveiller leur consommation.

Pourtant, le comptage individuel permet de lutter efficacement contre le gaspillage. Depuis quelques années, la pose de compteurs est entreprise par les associations de copropriétaires. Les premiers retours montrent que le simple effet d'annonce de la mise en place du comptage individuel entraîne une baisse de l'ordre de **15 à 30 %** des consommations d'eau !

Il existe deux types de compteurs individuels :

- **Le compteur de vitesse** fonctionne sur le même principe que les moulins à eau. Il est le moins cher à l'achat comme à la location, mais ne détecte pas toujours les fuites légères.
- **Le compteur volumétrique** comporte un cylindre creux, qui une fois rempli se retourne pour alimenter la maison. Il peut donc enregistrer même un faible débit. Cependant, son prix est élevé.

Le suivi de la consommation

Le suivi de la consommation est un moyen de détection des surconsommations accidentelles et des anomalies relatives au fonctionnement du compteur (mauvais fonctionnement ou blocage, par exemple).

Le prix de la fuite

Dans un immeuble de 15 ou 20 ans sans politique d'économie particulière, les fuites représentent en moyenne 20 % de la consommation d'eau ! Les coûts engendrés par une fuite sont loin d'être anodins (calculs effectués sur une base de 3 € le m^3 d'eau) :

- un simple goutte à goutte : 100 litres/jour, soit 109 €/an ;
- un mince filet d'eau : 384 litres/jour, soit 420 €/an ;
- une chasse d'eau qui fuit : de 100 à 1 000 litres/jour, soit de 109 à 1 095 €/an ;
- un filet d'eau : 1 500 litres/jour, soit 1 642 €/an.

Comment détecter une fuite ?

Je vous conseille de vous équiper d'un détecteur de fuites. Il s'agit d'un dispositif simple qui permet d'indiquer en temps réel le niveau des fuites en surveillant les consommations.

Sur certains appareils, une alarme peut même vous donner l'alerte dès que le débit de fuite a atteint un certain seuil (paramétrable).

Que faire en cas de fuite ?

Si vous n'êtes pas un pro du bricolage, faites venir un plombier pour isoler la ou les fuites détectées par votre appareil. Même si l'intervention d'un plombier est onéreuse, elle reste toujours rentable.

Les matériels économiseurs

Les limiteurs de débits

Ces équipements vous permettent de réduire le gaspillage d'eau généré par un mauvais débit dans les canalisations. De plus, le fait d'assurer une pression convenable favorise :

- la sauvegarde des installations ;
- la limitation du gaspillage.

Les « aérateurs »

Ce sont des systèmes à grille que l'on place à l'extrémité du col-de-cygne (au bout du robinet). Ils limitent le débit d'eau en aérant le jet, ce qui évite la sensation d'insuffisance de jet et réduisent ainsi la consommation d'eau jusqu'à 50 % !

Les robinets temporisés (ou à boutons poussoirs)

Les robinets temporisés permettent d'éviter les pertes d'eau lorsque vous laissez vos robinets ouverts ou lorsqu'ils sont insuffisamment fermés.

Les mitigeurs

Les mitigeurs permettent d'augmenter le confort d'utilisation tout en diminuant le temps de recherche de la bonne température : jusqu'à 10 % d'économie.

Les douchettes économiques

Les douchettes économiques sont montées sur un flexible de douche. Elles réduisent le débit de la douche en diminuant la section du passage, leur efficacité est voisine de 50 %.

Les systèmes de chasse pour WC

Il existe des systèmes double chasse, associés à des réservoirs de capacité plus faibles que celui du système classique. L'installation de ce système permet d'économiser près de 60 % sur la consommation d'eau des WC, soit près de 17 % sur la consommation d'eau du logement !

Les appareils ménagers : lave-linge et lave-vaisselle

Les lave-linge

Le développement d'une gamme de lave-linge économe en énergie et en eau a permis de réduire la consommation de moitié, soit 60 à 70 l par lavage.

Voici quelques conseils pour éviter tout gaspillage :

- Privilégiez un modèle de **classe énergétique** A++ ou A+ (sur une classification allant de A++ à C). Bien que plus cher à l'achat, il se révélera plus économique à long terme !
- Ne forcez pas sur la **dose de lessive** sous prétexte que votre linge sera plus propre. Cela ne fera que gâcher du produit et générer un éventuel rinçage supplémentaire : donc une consommation d'eau plus élevée.
- Quand votre machine le propose, utilisez autant que possible la fonction « **capacité variable automatique** », qui ne consomme que la quantité d'eau nécessaire pour le volume de linge à laver. Vous économiserez jusqu'à 40 % d'eau !
- Ne mettez pas systématiquement en route le **prélavage.** Cette fonction n'est utile que si le linge est très sale.
- Lorsque vous avez peu de linge dans la machine, enclenchez la fonction « **demi-charge** » ou « **éco** ». Vous réaliserez jusqu'à 25 % d'économie en eau (et aussi en électricité).

Les lave-vaisselle

Tout d'abord, il faut savoir que les lave-vaisselle consomment moins d'eau que le lavage à la main !

Ensuite, les nouveaux produits commercialisés permettent de réduire votre consommation d'eau de 50 % (la consommation se situe entre 17 et 20 l pour les plus économes). Votre consommation annuelle en eau et en électricité peut donc être réduite de plus de 40 % avec un appareil récent.

Un lave-vaisselle efficace est déjà un gage d'économie d'énergie, mais il est possible d'en tirer le meilleur parti et d'économiser davantage. Voici quelques astuces :

- Attendez que votre lave-vaisselle soit plein avant de le mettre en marche.
- Ajustez le cycle de lavage à vos besoins : n'utilisez pas un cycle plus puissant que nécessaire.
- Si votre vaisselle n'est ni trop sale ni trop grasse, préférez un cycle de lavage court : plus économique.
- Si vous disposez d'espace, n'hésitez pas à choisir un lave-vaisselle pour douze couverts avec un programme « lavage intensif » : vous utiliserez moins d'eau que pour six couverts : votre facture d'eau et d'électricité s'en trouvera allégée immédiatement.

Les bonnes pratiques

Prenez des douches, pas des bains

Privilégiez une douche plutôt qu'un bain. En effet, **prendre un bain consomme cinq fois plus d'eau qu'une douche** !

Entretenez votre tuyauterie

Entretenez régulièrement la tuyauterie de votre cuisine et de votre salle de bains, remplacez les joints usés. Vous lutterez ainsi contre le gaspillage.

Fermez les robinets

En fermant le robinet pendant que vous vous lavez les dents, vous pouvez économiser jusqu'à 18 l d'eau par lavage ! Pour une famille de quatre personnes, l'économie annelle peut représenter jusqu'à 230 € !

Limitez l'arrosage

Voici quelques astuces qui peuvent vous permettre de remplacer ou limiter l'arrosage :

- Apprenez à utiliser votre binette. Biner votre terrain, c'est l'aérer ; l'eau y rentrera plus facilement et s'évaporera ainsi beaucoup moins.
- Arrosez plutôt le soir pour que la terre conserve l'humidité.
- Récupérez l'eau à la sortie de vos gouttières.
- Taillez vos arbustes et vos arbres, ils conserveront mieux l'humidité.
- Lorsque vous tondez votre pelouse, laissez-la à au moins 6 cm de hauteur, ainsi ses racines auront suffisamment d'ombre.

- Laissez l'herbe coupée sur votre pelouse pour accroître les matières organiques. Cela va ralentir l'apparition de mauvaises herbes et la perte d'humidité.
- Enfin, pour arroser vos plantes, installez un récupérateur d'eau de pluie.

Nous avons fait ensemble un tour d'horizon du poste de dépenses « Logement, chauffage, éclairage ».

En appliquant mes conseils, vous maîtrisez 25,3 % de la totalité de vos dépenses de consommation !

Vous êtes sur le bon chemin !

Mais bien sûr, nous n'allons pas en rester là...

Je vous propose maintenant de passer en revue votre poste de dépenses « Transports »...

2
SE DÉPLACER

Selon l'INSEE, le poste de dépenses « Transports » a représenté 14,5 % de la consommation des ménages français en 2007. C'est le 2e poste de dépenses des Français, derrière le poste « Logement, chauffage, éclairage » et juste devant le poste « Alimentation ».

Souvenez-vous...

- Vous avez contrôlé votre relevé de compte.
- Vous avez regroupé vos dépenses par poste de dépenses.
- Vous avez calculé le montant total de vos dépenses par poste de dépenses.

Vous savez donc combien vous consacrez tous les mois au poste de dépenses « Transports » ! Vous devez maintenant déterminer la part de vos ressources que vous consacrez au poste de dépenses « Transports ».

Cas concret : Monsieur et Madame Hugues

Monsieur et Madame Hugues disposent de 28 800 € de ressources par an, soit 2 400 € par mois. La totalité des dépenses qu'ils réalisent pour le poste « Transports » représente 456 € par mois.

La part du poste de dépenses « Transports » de Monsieur et Madame Hugues dans leurs ressources est donc : (456 / 2 400) × 100 = 19.

Monsieur et Madame Hugues consacrent donc 19 % de leurs ressources mensuelles au poste de dépenses « Transports ».

Si Monsieur et Madame Hugues consacraient 14,5 % de leurs ressources mensuelles au poste de dépenses « Transports » (moyenne nationale des ménages français), ils devraient dépenser en réalité : 2 400 × 14,5 / 100 = 348 €.

Ils dépensent donc 108 € (456 - 348) par mois de trop par rapport à la moyenne nationale, ce qui correspond à 1 296 € par an.

> **Attention,** ce chiffre n'indique pas que Monsieur et Madame Hugues affectent une partie trop importante de leurs ressources à ce poste de dépenses. Il dit seulement : « Attention, vous êtes au-dessus de la moyenne nationale ! » Ce chiffre n'est par conséquent qu'une indication, pas une conclusion en soi.

La part des ressources qu'un foyer (un particulier ou une famille) consacre au poste de dépenses « Transports » dépend d'un nombre important de paramètres :

- **le ou les modes de transport que vous utilisez** : marche à pied, vélo personnel ou vélo de location, transports en commun, voiture, moto... ;
- **votre niveau d'équipement** : une ou plusieurs voitures, un ou plusieurs deux-roues (moto, scooter)... ;
- **l'ancienneté de votre équipement** : contrôle technique, entretien, réparations... ;
- **l'hébergement de votre équipement** : est-il protégé contre les agressions du temps ou non ?
- **la motorisation de votre ou de vos véhicules** : essence, diesel, gaz de pétrole liquéfié, électrique, hybride... ;
- **le type de conduite que vous adoptez** : éco-conduite, conduite sportive... ;
- enfin, **votre capacité à négocier le prix d'achat** d'une voiture compte également...

Ce ne sont là que quelques exemples. D'autres paramètres déterminent le montant de la part de vos ressources que vous consacrez au poste de dépenses « Transports ».

ACHETER UN VÉHICULE

Comment bien choisir votre véhicule avant l'achat

Pour bien choisir votre véhicule, vous devez dans un premier temps définir votre besoin. La définition de votre besoin dépend :

- du nombre de personnes dans votre foyer : celui-ci détermine le type de véhicule dont vous avez besoin pour vous déplacer ;
- de votre budget, qui fixe la somme d'argent maximum (le plafond) que vous pouvez lui consacrer.

Mais bien sûr, ce n'est pas tout...

La taille de votre véhicule

Vous devez choisir une taille de voiture adaptée au nombre de personnes à transporter, aux usages les plus courants (vous rendre sur votre lieu de travail ou faire les courses, par exemple) et faire le bon compromis entre prix d'achat, consommation et utilisations.

À noter

Une voiture lourde consomme plus qu'un véhicule plus léger. Ainsi, un 4x4, du fait de son poids, est plus gourmand qu'une berline équivalente, même sans enclencher les quatre roues motrices : sa consommation en ville est en moyenne de 3,6 litres supérieure pour 100 kilomètres !

De même, plus une voiture est puissante, plus elle consomme. Elle est aussi souvent plus chère à l'achat.

Choix du carburant

Les instances européennes ont rendu obligatoire l'affichage des consommations de carburant et des émissions de dioxyde de carbone pour les véhicules neufs. L'« étiquette énergie » est l'application française de ce principe européen. Elle est affichée sur les voitures neuves dans tous les lieux de vente en France. Le consommateur peut ainsi comparer les voitures qui l'intéressent et acheter en connaissance de cause.

Alors, essence ou diesel ?

Les voitures diesel, en France, occupent une large part du marché (74 % des achats en 2007) : elles sont plus chères à l'achat que les voitures à essence équivalentes, mais les moteurs diesel consomment moins de carburant.

Conseil pratique

Le choix n'est en réalité pas aussi simple qu'il n'y paraît. Le modèle de voiture que vous avez retenu, le nombre de kilomètres que vous effectuez et le type de trajet (ville, autoroute ou mixte) déterminent votre consommation annuelle de carburant. Pour certains modèles de véhicules, une motorisation essence sera plus rentable, pour d'autres, ce sera le diesel ! Alors, pour vous aider à choisir le bon carburant (et la bonne motorisation), je vous invite à vous rendre sur le site : www.essenceoudiesel.com

Le GPL

Le gaz de pétrole liquéfié (GPL) est un mélange de butane et de propane. Les véhicules GPL sont des véhicules à bicarburation, c'est-à-dire qu'ils peuvent fonctionner en mode essence ou en mode gaz. C'est utile si l'on est loin d'un point d'approvisionnement, ou dans une zone peu desservie.

Moins taxé que l'essence, le GPL est à peu près deux fois moins cher à la pompe. Cependant, les voitures GPL consomment 30 % de carburant en plus que les véhicules à essence.

À l'heure actuelle, il n'existe environ que 2 000 stations services équipées GPL en France. Pour connaître la liste des stations GPL, rendez-vous sur le site du Comité français du butane et du propane : *www.cfbp.fr*

Les biocarburants et le super-éthanol (E85)

Les biocarburants, comme l'éthanol, sont utilisés comme additifs aux carburants (essence et diesel). Le super-éthanol, mélange de 85 % d'éthanol et de 15 % d'essence, peut être utilisé dans des véhicules à carburant modulable équipés de motorisations adaptées. Le super-éthanol E85 est moins cher que l'essence mais aussi que le diesel.

Pour un particulier qui effectue 10 000 km par an avec une petite voiture consommant dans sa version essence 6 l au 100 km, l'économie réalisée en roulant au super-éthanol est de 150 €.

Ces véhicules sont en général 200 à 300 € plus chers à l'achat que les versions essence. Pour encourager l'achat de ce type de véhicule, certaines régions offrent une ristourne de 50 à 100 % du coût de la carte grise. Voici la liste des régions et les remises qu'elles consentent :

Région	Carte grise		
	Gratuite	-50%	Tarif normal
Alsace		OUI	
Aquitaine			OUI
Auvergne	OUI		
Normandie	OUI		
Bourgogne	OUI		
Bretagne			OUI
Centre			OUI
Champagne Ardenne			OUI
Corse	OUI		
Franche-Comté	OUI		
Haute-Normandie			OUI
Île-de-France			OUI
Languedoc Roussillon			OUI
Limousin			OUI
Lorraine			OUI
Midi-Pyrénées			OUI
Nord	OUI		
Pays de la Loire			OUI
Picardie			OUI
Poitou-Charentes			OUI
Provence Alpes Côte d'Azur	OUI		
Rhône-Alpes		OUI	

Les véhicules électriques

Ce sont des véhicules propulsés par un moteur électrique d'une puissance de 20 kW environ pour une petite voiture. Ce moteur est alimenté par des batteries rechargeables sur secteur. Il existe trois solutions pour recharger les batteries d'un véhicule électrique :

- Chez soi : encore faut-il avoir la place pour recharger et l'accès à l'électricité à partir de sa place de parking... ;
- Les bornes de recharge ;
- La location de batteries : option souscrite à l'achat du véhicule. Pour connaître le coût de la location mensuelle des batteries, rapprochez-vous d'un concessionnaire commercialisant ce type de véhicule.

Ces véhicules ont une bonne durée de vie et sont simples à entretenir. Ils sont généralement bien adaptés pour une utilisation en ville. De plus, une voiture électrique est peu coûteuse en énergie : pour parcourir 100 km, le coût en électricité est 7 fois moindre que le coût de l'essence !

Malheureusement, la recharge des batteries dure environ 6 heures et ces voitures n'ont une autonomie que de 50 à 150 km selon le type de batteries. Ce ne sont pas de grandes routières... En outre, l'encombrement des batteries ainsi que leur poids (pouvant dépasser les 200 kg) sont aussi des points négatifs.

Les voitures hybrides

Les voitures hybrides représentent des véhicules intermédiaires entre les voitures conventionnelles (essence et diesel) et les voitures électriques. Il existe trois principaux types de voiture à moteur hybride :

- **Le système « Stop and Start »** : 1er niveau. Ce type de moteur se met en veille dès que la vitesse tombe au-dessous de 6 km/h, à l'approche d'un feu rouge ou dans un embouteillage par exemple. En ville, cette technologie permet d'économiser jusqu'à 10 % de carburant et de diminuer les nuisances sonores. Elle peut aussi équiper les voitures diesel.
- **Les « mild hybrid »** : Hybride intermédiaire. Un moteur électrique d'appoint permet de récupérer de l'énergie au freinage et de fournir un surcroît de puissance quand c'est nécessaire. L'économie de carburant possible avec ce système peut atteindre 15 %.
- **Les « full hybrid »** : Moteur totalement hybride. Ces véhicules sont équipés d'un moteur thermique (traditionnel) et d'un moteur électrique (rechargé par le moteur thermique et par la récupération de l'énergie de freinage) de puissance équivalente. Ils fonctionnent avec l'un et/ou l'autre moteur selon les conditions de circulation : au démarrage, dans les embouteillages ou plus généralement en ville, priorité à l'électricité. Sur route ou quand la circulation est fluide, priorité à l'essence. La consommation de carburant peut être jusqu'à deux fois plus faible qu'une voiture classique de même catégorie ! Les voitures qui en sont dotées sont aussi bien urbaines que routières.

Véhicule neuf ou d'occasion ?

On est souvent tenté d'acheter une voiture d'occasion pour une question de prix... Cependant, attention à ne pas gaspiller l'économie réalisée à l'achat : avec une voiture de plus de 4 ou 5 ans, on consomme plus et l'entretien revient plus cher : révisions, réparations, contrôles techniques...

Si vous achetez un véhicule neuf

Si vous optez pour une voiture neuve, voici quelques astuces pour faire baisser son prix :

- Choisissez le bon moment : en effet, les voitures aussi ont droit à leur période de soldes et des promotions non négligeables sont appliquées sur des fins de série. Renseignez-vous quant à la période (même si l'été semble être la meilleure saison) pour acheter une voiture.
- Attendez la fin du mois pour vous décider, car les vendeurs seront plus disposés à vous faire des prix intéressants. En effet, ils ont des objectifs de vente à atteindre chaque fin de mois et diminuent facilement leur commission pour réaliser une vente supplémentaire.
- N'hésitez pas à comparer le prix du modèle qui vous plaît chez plusieurs vendeurs et faites jouer la concurrence jusqu'à obtenir une importante réduction !

Si vous achetez une voiture d'occasion

Si vous optez pour une voiture d'occasion, voici quelques conseils :

- Après avoir déterminé le modèle qui vous plaît, renseignez-vous sur sa cotation à l'Argus. Épluchez toutes les petites annonces et notez le prix qui est en moyenne demandé pour la voiture.
- Prenez le temps d'examiner le véhicule afin de vérifier son état et essayez-le avant de prendre une décision. Si, après toutes ces vérifications, vous avez remarqué des petits défauts facilement réparables, n'hésitez pas à vous en servir pour négocier une baisse du prix demandé par le vendeur.

Boîte de vitesse manuelle ou automatique ?

Il existe trois types de boîtes de vitesses :

- Les boîtes de vitesses manuelles sont actuellement les plus courantes et le changement de rapport se fait manuellement à l'aide du levier de vitesse.
- Les boîtes de vitesses pilotées ou robotisées sont des boîtes de vitesses manuelles dont les changements de rapport sont automatisés.
- Les boîtes de vitesses automatiques ne nécessitent aucune

action sur le levier de vitesse ni sur la pédale d'embrayage pour le changement de rapport.

Ce choix est important car il rentre en ligne de compte (notamment) pour le calcul de la consommation de carburant ! Les boîtes de vitesses automatiques offrent du confort de conduite mais coûtent plus cher. Mais les voitures qui en sont équipées consomment davantage : environ 15 % de plus.

Climatisation ou pas ?

C'est presque devenu une option imposée quand on achète une voiture neuve. Cependant, elle entraîne une surconsommation de carburant !

Quand vous achetez une voiture, vous devez vous demander si vous avez vraiment besoin de la climatisation. Dans une bonne partie de la France, elle n'est utile que quelques semaines par an.

Un pare-brise athermique (ne dégage pas et n'absorbe pas la chaleur) peut réduire l'inconfort en été et il n'entraîne aucune surconsommation !

Les options

Si vous achetez un véhicule doté d'un nombre important d'options (la plupart du temps faisant appel à l'électricité), vous augmenterez votre consommation de carburant. Alors limitez les options dans le choix de votre voiture !

Le coût annuel

Dans le choix de votre véhicule, il n'y a pas que l'achat. Il y a aussi la carte grise, l'assurance, les contrôles techniques, les révisions, l'entretien, les péages, le stationnement, la consommation de carburant et la dépréciation de votre voiture (la valeur qu'elle perd chaque année).

Pour comparer le coût annuel des différents modes de transport, rendez-vous sur le site de l'ADEME (Agence de l'environnement et de la maîtrise de l'énergie) : *www.ademe.fr/calculette-eco-deplacements*

Sans être très précise (ça serait extrêmement compliqué), cette calculatrice a le mérite d'exister et vous donne au moins une idée de ce que coûtent les différents modes de transports.

À retenir

Pour bien choisir votre voiture, vous devez prendre en compte les éléments suivants :

- *Le type de carburant, la taille du véhicule, neuf ou d'occasion, l'équipement d'une boîte de vitesse manuelle ou automatique, la présence ou l'absence d'un système de climatisation, les options, les mesures gouvernementales et celles des constructeurs en faveur de l'écologie...*
- *Les dépenses que vous aurez à réaliser après l'achat !*

Bien comprendre combien votre véhicule peut vous coûter pendant sa durée de vie vous permet de faire le bon choix, mais aussi de vous tourner vers d'autres solutions :

- *la location ponctuelle ;*
- *la location avec ou sans option d'achat ;*
- *l'autopartage...*

Les incitations financières gouvernementales

Il existe différentes incitations financières gouvernementales entrées en vigueur en 2008 qui peuvent vous aider à « trancher » définitivement quant au véhicule que vous allez acheter. L'objectif de ces mesures est de rendre financièrement :

- plus attractives les voitures peu consommatrices d'énergie et peu émettrices de gaz à effet de serre ;
- moins attractives les grosses consommatrices.

À noter

Les bonus-malus et autres aides de l'État peuvent s'additionner. De plus, les constructeurs peuvent y rajouter leurs propres réductions.

Le bonus

Le bonus est une aide financière destinée aux particuliers pour tout achat d'une voiture neuve émettant peu de CO2 (gaz d'échappement).

Le principe : plus les émissions sont faibles, plus le bonus est élevé.

Tous les types de voitures particulières neuves sont concernés, mais le montant du bonus dépend du type de carburant. Le montant du bonus est la plupart du temps déduit directement du prix d'achat TTC et doit apparaître sur la facture.

À noter

Le bonus à l'achat peut aller de 200 € à 5 000 € ! Pour en savoir plus sur le montant du bonus auquel vous pouvez avoir droit en fonction de la période d'achat, de la fourchette d'émission de CO2 dans laquelle doit se situer le véhicule (voitures à essence ou diesel) ou du plafond d'émission qu'il ne doit pas dépasser, rendez-vous sur le site de l'ADEME : www.ademe.fr/particuliers/Fiches/aides_vehicules/rub2.htm

Le super bonus

Pour inciter les particuliers à se débarrasser des voitures les plus polluantes, un super bonus de 1 000 € est attribué si l'achat de la nouvelle voiture s'accompagne de la destruction d'un véhicule de plus de 10 ans.

Qui dit bonus sous-entend malus !

Si vous achetez une voiture neuve fortement émettrice de CO2, vous êtes pénalisé par un malus. Son montant est progressif en fonction du niveau d'émissions de CO2 : **il peut aller de 200 € à 2 600 € !**

Pour en savoir plus sur le montant du malus en fonction de la période d'application et des émissions en grammes de CO2 par kilomètre, rendez-vous sur le site de l'ADEME : *www.ademe.fr/particuliers/Fiches/aides_vehicules/rub2.htm*

À noter

Le gaz de pétrole liquéfié et l'éthanol E85 sont les carburants les moins taxés du marché. En outre, les véhicules électriques bénéficient d'assurances moins chères. Certaines compagnies d'assurance font bénéficier leurs clients de contrats à prix réduits s'ils roulent dans des voitures GPL ou hybrides. Renseignez-vous auprès de votre assureur pour savoir s'il propose des contrats tenant compte du niveau d'émission de CO2 du véhicule.

Où acheter votre véhicule ?

Vous savez maintenant combien il est important de bien définir son besoin pour réaliser le bon choix lorsque vous décidez d'acheter un véhicule. Mais une question demeure : où acheter votre véhicule ? En France ou à l'étranger ? Passer par une concession ou un importateur ? Ou finalement... écarter l'achat au profit d'une location ?

Pour vous aider à faire ce choix, je vous propose de faire un tour d'horizon des principales solutions d'achat et de location de voiture.

Les sociétés de location de voitures

Au bout de 3 à 9 mois, les compagnies de location se séparent de leurs véhicules. Ceux-ci totalisent en général entre 8 000 et 20 000 km, se négocient entre 10 et 20 % sous le prix du neuf et bénéficient de la garantie constructeur.

Reste qu'il est impossible de savoir comment les voitures ont été « traitées » par les nombreux conducteurs qui se sont succédé au volant...

Bien qu'intéressant financièrement, cet achat n'est pas sans risques pour votre portefeuille ! Réfléchissez bien avant de vous engager dans cette voie !

Les mandataires

Passer par un mandataire (aussi appelé courtier ou négociant) pour acheter votre voiture neuve vous permet d'obtenir des remises importantes : **jusqu'à 35 % du prix de vente !** En effet, acheter une voiture neuve dans certains pays étrangers permet de bénéficier de prix de vente plus intéressants que ceux pratiqués en France.

Si acheter seul sa voiture dans un pays où les prix de vente sont bas est possible, cela reste compliqué, voire risqué : problèmes liés à la distance, à la langue, aux pratiques et à la réglementation en vigueur dans le pays. Le recours à un mandataire établi depuis de nombreuses années est beaucoup plus simple et nettement plus sûr.

Il vous en coûtera de 1 à 2 % du prix de la voiture neuve. Vous devez cependant prendre quelques précautions.

Tout d'abord, sélectionnez un mandataire inscrit au registre du commerce. Ensuite, signez un contrat avec le mandataire. Le contrat de mandat (c'est son nom) précise le modèle du véhicule que vous recherchez, son prix, la date de livraison, le lieu de la livraison, les frais de transport, les frais de livraison et la commission du mandataire.

Attention

À ce stade, vous ne devez pas verser d'acompte.

Une fois le véhicule trouvé par le mandataire, vous signerez un contrat d'achat autorisant le mandataire à acheter pour votre compte le véhicule recherché. C'est à ce moment que vous devez régler un acompte, mais pas avant. Il est conseillé de verser un acompte limité à 10 % du prix de la voiture. Ce n'est qu'au moment de la livraison de la voiture que vous réglerez le solde.

Certains mandataires peuvent vous demander un règlement total avant la livraison : refusez ! En revanche, vous pouvez effectuer un règlement avec caution bancaire. Dans ce cas, vous réglez la banque du mandataire et non pas le mandataire directement. La banque vous remet alors une attestation de caution bancaire. À la livraison du véhicule, vous remettez au mandataire l'attestation de caution bancaire, qui fait office de règlement.

À savoir

La banque vous facturera environ 60 € la mise en place de la caution.

Lors de la livraison, le mandataire vous donnera la facture d'achat du véhicule, le certificat de conformité du constructeur, le carnet de garantie et la notice d'utilisation du véhicule. La remise de ces documents est obligatoire.

La garantie constructeur s'applique dans le réseau du constructeur en France, et cela quel que soit le pays d'achat du véhicule.

Pour vous aider à acheter votre véhicule en passant par un mandataire, voici une liste de quatre sociétés réputées pour être sérieuses :

- Aramis Auto : *www.aramisauto.com* ou 0.811.112.822 (prix d'un appel local).
- Automobiles 25 : *www.automobiles25.fr* ou 03.28.20.90.90.
- Auto JM : *www.autojm.fr* ou 0.810.112.137 (prix d'un appel local).
- IES : *www.auto-ies.com* ou 0.820.13.7777 (0,12 €/min maximum).

Les déstockeurs (ou déstockages des concessionnaires)

Lorsqu'un concessionnaire souhaite vendre rapidement une ou plusieurs voitures neuves en stock, il passe par des sociétés spécialisées dans l'achat de stocks de véhicules neufs : les déstockeurs.

Ces sociétés, parce qu'elles achètent des lots, bénéficient d'une réduction importante sur l'ensemble. Réduction qu'elles vont répercuter en partie sur chaque voiture. En partie seulement, car ces sociétés doivent bien sûr gagner de l'argent.

Mais pour être attractifs pour les acheteurs potentiels que vous êtes, les déstockeurs doivent aussi vous en faire gagner ! Ils octroient donc une remise souvent intéressante sur les véhicules qu'ils vendent : jusqu'à 35 % moins cher que dans une concession !

Malheureusement, vous ne pouvez pas toujours choisir le modèle que vous souhaitiez. Tout dépend de ce que le déstockeur a en stock !

À savoir

Les garanties constructeur sont les mêmes qu'en concession.

Pour vous aider à acheter votre véhicule en passant par un déstockeur, voici un site bien utile : *www.stockauto.com*

Les véhicules de collaborateurs

Les collaborateurs des constructeurs automobiles bénéficient de réductions importantes lors de l'achat d'un véhicule neuf de la marque pour laquelle ils travaillent. Aucun doute quant à l'intérêt que représente l'achat d'un véhicule de collaborateur ! C'est l'assurance d'acheter un véhicule de première main, très récent et dont le prix est très compétitif : jusqu'à 30, voire 35 % moins cher !

Conseil pratique

Avant d'acheter votre véhicule de collaborateur, vérifiez tout de même sa cote et surtout comparez les prix !

Pour vous aider à trouver votre véhicule de collaborateur, voici deux sites de constructeurs dédiés à la vente de voiture de collaborateurs :

- Peugeot : *www.clicpeugeot.com*
- Renault : *www.toprenault.com/tor/*

Les véhicules aux enchères

Les voitures mises en vente aux enchères proviennent en grande partie d'établissements financiers : il s'agit essentiellement de voitures saisies pour impayés.

On y trouve aussi bien des véhicules de particuliers que des véhicules d'entreprises. Ils sont souvent mis en vente aux enchères à des prix sacrifiés pour être revendus plus rapidement que s'ils l'étaient par un concessionnaire automobile. Vous pouvez acheter des véhicules à des prix défiants toute concurrence !

Mais l'achat d'une voiture d'occasion aux enchères n'est pas sans risque ; une très bonne affaire a toujours ses limites. En effet, l'acheteur devra payer, en plus de la voiture, les frais de vente publique prévus par l'organisateur de la vente aux enchères. Les frais du commissaire-priseur judiciaire (l'organisateur) peuvent être supérieurs à 5 % du prix de vente du véhicule.

De plus, les véhicules ne peuvent pas être essayés avant d'être achetés ! Ils ne présentent aucune garantie mécanique, hormis la garantie constructeur si celle-ci est encore en cours. La souscription d'une garantie mécanique complémentaire facultative alourdira la facture d'achat de votre voiture !

Bien sûr, l'acheteur potentiel peut contrôler visuellement certaines parties de la voiture, à commencer par le numéro de série, les niveaux d'eau, d'huile, de liquide de frein, les caoutchoucs de la transmission... Mais il est très difficile dans ces conditions de déceler une défaillance mécanique future ou un véhicule accidenté.

Enfin, la vente s'effectue au comptant : il n'y a pas de solution de financement. La livraison est effective quelques jours après l'enchère et vous ne disposez en outre d'aucun droit de rétractation.

Au final, ces véhicules d'occasion présentent de nombreux risques ! Vous avez donc en général tout intérêt à éviter d'acheter votre véhicule aux enchères... à moins d'avoir de solides connaissances mécaniques et du temps pour dénicher sans risque les bonnes affaires...

Les marchands de voitures (revendeurs)

Du véhicule récent encore garanti par le constructeur à la voiture de plus de 10 ans avec un grand nombre de kilomètres : acheter chez un marchand de voitures peut vous faire côtoyer le meilleur comme le pire.

Les marchands s'approvisionnent essentiellement chez les concessionnaires, lesquels leur « refilent » les occasions un peu anciennes (plus de 5 ans, plus de 80 000 km dans la plupart des cas).

On y trouve également des retours de location (courte ou longue durée) et des véhicules ayant appartenu à des entreprises.

Dans tous les cas, les garanties « moteur/boîte/pont » proposées ne vont jamais très loin : les clauses d'exclusion sont nombreuses et les plafonds d'indemnisation sont très bas !

À vérifier minutieusement avant de signer !

Internet : les pièges à éviter

Pendant longtemps, on s'y reprenait à deux fois avant d'acheter une voiture sur le marché de l'occasion, tant on craignait de tomber sur un vendeur peu scrupuleux, capable d'avoir maquillé le compteur kilométrique, par exemple...

Aujourd'hui, le marché a bien évolué et vous pouvez acheter une occasion le plus souvent en toute confiance, que le vendeur soit un particulier ou un professionnel.

Cependant, les arnaques sont toujours possibles.

Voici 10 conseils pour éviter de vous faire piéger !

1. **N'achetez pas votre véhicule à un vendeur ne parlant pas le français.** Une personne non francophone et vivant à l'étranger n'a aucune raison valable de vendre sa voiture sur un site Internet français.
2. **N'achetez aucune voiture sans l'avoir essayée.** Quand vous découvrez la voiture pour la première fois, après l'avoir inspectée, vous devez impérativement pouvoir l'essayer. Si le vendeur s'y oppose, tant pis : mieux vaut rater une bonne affaire plutôt qu'en faire une mauvaise. N'achetez pas !
3. **Ne faites aucun versement avant d'avoir vu le véhicule.** Le vendeur peut vous demander le versement d'un acompte pour réserver le véhicule : ne faites aucun règlement avant de l'avoir vu.
4. **Achetez au prix de la cote.** Un prix trop en dessous de la cote doit être une alerte : le vendeur n'a aucune raison de vous faire de cadeau. Un prix trop faible peut cacher quelque chose d'illégal.
5. **Demandez à voir le procès-verbal de visite initiale du contrôle technique.** Le ou les procès-verbaux (PV) de contrôle technique permettent d'avoir un bilan neutre et impartial de l'état général du véhicule. Il est obligatoire pour toutes les voitures dans les six mois précédant le quatrième anniversaire de leur date de première mise en circulation. Attention de bien avoir en main le PV de visite initiale et, le cas échéant celui de contre-visite si cette dernière a été exigée. Si le PV est vierge : cela témoigne du bon état du véhicule. Si des défauts sont mentionnés : cela ne doit pas forcément vous faire renoncer à l'achat

du véhicule. Dans ce cas, assurez-vous que le vendeur a effectué les réparations nécessaires ou tenez compte des éventuels coûts de remise en état dans la négociation du prix du véhicule. Enfin demandez-lui de vous fournir les factures de remise en état des défauts relevés.

6. **Acompte ou arrhes** ? Si un ou des acomptes ont été versés, ni l'acheteur ni le vendeur du véhicule ne peut se désister. En principe, seule une décision de justice permet d'annuler la vente. Par contre, il est possible de se désister si des arrhes ont été versées. Si vous avez versé des arrhes et que vous souhaitez vous désister, c'est possible, mais vous perdez le montant des arrhes. Si c'est le vendeur qui revient sur sa décision, il doit vous rendre les arrhes que vous lui avez versées.
7. **Apprenez à reconnaître une voiture volée**. Assurez-vous que le numéro de série de la voiture noté sur la carte grise est bien le même que celui figurant sur le châssis. Des traces de coups peuvent indiquer que de faux numéros ont été frappés. Du jeu au niveau de la colonne de direction peut révéler la fracture d'un Neiman. Des traces au niveau des barillets de portes ou des joints de portières neufs peuvent également être suspects.
8. **Attention aux voitures accidentées**. Un passage au marbre laisse des traces de pinces sur les bas de caisse. Une peinture neuve peut être une couche d'apparat réalisée après un accident. Méfiez-vous si les portes ou le capot ne sont pas correctement alignés. La tôlerie doit être lisse, sans trace de coups ou de boursouflures dues à la rouille.
9. **Sachez reconnaître un compteur trafiqué**. Vérifiez que les numéros sont correctement alignés. À défaut, cela peut vouloir dire que le compteur a été « révisé » à la baisse à l'aide d'un tournevis. Vous pouvez également vérifier que le kilométrage indiqué n'est pas inférieur à celui de l'étiquette de la dernière vidange collée sur le carter d'huile...
10. **Demandez le carnet d'entretien et les factures**. Pas de carnet, pas d'achat !

FAIRE LE PLEIN À MOINDRE COÛT

Pour faire le plein d'essence au prix le plus bas :

- Ne faites plus le plein dans la station à côté de chez vous sous prétexte que c'est plus pratique.

- Ne faites pas forcément non plus le plein dans la station la moins chère si celle-ci est loin de chez vous : la consommation de carburant pour vous y rendre ainsi que le coût d'usure de votre voiture « mangeraient » peut-être l'économie réalisée, sans parler du temps que vous allez perdre…

  Alors pour faire votre plein au meilleur prix, suivez le guide !

1re étape

Je vous invite à vous rendre sur le site : *www.prix-carburants.gouv.fr/*

Ce site vous donne le prix des carburants dans toutes les stations essences de France. Les prix sont fiables et mis à jour régulièrement.

2e étape

Dans un rayon de 10 km autour de votre domicile, repérez les trois stations les moins chères pour le carburant dont vous avez besoin.

Limitez-vous à un rayon de 10 km car vous avez toutes les chances de trouver plusieurs stations avec les prix les plus bas du marché.

Pourquoi trois stations et pas une ? Parce que vous n'utilisez pas toujours le même itinéraire pour vos déplacements et parce qu'au moment où vous aurez besoin de faire le plein, vous ne serez pas forcément à proximité de la station la moins chère.

Ainsi, vous serez à peu près certain (en dehors des trajets longue distance) de payer votre plein à un prix parmi les plus bas.

3e étape

Répétez les étapes 1 et 2 régulièrement pour vous assurer que les trois stations que vous avez sélectionnées sont toujours bien parmi les moins chères dans un rayon de 10 km autour de chez vous.

SE DÉPLACER EN VOITURE À MOINDRE PRIX

La location « low cost » (location à bas prix)

Vous souhaitez acheter une voiture ou en changer ? En dehors des périodes de l'année ou vous partez en vacances, vous n'avez pas vraiment besoin de voiture : votre travail, les commerces, les hypermarchés et les écoles sont proches de votre domicile ?

Avant de prendre une décision, définissez votre besoin, puis comparez ce que peut vous coûter une voiture à l'achat, mais aussi pendant sa durée de vie, à ce que pourrait coûter un véhicule de location. Je parle ici de location ponctuelle !

Dans l'immense majorité des cas, la location ponctuelle d'un véhicule sera moins onéreuse que l'achat d'un véhicule, même si celui-ci est d'occasion. Alors avant d'acheter une voiture, vous devez vous demander si vous en avez vraiment besoin ! **Quoi qu'il en soit : faites vos calculs et comparez !**

Pour vous aider à vous décider, voici une liste de cinq sociétés spécialisées dans la location de voiture « low cost » :

- **Easycar :** ***www.easycar.fr/car-hire/links/LowCostAirports.aspx***. Easycar dispose d'agences de location à Paris, Nice, Cherbourg, Lyon, Marseille, Nice, en Bretagne et en Provence.
- **Voiture de location :** ***www.voituredelocation.fr***. Particularité de cette société : elle ne compare pas les tarifs de sociétés de location de voitures, elle compare les tarifs des courtiers spécialisés en location de voiture !
- **Auto Escape :** ***www.autoescape.com***. Location à partir de 25 € par jour.
- **Interrent :** ***www.interrent.com/location-voiture/fr***. Location à partir de 15 € par jour, 100 km inclus… mais hors assurance !
- **« Sixt » :** ***www.sixt.fr***. Location à partir de 5 € par jour mais là aussi hors assurance !

L'autopartage

L'autopartage permet de mettre à disposition d'utilisateurs, un ou des véhicules en fonction de leur besoin. Ce principe peut s'appliquer principalement de deux façons différentes :

- Un groupe d'utilisateurs s'associe en vue d'acheter et de partager des véhicules. C'est le concept d'autopartage le plus souvent utilisé et notamment en France ;
- L'autopartage peut être aussi un service de location de (très) courte durée de véhicule : une heure seulement par exemple.

Comment fonctionne l'autopartage?

L'utilisateur doit réserver un véhicule avant chaque utilisation. Il peut choisir :

- la durée de réservation : de moins d'une heure à quelques heures ;

- le type de véhicule : citadine, familiale, monospace, fourgonnette... ;
- l'endroit où il va prendre possession du véhicule.

La réservation peut se faire par différents moyens : téléphone, internet, SMS...

La prise de possession du véhicule se fait automatiquement, c'est-à-dire « sans guichet » :

- soit avec une carte d'accès électronique qui déverrouille les portières ;
- soit avec une armoire à clés dans un parking s'ouvrant par mot de passe.

La restitution du véhicule se fait aussi de manière automatique. Ainsi, les véhicules peuvent être empruntés et restitués à n'importe quelle heure du jour ou de la nuit.

Les locations sont facturées périodiquement sur la base :

- du type de véhicule ;
- de la durée de réservation ;
- de la distance parcourue.

Les différents opérateurs ont cependant des grilles de tarifs différentes. La facturation peut se faire en fonction :

- du temps d'utilisation ;
- d'un abonnement mensuel fixe avec un paiement à chaque utilisation selon le temps et le kilométrage ou au forfait.

Les tarifs horaires et/ou kilométriques et les éventuels frais d'abonnement comprennent l'ensemble des coûts liés au véhicule : carburant, assurances, entretien, amortissement du véhicule, impôts et taxes.

L'autopartage est une solution particulièrement intéressante financièrement dans le cas du remplacement d'un véhicule peu utilisé et dans celui d'une utilisation combinée avec les transports publics.

Remplacement d'un véhicule peu utilisé

De nombreuses personnes n'utilisent pas leur voiture (ou seconde voiture) tous les jours car elles se rendent au travail à pied, à bicyclette, à moto ou en utilisant les transports en commun.

Pourtant elles possèdent une voiture pour des utilisations occasionnelles : achats, loisirs, vacances... Cette voiture qui parcourt moins de 8 000 km par an est coûteuse : amortissements, assurances, impôts, place de parking...

Dans cette situation, l'autopartage est une alternative très avantageuse à la possession d'une voiture individuelle.

Utilisation combinée avec les transports publics

Localement, des abonnements combinés ont été mis en place par une grande partie des villes disposant d'un service d'autopartage.

Ces abonnements couplent un abonnement aux transports publics et un abonnement autopartage, à un tarif avantageux.

À l'échelle d'un pays, des accords passés entre les différents services d'autopartage permettent la réservation d'un véhicule à la gare principale la plus proche de la destination finale. L'essentiel du voyage se fait en train, mais on parcourt en voiture la dernière partie du trajet, parfois dépourvue de transports publics.

Un des principaux avantages de la combinaison transports publics/autopartage est le gain d'argent : elle évite les coûts d'acquisition et d'entretien d'un véhicule peu utilisé.

La location de ce type de véhicule commence à 4 € de l'heure.

Où trouver un service d'autopartage ?

Sur Paris

- **Caisse - Commune :** ***www.caisse-commune.com.*** 56, boulevard Beaumarchais (rue Clothilde de Vaux) 75 011 Paris. Tél : 01.43.55.15.95.
- **Mobizen :** ***www.mobizen.fr.*** 36 rue de Lancry 75010 Paris. Tél : 01.72.09.07.75.
- **Okigo :** ***www.okigo.com.*** 5, rue Bixio 75007 Paris. Tél : 0.826.101.102.

En province

- **Bordeaux. AutoComm :** ***www.autocomm.org.*** 16 rue Ausone 33000 Bordeaux. Tél : 05.56.31.10.66.
- **Grenoble. Alpes Autopartage :** ***www.alpes-autopartage.fr.*** 4 rue Crépu 38000 Grenoble.Tél : 04.76.24.57.25.
- **Lille. Lilas :** ***www.lilas-autopartage.com.*** 55 bd de la Liberté 59000 Lille. Tél : 03.20.74.07.40.
- **Lyon. Autolib' :** ***www.autolib.fr.*** Lyon Parc Auto - Pôle Autopartage. 2 place des Cordeliers - BP 21 - 69226 Lyon Cedex 02. Tél : 04.72.41.65.25.

- **Marseille. AutoPartage Provence :** ***www.autopartage-provence.com.*** 134 rue de Rome 13006 Marseille. Tél : 04.91.00.32.94.
- **Montpellier & Nîmes. Modulauto :** ***www.modulauto.net.*** 15 rue du Faubourg de Nîmes 34000 Montpellier. Tél : 04.67.60.00.51.
- **Poitiers. Otolis :** ***www.otolis.com.*** 9 avenue Northampton BP 372 86009 Poitiers Cedex. Tél : 05.49.44.66.88.
- **Rennes. City'Roul :** ***www.cityroul.com.*** 100 Boulevard Sergent Maginot 35000 Rennes. Tél : 02.23.21.07.47.
- **Strasbourg & Alsace. Auto'trement :** ***www.autotrement.com.*** 24 rue Vieux Marché aux Vins 67000 Strasbourg. Tél : 03.88.23.73.47.
- **Toulouse (en projet). Mobilib' :** ***www.mobilib.fr***

Les associations

Un exemple à suivre… **Papa Charlie.** L'association Papa Charlie facilite l'accès à la mobilité aux personnes :

- en recherche d'emploi ;
- démarrant une activité professionnelle ou en cours de recrutement ;
- résidant dans les départements de Seine-et-Marne, de Seine-Saint-Denis, du Val d'Oise, de l'Oise, de l'Essonne et du Val de Marne.

Papa Charlie est avant tout un dispositif d'insertion sociale et professionnelle de personnes dont l'embauche est subordonnée à leur mobilité (généralement demandée par leur employeur).

Association Papa Charlie : *www.papa-charlie.com.* Zone technique de l'aéroport Roissy-CDG face au Pavillon de réception. Tél : 01.48.62.02.02.

Le covoiturage

Pour réduire leurs dépenses, de plus en plus de Français recherchent des solutions alternatives à la voiture, comme le covoiturage. Le principe en est simple : mettre en contact rapidement conducteurs et passagers pour effectuer un voyage en commun.

Les sites Internet qui suivent reposent généralement sur le même principe. Vous précisez :

- si vous êtes passager ou conducteur ;
- votre trajet avec une ville de départ, une ville d'arrivée et des villes intermédiaires, une date et un horaire ;

- vos coordonnées, afin d'être contacté par vos futurs covoiturai-res (personnes qui partagent le véhicule).

Si vous souhaitez avoir recours au covoiturage, je vous conseille de vous inscrire sur la plupart des sites ci-dessous. Vous multiplierez ainsi vos chances de succès !

- Covoiturage.com : *www.covoiturage.com*
- 123envoiture : *www.123envoiture.com*
- Covoiturage.fr : *www.covoiturage.fr*
- Compartir.org : *www.compartir.org*
- Covoiturage.Servauto.org : *http://covoiturage.servauto.org*
- Ecotrajet.com : *www.ecotrajet.com*
- Co-Voiturage.fr : *www.co-voiturage.fr*
- Carstops : *www.carstops.org*
- Comove : *www.comove.com*
- Allostop : *www.allostop.net*
- Vroum.com : *www.vroum.com*
- Aide-covoiturage : *www.aide-covoiturage.com*
- Ecovoiturons : *www.ecovoiturons.com*
- Clevertrip : *www.clevertrip.com*
- Tribu Covoiturage : *www.tribu-covoiturage.com*
- Euro-Covoiturage.com : *www.euro-covoiturage.com*

À savoir

L'assureur MAIF a lancé pour ses assurés un service de covoiturage sur son site Internet : www.maif.fr. *La MAIF permet même à ses sociétaires (ses assurés) d'accéder à des annonces et de calculer un coût par personne en fonction du kilométrage effectué, afin de partager les frais.*

L'ÉCO-CONDUITE : FAITES DES ÉCONOMIES EN CHANGEANT VOS COMPORTEMENTS

Votre comportement au volant de votre voiture a un impact direct sur votre consommation de carburant. Voici 10 conseils pour réaliser immédiatement des économies !

Anticipez les conditions de trafic

Pour conduire sans à-coups, c'est-à-dire sans freinages et accélérations intempestifs, vous devez anticiper sur les conditions du trafic routier. Par exemple, en respectant les distances de sécurité, vous n'aurez pas à freiner ou à accélérer de façon brutale. Résultat : vous usez moins vos plaquettes de freins et vous consommez moins de carburant.

À noter

- *Une conduite agressive en ville augmente votre consommation de 40 %, soit 4 € pour 100 km.*
- *Ne poussez pas les vitesses au-delà de 3 500 tours/min : vous pouvez ainsi économiser jusqu'à 20 % de carburant.*
- *Diminuez votre vitesse de 10 km/h sur autoroute : vous économiserez 7 € sur un trajet de 500 km.*

Évitez d'utiliser votre système de climatisation

En limitant l'utilisation de votre climatisation, vous pouvez économiser jusqu'à 4 € tous les 100 km.

Régulez votre vitesse

Si votre véhicule en possède un, n'hésitez pas à vous servir du régulateur de vitesse. Il rendra votre conduite plus uniforme et limi-tera les phases alternatives d'accélération et de freinage. Cependant, déconnectez le régulateur en montée et n'accélérez pas ! Si votre régulateur reste activé, il déclenchera l'accélérateur pour compenser la perte de vitesse dans la montée et vous consommerez davantage.

Limitez le chargement de votre voiture

- Plus le chargement est important, plus votre moteur sera sollicité.
- Videz votre coffre des objets dont vous n'avez en général pas besoin.
- Rouler avec un coffre plein augmente votre consommation de 2 %.

Optez pour l'aérodynamisme

L'installation d'une barre de toit ou d'une galerie constitue pour votre voiture une résistance à l'air. Plus votre voiture offre de points de résistance à l'air, plus elle consomme... Même à vide, votre galerie augmente votre consommation de près de 10 % !

Évitez également de rouler les vitres ouvertes. L'habitacle de votre voiture offre une résistance à l'air : votre consommation augmente !

Ne laissez pas votre moteur « tourner »

Vous êtes à l'arrêt dans les embouteillages ou vous attendez quelqu'un : ne laissez pas tourner le moteur de votre voiture. Vous consommez du carburant sans raison valable.

N'utilisez pas le « point mort »

Contrairement à ce que vous pouvez croire, rouler au point mort ne fait pas économiser de l'argent. Pire : il vous en fait perdre.

Au point mort, votre moteur doit maintenir une arrivée d'essence : vous continuez à consommer !

Au lieu d'utiliser le point mort :

- rétrogradez, l'arrivée d'essence sera coupée automatiquement ;
- dans les descentes, lâchez l'accélérateur et utilisez votre frein moteur ;

Vous ferez là aussi des d'économies.

Roulez « Gonflé »

Ne roulez jamais avec des pneus sous-gonflés. Si vous roulez « sous-gonflé », la tenue de route de votre voiture sera moins bonne : cela représente donc un danger.

Rouler sous-gonflé augmente aussi votre consommation. Des pneus bien gonflés permettent d'économiser jusqu'à 5 € sur un plein par rapport à des pneus sous-gonflés. Surveiller donc la pression de vos pneus tous les mois, c'est gratuit.

Pensez aussi aux pneus « basse consommation » : ils permettent de faire des économies d'énergie. Pour vous donner une idée des économies que vous pouvez réaliser avec des pneus « basse consommation », vous pouvez vous rendre sur le site Internet du constructeur Michelin : *http://energysaver.michelin.fr/*

Sur la durée de vie de ce type de pneus, vous pouvez économiser jusqu'à plus de 100 € : c'est loin d'être négligeable !

Entretenez votre véhicule

Un mauvais entretien de votre voiture augmente votre consommation. Par exemple, un filtre à air encrassé entraîne une augmentation de votre consommation de carburant de l'ordre de 3 %.

Optimisez l'utilisation des équipements de votre voiture

Utilisez l'indicateur de consommation, le système de navigation (portable ou non) et l'info-trafic (système qui peut vous faire changer de trajet en cours de route en fonction des conditions de trafic). Ces équipements vous feront réaliser de précieuses économies.

FINANCER SON PERMIS DE CONDUIRE

Le permis à 1 € par jour

Vous avez entre 16 et 25 ans ? L'État a lancé l'opération « Permis à 1 € par jour » pour vous permettre de financer facilement votre permis. Les banques partenaires de l'opération vous avancent l'argent destiné à payer la formation au permis de conduire, l'État prend en charge les intérêts de ce prêt.

Les avantages du prêt « Permis à 1 € par jour »

- Aucun frais de dossier.
- Une mensualité de remboursement peu élevée : de l'ordre de 1 €/jour.
- Les intérêts du prêt sont pris en charge par l'État.

Qui peut en bénéficier ?

Pour bénéficier du prêt « Permis à 1 € par jour » :

- Vous devez avoir entre 16 à 25 ans révolus ;
- Vous devez financer votre première formation à la conduite et à la sécurité routière ;
- Vous devez être inscrit au permis B, dans une auto-école partenaire de l'État pour cette opération.

À noter

Si vous avez moins de 18 ans, le prêt doit être souscrit par vos parents. Si vous avez au moins 18 ans, vous souscrivez le prêt seul si vos revenus sont suffisants, sinon vous souscrivez avec vos parents.

Permis à 1 € : mode d'emploi

Pour financer votre permis, il existe quatre formules d'emprunt : 600, 800, 1 000 ou 1 200 €, associées à une durée de remboursement définie à l'avance. Si vous empruntez :

- 600 € : vous remboursez 30 € par mois pendant 20 mois.
- 800 € : vous remboursez 30 € par mois pendant 26 mois, puis une dernière mensualité de 20 €.

- 1 000 € : vous remboursez 30 € par mois pendant 33 mois, puis une dernière mensualité de 10 €.
- 1 200 € : vous remboursez 40 échéances mensuelles de 30 €.

Étape 1 : Choisissez une école de conduite partenaire

Pour savoir si l'auto-école que vous avez choisie est bien partenaire de l'opération, rendez-vous sur le site : *www.permisauneuroparjour.fr*

Étape 2 : Demandez un devis à votre auto-école

Évaluez avec l'auto-école le budget global dont vous avez besoin pour passer votre permis. Votre auto-école vous remettra alors le devis de votre formation.

Étape 3 : Contactez votre banque

Pour savoir si votre banque est bien partenaire de l'opération, rendez-vous sur le site : *www.permisauneuroparjour.fr*. Si votre banque n'est pas partenaire de l'opération, inutile de changer de banque, vous pouvez passer par un établissement de crédit partenaire de l'opération.

Bon à savoir

Si vous changez d'avis après avoir signé le contrat de prêt et comme pour n'importe quel prêt à la consommation, vous disposerez d'un délai de rétractation de 7 jours.

TRANSPORTS EN COMMUN : LES DISPOSITIFS D'AIDE

En région Île-de-France

Le 1er octobre 2006, la région a mis en place la tarification sociale dans les transports publics d'Île-de-France. Celle-ci permet aux plus démunis de bénéficier de 75 % de réduction. Entièrement financée par la région Île-de-France, cette mesure concerne :

- les bénéficiaires de l'AME (Aide médicale d'État) et les membres de leur foyer ;
- les allocataires de l'API (Allocation parent isolé) ;
- les allocataires de l'ASS (Allocation de solidarité spécifique) ;
- les bénéficiaires de la CMUC (Couverture maladie universelle complémentaire) et les membres de leur foyer ;
- les bénéficiaires du RMI (Revenu minimum d'insertion).

Bon à savoir

Depuis le 31 mars 2007, les transports collectifs sont gratuits pour les bénéficiaires du RMI et les membres de leur foyer.

La carte famille nombreuse SNCF

De 30 % à 75 % de réduction

Le taux de réduction dont bénéficient parents et enfants varie selon le nombre de mineurs à charge :

- pour trois enfants, le taux de réduction est de 30 % ;
- pour quatre enfants, le taux est de 40 % ;
- pour cinq enfants, le taux est de 50 % ;
- à partir de six enfants, le taux est de 75 %.

À noter

La réduction s'applique sur le prix plein tarif d'un billet de 2e classe, quelle que soit la classe utilisée. Les parents ayant élevé cinq enfants ont droit toute leur vie durant à une réduction de 30 %. Quand les familles n'ont plus que deux, voire un enfant à charge, la réduction de 30 % est accordée au père, à la mère et à chacun des enfants mineurs jusqu'à ce que le dernier ait atteint 18 ans.

Qui peut l'obtenir ?

Toutes les familles (françaises ou ressortissants de l'Union européenne) résidant sur le territoire français et comptant au moins trois enfants de moins de 18 ans. Les familles « recomposées » doivent, pour leur part, avoir simultanément cinq enfants de moins de 18 ans à charge depuis au moins trois ans.

Durée de validité de la carte famille nombreuse

Pour une famille de trois enfants, la carte est valable trois ans.

Pour les familles de cinq enfants et plus, elle est valable six ans.

Cumul avec d'autres réductions

Les réductions famille nombreuse se cumulent avec le demi-tarif applicable aux enfants âgés de 4 ans à moins de 12 ans (gratuité pour les moins de 4 ans). En région parisienne, les titulaires de la carte bénéficient de 50 % de réduction sur les réseaux de la RATP et du RER. Les parents d'au moins cinq enfants conservent cette réduction à vie.

Certains réseaux régionaux de transport accordent aussi des réductions. Pour savoir si dans votre région, les réseaux de transport peuvent vous accorder une réduction, rapprochez-vous de votre mairie ou de votre conseil général, ou encore de votre conseil régional.

De nouvelles réductions pour la carte famille nombreuse

22 entreprises ont répondu à la demande du ministre de la Famille pour faciliter la vie quotidienne des familles nombreuses en leur proposant des réductions. Ces sociétés appartiennent notamment aux secteurs :

- de la grande distribution ;
- de l'électroménager ;
- de la restauration et de l'hôtellerie ;
- des loisirs ;
- de l'automobile et de l'électronique grand public.

Sur présentation de la carte, vous pouvez obtenir une réduction sur vos achats. Voici la liste des partenaires de la carte famille nombreuse depuis le 1er juillet 2006 : Acadomia, Auchan, Avis, A2Presse, Boulanger, Buffalo Grill, C&A, Les déménageurs bretons, Fiat, Le Futuroscope, Giga Store, Homair, Lissac, Novotel, Le parc Astérix, Pizza Club, Le Printemps, La Redoute, Réunion des musées nationaux, Spir, Vêti et Yves Rocher.

Comment obtenir la carte famille nombreuse ?

Vous pouvez retirer un imprimé disponible dans tous les points de vente SNCF ou vous rendre sur le site de la SNCF : *www.voyages-sncf.com/guide/famille_nombreuse/demande_de_kit/*

À savoir

Pour l'ensemble des cartes obtenues, il vous faudra régler 18 €.

Nous avons fait ensemble un tour d'horizon des postes de dépenses « Logement, chauffage, éclairage » et « Transports ».

En appliquant mes conseils, vous maîtrisez maintenant 39,8 % de vos dépenses de consommation !

Nous approchons, lentement mais sûrement, de la moitié de notre parcours...

Je vous propose à présent de passer en revue le poste de dépenses « Alimentation et boissons non alcoolisées »...

3

S'ALIMENTER

Selon l'INSEE, le poste de dépenses « Alimentation et boissons non alcoolisées » représente 13,3 % de la consommation des ménages français en 2007. C'est le 3e poste de dépenses des Français.

Souvenez-vous...

- Vous avez contrôlé votre relevé de compte.
- Vous avez regroupé vos dépenses par poste de dépenses.
- Vous avez calculé le montant total de vos dépenses par poste de dépenses.

Vous savez donc combien vous consacrez tous les mois au poste de dépenses « Alimentation et boissons non alcoolisées » ! Vous devez maintenant déterminer la part de vos ressources que vous consacrez au poste de dépenses « Alimentation et boissons non alcoolisées ».

Cas concret : Monsieur et Madame Sandrine

Monsieur et Madame Sandrine ont deux enfants et disposent de 36 000 € de ressources par an, soit 3 000 € par mois. Ils sont locataires d'un appartement de trois pièces. La totalité des dépenses qu'ils réalisent dans le poste de dépenses « Alimentation et boissons non alcoolisées » représente 540 € par mois.

La part du poste de dépenses « Alimentation et boissons non alcoolisées » de Monsieur et Madame Sandrine dans leurs ressources est donc : (540 / 3 000) × 100 = 18.

Monsieur et Madame Sandrine consacrent donc 18 % de leurs ressources mensuelles au poste de dépenses « Alimentation et boissons non alcoolisées ».

Si Monsieur et Madame Sandrine consacraient 13,3 % de leurs ressources mensuelles au poste de dépenses « Alimentation et boissons non alcoolisées » (moyenne nationale des ménages français), ils devraient dépenser en réalité : 3 000 × 13,3 / 100 = 399 €.

Ils dépensent donc 141 € de trop par mois par rapport à la moyenne nationale, ce qui correspond à 1 692 € par an !

Attention, ce chiffre n'indique pas que Monsieur et Madame Sandrine affectent une partie trop importante de leurs ressources à ce poste de dépenses. Il dit seulement : « Attention, vous êtes au-dessus de la moyenne nationale ! » Ce chiffre n'est par conséquent qu'une indication, pas une conclusion en soi.

La part des ressources qu'un foyer consacre au poste de dépenses « Alimentation et boissons non alcoolisées » dépend d'un nombre important de paramètres :

- **Le type d'aliments que vous consommez.** Achetez-vous régulièrement de la viande, du poisson, des fruits, des légumes ? Achetez-vous davantage des aliments de type féculents : pâtes, riz, pomme de terre ?
- **La qualité des aliments que vous consommez.** Achetez-vous des produits alimentaires AOC (Appellation d'origine contrôlée), labellisés ou encore « bio » ?
- **Le conditionnement des aliments que vous consommez.** Achetez-vous des portions individuelles, des plats préparés ou cuisinés ? Consommez-vous des produits alimentaires en conserve ou surgelés ?
- **L'endroit où vous achetez votre alimentation.** Achetez-vous dans les commerces de proximité (en centre-ville) ? Est-ce que vous vous approvisionnez dans les grandes surfaces, le hard-discount ou encore chez les déstockeurs ?
- **Le moment ou vous achetez votre alimentation.** Achetez-vous toujours les mêmes aliments quelle que soit la saison ? Avez-vous des préférences d'achat en fonction des saisons ?

Ce ne sont là que quelques exemples. Beaucoup d'autres paramètres déterminent le montant de la part de vos ressources que vous consacrez au poste de dépenses « Alimentation et boissons non alcoolisées ».

COMMENT DÉTERMINER VOTRE BUDGET ?

Pour bien déterminer votre budget « Alimentation et boissons non alcoolisées », vous devez dans un premier temps définir votre besoin. La définition de votre besoin dépend :

- du nombre de personnes dans votre foyer : il détermine le nombre de repas pris à la maison (et en dehors de la maison) ;
- de votre budget : il fixe la somme d'argent maximum (le plafond) que vous pouvez lui consacrer.

À noter

Sachez qu'une famille de quatre personnes peut s'alimenter tout à fait correctement avec un budget mensuel de 450 €, soit 15 € par jour ! Ces dépenses excluent également les produits d'hyiène et d'entretien...

Cas concret : Monsieur et Madame Isidore

Monsieur et Madame Isidore sont tous les deux salariés. Leurs ressources annuelles se montent à 43 200 €, soit 3 600 € par mois. Ils déjeunent tous les midis à la cantine de leur entreprise pour 4,5 € par repas en moyenne. Ils ont deux enfants âgés de 12 et 14 ans, scolarisés au collège. Leurs enfants déjeunent le midi à la maison.

Pour chacune des étapes développées ci-dessous, je ne fais **aucun** arrondi ! Vous comprendrez pourquoi à la fin de la dernière étape...

Étape 1 : Combien de jours Monsieur et Madame Isidore travaillent-ils en moyenne sur un mois (hors jours fériés et vacances) ?

Nombre de jours par mois (en moyenne sur 1 an) : 365 jours / 12 mois = 30,42 jours. Il y a donc en moyenne **30,42 jours par mois** sur l'année.

Nombre de samedis et de dimanches par mois (en moyenne sur 1 an) : 52 week-ends par an × 2 jours (samedi et dimanche) = 104 jours. 104 jours / 12 mois = 8,67 jours. Il y a donc en moyenne **8,67 samedis et dimanche par mois** sur l'année.

Nombre de jours travaillés par mois (en moyenne sur 1 an) : 30,42 - 8,67 = 21,75.

Monsieur et Madame Isidore travaillent donc en moyenne **21,75 jours par mois** sur l'année (hors jours fériés et vacances).

Vous verrez à la fin du développement de ce cas combien il est important de retenir 21,75 jours et pas 20 jours...

Étape 2 : Combien Monsieur et Madame Isidore dépensent-ils en moyenne par mois à la cantine (hors jours fériés et vacances) ?

21,75 jours travaillés en moyenne par mois × 4,5 € par repas × 2 personnes = 195,75 €.

Monsieur et Madame Isidore dépensent en moyenne **195,75 € par mois** pour leurs frais de cantine.

Étape 3 : Combien Monsieur et Madame Isidore peuvent-ils dépenser en alimentation en moyenne par mois pour que leur poste de dépenses « Alimentation et boissons non alcoolisées » ne dépasse pas 13,3 % de leurs ressources (moyenne nationale selon l'INSEE, hors jours fériés et vacances) ?

(3 600 € de ressources mensuelles × 13,3) / 100 = 478,8 €.

Pour que leur budget « Alimentation et boissons non alcoolisées » ne dépasse pas 13,3 % de leurs ressources, Monsieur et Madame Isidore ne doivent pas dépenser plus de **478,8 € par mois.**

Étape 4 : Combien Monsieur et Madame Isidore peuvent-ils dépenser en moyenne par mois pour les repas pris à la maison (hors jours fériés et vacances) ?

Aux 478,8 € que nous venons de calculer, il faut déduire les frais de cantine de Monsieur et Madame Isidore : 195,75 € par mois en moyenne.

478,8 - 195,75 = 283,05 €.

Pour que le poste de dépenses « Alimentation et boissons non alcoolisées » ne dépasse pas 13,3 % de leurs ressources, Monsieur et Madame Isidore peuvent donc encore dépenser **283,05 € par mois**.

Étape 5 : Combien la famille Isidore doit-elle servir de couverts (1 couvert = 1 repas pour 1 personne) en moyenne par mois (hors jours fériés et vacances) ?

Nous avons vu qu'il y a 30,42 jours en moyenne par mois. En comptant les déjeuners et dîners, il y a donc : 30,42 déjeuners + 30,42 dîners = 60,84 repas en moyenne sur un mois.

La famille Isidore est composée de quatre personnes. Ce qui fait donc en réalité : 4 personnes × 60,84 repas = **243,36 couverts**.

Cependant, Monsieur et Madame Isidore déjeunent 5 fois par semaine à la cantine de leur entreprise. Il faut donc déduire les repas pris par Monsieur et Madame Isidore à la cantine.

Nombre de déjeuners pris par Monsieur et Madame Isidore à la cantine par mois : 2 déjeuners par jour (Monsieur et Madame Isidore) × 5 jours par semaine × 4,33 semaines par mois = 43,33. Il y a donc 43,33 couverts servis à l'extérieur de la maison.

Le nombre de couverts servis à la maison par la famille Isidore est donc de : 243,36 (nombre total de couverts servis dans le mois) - 43,33 (nombre total de couverts servis à l'extérieur de la maison) = **200 couverts** !

Étape 6 : Combien la famille Isidore peut-elle dépenser par couvert (hors jours fériés et vacances) ?

La somme que peut dépenser la famille Isidore par couvert est donc de : 286,65 € (somme qu'ils peuvent consacrer aux repas à la maison) / 200 (nombre de couverts servis à la maison) = 1,43.

La famille Isidore peut donc dépenser 1 € et 43 centimes par couvert !

Si toute la famille Isidore est réunie pour le déjeuner ou pour le dîner, elle doit donc se limiter à un budget de : 1,43 × 4 = 5,72 € !

On considère que les petits-déjeuners sont constitués essentiellement à l'aide des achats réalisés pour les déjeuners et dîners (pain, beurre, lait… Pas d'extra : pâte à tartiner, brioche…).

Pourquoi avoir respecté la règle sur les arrondis ?

Pour faire simple... Si j'avais retenu 20 jours travaillés par mois au lieu de 21,75 jours, seuls 190 couverts pourraient être servis... Et pas 200 comme prévu !

Il manquerait donc de l'argent pour pouvoir servir les 10 couverts manquants ! Sur un an, c'est exactement 125 couverts qui ne pourraient pas être servis dans la famille Isidore, ce qui représente tout de même 178,75 € de dépenses supplémentaires...

À retenir

Ne faites jamais vos calculs de façon approximative ! Soyez aussi précis que possible. Des résultats trop arrondis peuvent vous amener à vivre des fins de mois difficiles !

Alors comment faire pour que votre budget « Alimentation et boissons non alcoolisées » n'explose pas ? Comment agir pour tenir votre budget tout au long du mois ?

AVANT DE FAIRE VOS COURSES

Constituez vos menus à l'avance

Vous avez calculé avec prévision le montant que vous pouvez consacrer à votre budget « Alimentation et boissons non alcoolisées ». Vous savez également combien vous pouvez dépenser en moyenne pour chaque couvert (ou pour chaque repas en fonction du nombre de personnes à table).

Rappel

1 couvert = 1 repas pour une personne.

Avant de faire vos courses, vous devez donc préparer vos menus à l'avance et non pas les constituer tout en faisant vos courses ! Vous risquez les dérapages budgétaires !

Si vous faites vos courses une fois par semaine (ce qui est généralement le cas pour la plupart des familles françaises), je vous conseille donc de préparer vos menus pour toute la semaine.

Maîtrisez le prix de chaque aliment !

La maîtrise de votre budget « Alimentation et boissons non alcoolisées » passe par une bonne connaissance du prix des aliments que vous achetez. Viande rouge ou blanche, poisson, fruits, légumes, féculents, produits laitiers, produits en conserve, surgelés ou disponibles au rayon frais : vous devez avoir une idée précise du prix de chaque aliment.

Dans le cas contraire, vous vous exposez à de mauvaises surprises lors de votre passage en caisse : la note risque d'être salée !

Pour bien connaître le prix de chaque aliment, je vous conseille :

- De **conserver vos tickets de caisse** : le prix de chacun de vos achats y est indiqué. Vous pourrez vous en servir pour constituer vos futurs menus et aussi pour éviter de reproduire certaines erreurs (achat d'un aliment à un prix trop élevé par exemple).
- De **récupérer des catalogues de grandes enseignes** (supérettes, supermarchés, hypermarchés, hard-discounters, déstockeurs... (je vous expliquerai ce que font ces différentes structures, leurs avantages, leurs inconvénients et les pièges à éviter tout au long de ce chapitre).

Tenez votre budget

Vous partez faire vos courses de la semaine. Vous avez avec vous la liste des menus de la semaine que vous avez préparée. Mais comment faire pour tenir votre budget « Alimentation et boissons non alcoolisées » ?

Vous connaissez le montant de votre budget « Alimentation et boissons non alcoolisées » pour le mois. Vous allez tout simplement diviser ce montant par le nombre de semaines qu'il y a dans un mois en moyenne.

52 semaines par an / 12 mois = 4,33. Il y a donc **4,33 semaines par mois.**

À noter

Comme vous le verrez dans le cas ci-après, cette précision est importante !

Puis, chaque semaine et avant d'aller faire vos courses, vous allez retirer cette somme d'argent en liquide et la mettre dans une enveloppe. C'est précisément cette enveloppe que vous allez emmener avec vous pour faire vos courses, et non pas votre carte bancaire ou votre chéquier !

Vous serez dans l'obligation de ne pas dépasser ce montant et ainsi, vous serez certain de pouvoir tenir votre budget !

Cas concret : Monsieur et Madame Marcellin

Monsieur et Madame Marcellin ont quatre enfants. Ils disposent de 675 € par mois pour le poste de dépenses « Alimentation et boissons non alcoolisées ». Monsieur et Madame Marcellin font leurs courses une fois par semaine et n'arrivent pas à tenir leur budget de 675 €...

Voici le calcul que Monsieur et Madame Marcellin ont fait pour savoir combien ils pouvaient dépenser en alimentation chaque semaine : 675 € / 4 = 168,75 €.

Mais parce qu'un mois comporte en réalité 4,33 semaines, ils auraient dû faire le calcul suivant : 675 € / 4,33 = 155,89 € !

Chaque semaine, ils dépensent donc en trop : 168,75 - 155,89 = **12,86 €**.

Soit sur un mois : 12,86 × 4,33 semaines = **55,69 €**.

Et sur un an : 55,69 × 12 = **668,28 €** !

668 €, c'est presque leur budget « Alimentation et boissons non alcoolisées » pour un mois !

À retenir

Une fois encore, vous avez compris pourquoi il est important de ne jamais faire des calculs approximatifs ! Ils vous font perdre de l'argent !

Soyez donc aussi précis que possible et évitez les à-peu-près, c'est-à-dire les arrondis !

Alimentez-vous correctement

Bonne alimentation n'est pas forcément synonyme de dépenses élevées. Si vous vous alimentez correctement, vous augmentez vos chances d'être en bonne santé. Si vous êtes en bonne santé, votre budget « Santé » s'en trouvera allégé ! Donc ce qui est bon pour votre forme physique est également bon pour votre portefeuille !

En clair, avoir une alimentation équilibrée, ce n'est pas dépenser plus, c'est au contraire augmenter votre pouvoir d'achat !

Pour avoir une alimentation équilibrée, donc pour limiter au mieux certaines dépenses de santé, je vous invite à vous rendre sur le site : *www.mangerbouger.fr*

En complément des sages conseils que vous prodigue ce site Internet, je vous recommande de manger des fruits et des légumes de saison. Acheter en saison, c'est acheter des fruits et des légumes à des prix le plus souvent abordable ! Alors pour connaître les fruits et légumes de saisons, rendez-vous sur le site : *www.fruits-legumes.org*. Ce site est très détaillé. Il vous donne une liste des fruits et légumes de saisons mois par mois !

OÙ ACHETER VOTRE ALIMENTATION ?

Grandes surfaces, hard-discount, déstockeurs, commerce de proximité, Internet... Le choix qui s'offre à vous est large !

Pour bien comprendre « où » vous mettez les pieds lorsque vous faites vos courses, voici quelques définitions essentielles...

Le commerce de proximité (commerce de ville)

Le commerce de détail consiste à vendre des marchandises dans l'état où elles sont achetées (ou après quelques transformations mineures), généralement à une clientèle de particuliers, quelles que soient les quantités vendues.

Outre la vente, cette activité de commerce de détail peut aussi comprendre la livraison et l'installation chez le client (de meubles ou d'électroménager par exemple).

La supérette

C'est un commerce de détail non spécialisé, à prédominance alimentaire, d'une surface de vente comprise entre 120 et 400 m^2.

Le supermarché

Un supermarché est un établissement de vente au détail en libre-service réalisant plus des **deux-tiers de son chiffre d'affaires en alimentation** et dont la surface de vente est comprise entre 400 et 2 500 m^2.

L'hypermarché

Un hypermarché est un établissement de vente au détail en libre-service qui réalise plus du **tiers de ses ventes en alimentation** et dont la surface de vente est supérieure ou égale à 2 500 m^2.

Le « hard discount »

Il s'agit d'établissements de vente en libre-service (alimentaire) proposant des prix bas sur un assortiment de produits de base limités, avec peu ou pas de marques nationales, un personnel réduit et une certaine austérité de l'environnement.

Voici une liste de cinq « hard discounters » où vous trouverez des produits alimentaires de base (ou non !) à des prix souvent imbattables.

- Lidl (société allemande) : *www.lidl.fr*
- Leader Price (France, groupe Casino) : *www.leader-price.fr*
- Ed (France, groupe Carrefour) : *www.magasins-ed.com*
- Aldi (société allemande) : *www.aldi.fr/index.shtml*
- Netto (France, groupe Les Mousquetaires-Intermarché) : *www.netto.fr*

Les déstockeurs

Il s'agit d'établissements de vente en libre-service de produits alimentaires ou non à prix très bas, sur la base d'un assortiment limité avec peu ou pas de marques nationales et un personnel très réduit. Bien souvent, le magasin de type « déstockeur » achète des produits alimentaires en lot ou non :

- à des grandes enseignes ;
- à des fabricants travaillant pour des grandes enseignes.

Le déstockeur peut aussi acheter des produits alimentaires ou non en fin de vie, c'est-à-dire :

- pour des produits alimentaires : la date limite de consommation est très proche (quelques jours à peine) ;
- pour des produits non alimentaires : la date limite d'utilisation arrive à grands pas (quelques jours également).

Voici un portail internet de déstockeurs : *www.destockeurs-alimentaires.fr*. Vous pourrez y trouver les coordonnées des déstockeurs de votre région.

Le e-commerce (commerce par Internet)

Seuls les supermarchés et les hypermarchés sont présents sur Internet. Par exemple, Carrefour est présent sur Internet avec sa marque Ooshop ou Auchan avec Auchan direct.

FAIRE VOS COURSES : BONNES PRATIQUES ET PIÈGES À ÉVITER !

Voici 16 conseils à appliquer dès maintenant !

Ne faites pas vos courses le ventre vide

Aller au supermarché avant le dîner ou le déjeuner, c'est l'assurance d'être tenté par des produits non prévus dans vos menus de la semaine !

Composez votre panier moyen

Votre panier moyen représente ce que vous achetez régulièrement. En dehors de vos courses alimentaires (votre menu pour la semaine), recensez uniquement vos autres besoins : produits d'hygiène, d'entretien...

Une fois réalisée, cette opération vous permet de connaître la composition de votre panier moyen.

Comparez les prix

Vous connaissez votre panier moyen, vous allez maintenant l'évaluer, c'est-à-dire estimer son prix avec précision. Pour cela, je vous invite à vous rendre dans différents magasins : supermarchés, hypermarchés, hard-discount, déstockeurs...

Vous avez le choix entre :

- faire des relevés de prix dans chaque type de magasin afin de savoir où se trouvent les meilleures affaires à réaliser ;
- faire vos courses dans chaque type de grande surface.

Conservez vos tickets de caisse. Quand vous aurez fait le tour de chaque type de grande surface : comparez les prix ! Vous saurez ainsi où vous devez acheter :

- vos produits alimentaires de première nécessité (sucre, farine, lait, papier hygiénique...) ;
- les denrées alimentaires qui composent votre menu de la semaine ;
- vos produits d'entretien, d'hygiène corporelle...

Ne prenez ni votre carte bancaire, ni votre chéquier

Souvenez-vous ! Pour ne pas être tenté dans la grande surface ou la galerie commerciale, n'emportez avec vous que l'enveloppe dans laquelle se trouve la somme d'argent dont vous avez besoin pour faire vos courses : votre menu de la semaine et les produits correspondant à des vrais besoins (liquide vaisselle, lessive, produits pour nettoyer les sols...).

Faites vos courses dans des magasins « à taille humaine »

C'est-à-dire supermarché, « hard discount » ou déstockeurs : le choix y est moins important. Vous serez moins exposé à la tentation.

Évitez la supérette de quartier (trop chère) et la très grande surface, dont les prix pratiqués ne sont pas systématiquement les plus bas et susceptible de provoquer des tentations multiples.

Ne suivez pas le « parcours imposé »

Les plans des hypermarchés sont très bien pensés. Pour vous rendre au rayon des boissons (le plus souvent tout au fond du magasin), vous passerez devant à peu près tous les autres rayons : autant de tentations de consommer ! Pour compliquer le tout, l'emplacement des rayons change fréquemment.

Comment éviter ce fameux parcours imposé ? Tenez-vous en au menu que vous avez préparé pour la semaine et ne flânez pas dans les rayons où vous n'avez rien à faire !

Achetez « à la promotion » et pas « à l'envie »

Tout en respectant votre menu de la semaine, achetez des produits alimentaires en promotion. Vous pouvez éventuellement les acheter en quantité et les conserver.

Vous n'entamerez pas votre budget de la semaine et en plus, vous pouvez réaliser de bonnes affaires, donc des économies.

Achetez des fruits et légumes de saison

Parce qu'ils sont produits au moment où vous les achetez, ils sont moins chers que le reste de l'année. Lorsqu'ils sont « hors saison », les fruits et légumes sont produits à l'étranger ou par le recours à certaines techniques coûteuses. Ces techniques (tout comme les coûts d'importation) sont parties intégrantes du prix, ce qui rend ces produits plus chers.

Attention au conditionnement des produits

N'achetez pas de plats cuisinés ! La main-d'œuvre utilisée pour préparer ce type de plat est intégrée dans le prix de vente. De plus, certains cuisiniers de renom y adossent parfois leur griffe : c'est alors encore plus cher !

N'achetez pas non plus de portions ou de barquettes individuelles. Le conditionnement vient peser lourdement sur la facture ! De plus, ces produits sont beaucoup plus chers au kilo ou au litre.

Favorisez davantage les gros volumes. Ils sont beaucoup moins chers.

N'achetez pas non plus de produits marketing ou « gadgets » (ketchup « Spiderman », compote en tube...). Ces produits sont très chers.

Enfin, évitez les produits au rayon traiteur ou au rayon exotique. Vous payez encore une fois la main-d'œuvre et/ou l'image du produit.

Comparez les prix au kilo ou au litre

Cas concret : Monsieur Julie
Un samedi après-midi, Monsieur Julie fait ses courses dans un supermarché. Il passe devant le rayon des pâtes. Il saisit un paquet d'un kilogramme dans sa main et s'apprête à le déposer dans son caddie...

Apercevant une promotion « Trois paquets de 1 kilo pour le prix de deux », il décide de le reposer et d'acheter ce lot apparemment avantageux.

Erreur !

Le prix au kilo du paquet d'un kilogramme vendu séparément était de 1,50 € alors que le prix au kilo des trois paquets (vendu pour le prix de deux) était de 3 € !

Monsieur Julie a payé ses trois paquets 6 €, ce qui fait finalement 2 € le kilo. Il a donc payé 50 centimes d'euro de plus au kilo !

De plus, Monsieur Julie a réglé 6 € au lieu de 1,50 €, soit une dépense supplémentaire de 4,5 € ! Monsieur Julie est perdant 2 fois !

À retenir

Quel que soit le produit alimentaire, comparez toujours les prix au kilo ou au litre !

Méfiez-vous des produits situés à hauteur des yeux

Les produits placés à hauteur de vos yeux sont ceux que le supermarché veut mettre en valeur. Le plus souvent, le fabriquant a payé un supplément pour obtenir cette place très convoitée !

Les vraies bonnes affaires se trouvent en général au niveau du sol : c'est à cet endroit que vous trouverez les produits les moins chers.

Cependant, même à cet emplacement, continuez à comparer les prix au kilo ou au litre !

N'achetez pas les nouveautés

Pour assurer la promotion de son nouveau produit, le fabriquant le place en tête de rayon et une hôtesse est là pour vous le faire découvrir. La tête de gondole a un coût, l'hôtesse aussi !

Et bien sûr, ces coûts sont répercutés dans le prix du produit. Alors ne sautez pas dessus !

Attendez que le produit ne soit plus nouveau ! Dans la plupart des cas, son prix aura sensiblement baissé.

Attention aux bons d'achat

Les bons d'achat peuvent créer de nouveaux besoins sans utilité réelle. En revanche, lorsque le produit présente un prix attractif et qu'il est utile, faites alors attention aux dates de validité.

Cartes de fidélité : pourquoi pas ?

Prendre une carte de fidélité peut vous permettre de cumuler les réductions, les points fidélité et les promotions réservés aux détenteurs de la carte. Attention, je vous parle ici d'une carte de fidélité, pas d'une carte de paiement et encore moins d'une carte de crédit « revolving » (je vous explique le fonctionnement, le coût et les inconvénients de ce type de crédit dans le chapitre 19).

Attention aux tentations pendant l'attente en caisse

Profitant du temps que vous avez à tuer avant votre passage en caisse, la grande surface a tout prévu ! Confiseries, chewing-gums et magazines en tous genres vous tendent les bras.

Ne succombez pas à la tentation ! Pour passer le temps, contrôlez plutôt le contenu de votre caddie. Rappelez-vous : vous devez vous en tenir à votre liste pour la semaine !

Vérifiez vos tickets de caisse

Tout comme les banques, les systèmes informatiques des grandes surfaces ne sont pas infaillibles et la caissière peut aussi commettre des erreurs.

Alors vérifiez vos tickets de caisse, juste après avoir réglé vos achats et surtout pas chez vous. Ce contrôle vous permettra d'éviter certaines erreurs (par exemple, le produit est passé deux fois au lieu d'une, la promotion n'était pas dans le code-barres et n'a pas été enregistrée, la réduction immédiate en caisse n'a pas été comptabilisée...).

LES CARTES DE FIDÉLITÉ

Les cartes de fidélité des grandes enseignes

Toutes les grandes surfaces ont aujourd'hui leur carte de fidélité. Ces cartes étant majoritairement gratuites, la question du choix d'une ou de plusieurs cartes ne se pose pas véritablement.

À retenir

Plus vous centralisez vos achats dans une grande surface, plus vous pouvez gagner des bons d'achats, cumuler les réductions et autres offres promotionnelles. Le hic, c'est que cela vous incite à revenir toujours faire vos courses au même endroit. Vous n'êtes donc plus en mesure de comparer les prix...

Votre carte de fidélité ne doit pas vous interdire quelques infidélités pour continuer à comparer les prix de la concurrence !

Pour bien comprendre ce que ces cartes de fidélité peuvent vous apporter, voici les avantages et les pièges à éviter des principales offres sur le marché de la grande distribution.

Carrefour

La carte de fidélité Carrefour est gratuite et valable immédiatement dans tous les magasins Carrefour de France.

Avantage

Tous les jours, vous profitez de 5 % d'économies sur des milliers de produits Carrefour sur catalogue ou en magasin.

Attention

Cette carte de fidélité n'est pas à confondre avec la carte Pass. La carte Pass est une carte de paiement, mais aussi une carte de crédit qui vous permet de choisir entre différentes formules de règlement (comptant, trois fois sans intérêts ou par « petites » mensualités...).

Conseils

Si vous prenez une carte Pass, payez au comptant pour cumuler les avantages liés à la carte (réduction sur vos achats dans le cadre du programme de fidélité).

Si vous choisissez l'option « Paiement en trois fois sans intérêts », faites vos comptes et calculez si votre budget des mois à venir peut vous le permettre.

Ce n'est donc pas au moment de régler que vous devez vous poser cette question, mais bien avant : « Gérer, c'est prévoir ! ».

Quant à l'option de paiement en « petites » mensualités, sachez que c'est un crédit revolving. Le taux est donc très élevé (19,99 % au 1er novembre 2008). Ne vous engagez surtout pas dans cette voie.

Si votre situation budgétaire vous amène à régler vos courses alimentaires (notamment) à crédit, c'est que vos finances se portent mal. Consultez plutôt un CESF (conseiller en économie sociale et familiale). Il vous aidera à trouver les solutions adaptées à votre situation.

Auchan

La carte fidélité Auchan est gratuite. Elle vous permet de cumuler des points sur un compte appelé Waaoh. Vous repérez et achetez les produits signalés en magasin et un panneau vous indique le montant de la remise créditée sur votre compte Waaoh.

Avantages

Avec le compte Waaoh, vous pouvez cumuler des euros (les points) et recevoir des bons d'achat. Vous pouvez également bénéficier d'une remise :

- de **5 % sur les produit Auchan** (tous les jours) ;
- de **5 % supplémentaires** sur les produits Auchan, uniquement le mardi.

Attention

Cette carte de fidélité n'est pas à confondre avec la carte Auchan Banque Accord. La carte Auchan Banque Accord est une carte de paiement et de crédit. De plus, c'est une carte payante : la cotisation annuelle est de 8 €. La carte Accord est utilisable au comptant ou à crédit.

Conseils

Comme pour la carte Pass, si vous prenez une carte Auchan Banque Accord, payez au comptant pour cumuler les avantages liés à la carte (réduction sur vos achats dans le cadre du programme de fidélité).

Quant à l'option de paiement à crédit : sachez que c'est un crédit revolving. Le taux est donc très élevé (19,60 % au 28 janvier 2008 pour des achats jusqu'à 3 000 €). Ne vous engagez surtout pas dans cette voie.

Intermarché

La carte de fidélité est gratuite. Cette carte récompense votre fidélité à l'enseigne en vous permettant de cumuler des euros dans les magasins participant au programme de fidélité.

Vous pouvez alors utiliser les euros cumulés sur la carte pour régler vos achats.

Avantages

Vous pouvez cumuler des euros dans tous les magasins Écomarché et Intermarché participant au programme carte de fidélité.

Attention

Cette carte de fidélité n'est pas à confondre avec la carte Mousquetaires. La carte Mousquetaires est une carte de paiement et de crédit. De plus c'est une carte payante : 1 € la première année, 18 € les années suivantes.

Conseils

Ils seront les mêmes que pour les deux cartes précédentes. L'option paiement à crédit est également un crédit revolving. Le taux est donc très élevé (13,99 % au 31 décembre 2008). Ne vous engagez surtout pas dans cette voie.

E. Leclerc

La carte de fidélité E. Leclerc est gratuite. Vos Tickets E. Leclerc sont automatiquement crédités sur votre carte de fidélité.

Avantage

En échange des sommes créditées sur votre carte de fidélité E. Leclerc, vous obtenez des bons d'achat sous la forme de Tickets E. Leclerc.

Attention

Cette carte de fidélité n'est pas à confondre avec la carte Helium, qui est une carte de paiement, mais aussi de crédit. La carte Helium est gratuite à vie.

D'une façon générale, l'offre « carte Helium » du groupe E. Leclerc manque de clarté. Cette carte ne semble par présenter les mêmes caractéristiques selon les magasins et ne semble pas être disponible et/ou utilisable dans tous les magasins du groupe... Selon les magasins, cette carte vous permet de payer :

- au comptant ;
- avec un différé pouvant aller jusqu'à 40 jours ;
- jusqu'à 6 fois sans frais ;
- en 10 fois au taux de 2,42 % par an ;
- à crédit.

Conseils

Si vous souhaitez vous munir d'une carte Helium, rendez-vous dans le magasin E. Leclerc le plus proche de chez vous et demandez une notice explicative à l'accueil. Ne vous engagez pas avant d'être informé sur les conditions d'obtention et d'utilisation de cette carte.

Si vous prenez une carte Helium, payez au comptant pour cumuler les avantages liés à la carte (réduction sur vos achats dans le cadre du programme de fidélité).

Si vous choisissez l'option différé de paiement (pouvant aller jusqu'à 40 jours), ce n'est évidemment pas gratuit. De plus, le site Internet d' E. Leclerc n'est pas précis : aucun taux n'est indiqué clairement pour cette option de paiement. En clair : dans le doute, abstenez-vous de payer avec un différé !

Si vous choisissez l'option de paiement en 10 fois, faites vos comptes et calculez si votre budget sur les 10 mois à venir peut vous le permettre. Ce n'est donc pas au moment de régler que vous devez vous poser cette question, mais bien avant : encore une fois « Gérer, c'est prévoir ! »

Quant à l'option de paiement à crédit, là encore, c'est un crédit revolving. Le taux est donc très élevé (jusqu'à 14,93 % au 31 décembre 2008).

Les cartes de fidélité multi-enseignes

Ces cartes peuvent être présentées dans plusieurs enseignes partenaires et vous permettent d'avoir les mêmes avantages. Des points sont ainsi cumulés à chaque utilisation pour gagner des cadeaux, recevoir des bons d'achat... Pour vous aider dans votre choix, voici trois cartes de fidélité multi-enseignes.

S'Mile

Le S'Mile (par utilisation du mot anglais *smile* signifiant sourire) est un programme de fidélisation par points lancé dans plusieurs réseaux de distribution en France. Les S'Miles sont crédités sur un compte, physiquement représenté par une carte. Grâce à cette carte de fidélité, il est possible de cumuler ces points (les S'miles), pour ensuite les échanger contre des objets et/ou des services :

- cadeaux, bons d'achats et de réduction, soins de beauté, abonnements ;
- tickets de cinéma, billets de spectacle ou de sorties parisiennes, places de parc à thème, restaurants ;
- billets de train ou d'avion, chambres d'hôtel, locations de voitures...

Voici les partenaires du programme de fidélité S'Miles : BHV, Géant Casino, Casino cafétéria, Casino supermarchés, Monoprix, Caisse d'épargne, Galeries Lafayette, Shell, SNCF, Cofinoga.

Pour en savoir plus : *www.smiles.fr*

Maximiles

Créé en 1999, Maximiles s'est imposé comme le leader européen de la fidélisation sur Internet.

Fin 2006, le programme comptait plus d'1,7 million de membres inscrits et plus de 100 sites marchands partenaires, parmi lesquels : *voyages-sncf.com*, Promod, Surcouf, *aquarelle.com*...

Le programme Maximiles.com permet ainsi à ses membres de gagner des cadeaux.

Pour en savoir plus : *www.maximiles.com*

Mouvango

Pour découvrir le programme de fidélité Mouvango, rendez-vous directement sur le site : *www.mouvango.com*

LES ACHATS « EN DIRECT »

Vous souhaitez acheter des produits frais et de qualité, livrés à votre domicile ou sur votre lieu de travail et à des prix comparables à ceux des supermarchés ? Suivez le guide !

Sur Internet

Voici une sélection de six sites Internet qui vous permettront d'acheter en direct vos fruits et légumes, mais aussi viandes et poissons à des prix très compétitifs.

Paysans

Ce site regroupe une centaine de producteurs dans toute la France. Vous pouvez commander sur le site les produits « bio » souhaités dans la quantité que vous désirez. Vous avez aussi la possibilité de vous abonner afin de recevoir un panier chaque semaine. Vous serez livré la semaine suivante, à domicile ou sur votre lieu de travail, avec la possibilité de payer en ligne par carte bancaire ou par chèque au livreur.

Conseil pratique

Vérifiez sur le site que votre commune est bien desservie.

À noter

Il n'y a pas de frais de livraison, mais le montant minimum de votre panier doit être de 80 €.

Pour en savoir plus : *www.paysans.fr*

Natoora

La devise de Natoora est « le plus court chemin entre la campagne et votre table ».

Cet intermédiaire vous propose, sous 48 heures, de livrer dans toutes les régions de France métropolitaine, à domicile ou sur le lieu de travail, les produits frais des producteurs (fruits et légumes, ou encore charcuterie, crémerie...).

Le principe est simple : vous choisissez un panier déjà composé, ou vous composez vous-même celui de votre choix en consultant les divers aliments disponibles sur le site.

À noter

Le montant minimum de votre panier doit être de 70 €. Il y a des frais de livraison, mais ceux-ci sont décroissants en fonction du montant de votre commande.

Pour en savoir plus : *www.natoora.fr*

Alimenthus

C'est le site de vente en ligne des produits de la marque Oh Légumes oubliés !

Basée en Gironde au château de Belloc, Alimenthus propose de découvrir sa grande variété de produits « bio » sous un angle original et éducatif. Pour commander, vous avez la possibilité de choisir à la carte, ou bien l'un des paniers proposés.

À noter

Pour toute commande en France ou en Corse dépassant les 100 €, les frais d'envoi vous sont offerts. En dessous, les frais de livraison vous seront facturés dans une limite de 9,50 €.

Pour en savoir plus : *www.alimenthus.com*

Le Haut du panier

Pour Paris et sa proche banlieue, Le Haut du panier vous offre des légumes de saison issus de l'exploitation de Joël Thiebault, fournisseur de grands chefs reconnus.

Après avoir ouvert votre compte-client sur le site, vous pourrez commander vos produits avec, au choix, quatre paniers de tailles différentes pour les légumes (famille, couple, découverte ou petit panier) et des prix allant de 20 à 58 €, ou trois corbeilles pour les fruits (famille, couple ou découverte) de 10 à 22 €, plus les frais de livraison.

À noter

Toutes les commandes doivent être passées le mercredi avant 22 heures pour que la réception des produits soit effective le vendredi entre 7 h 30 et 13 h 30. Le plus : des recettes pour chaque légume de saison livré.

Pour en savoir plus : *www.lehautdupanier.com*

Com'3 Pom

Com'3 Pom vous propose de livrer sur votre lieu de travail (uniquement) votre panier de fruits et de légumes de saison provenant majoritairement des producteurs locaux et accompagnés de recettes.

Des réductions sont prévues à partir de 5 paniers livrés à la même adresse (5 %, 10 % pour 10 paniers, 15 % pour 20 paniers). Achetez en groupe (au travail) : vous ferez tous de belles économies !

Vous pouvez commander du mardi au lundi suivant. Vos produits vous serons livrés dans la semaine qui suit. Vous pouvez aussi vous abonner pour recevoir chaque semaine le panier de votre choix.

À noter

Com'3 Pom livre uniquement sur les régions de Bordeaux, Agen, Toulouse, Nantes et Angers.

Pour en savoir plus : *www.com3pom.fr*

Panier fermier

Panier fermier livre en Bretagne les habitants de l'Ille-et-Vilaine (35) et de Dinan (22), ainsi que des communes limitrophes.

Basé à Bourgbarré, près de Rennes, le site propose dans sa rubrique « Fruits et légumes bio » de commander les produits fournis par les producteurs régionaux (sauf pour ceux qui ne peuvent y être produits comme les oranges, clémentines, kiwis...).

La commande doit être effectuée avant le jeudi matin 7 h pour pouvoir être livrée le vendredi ou le samedi à votre domicile (vous avez la possibilité de choisir le jour et l'heure de la livraison).

À noter

Panier fermier vous livre gratuitement dès 49 € d'achat.

Pour en savoir plus : *www.panierfermier.fr*

Les Associations pour le maintien de l'agriculture paysanne (AMAP)

Les Associations pour le maintien de l'agriculture paysanne offrent localement aux consommateurs la possibilité d'être approvisionnés en produits frais, principalement en fruits et légumes, à des prix très intéressants.

Pour connaître l'AMAP la plus proche de chez vous, rendez-vous sur le portail des AMAP : *http://alliancepec.free.fr*

LES CODES DE RÉDUCTION

Les coupons de réduction et bons d'achat permettent d'obtenir une réduction sur l'achat d'un produit sur présentation du support papier lors de votre passage en caisse. Le coupon peut être distribué sur le lieu de vente, figurer sur un support presse ou être distribué en boîtes à lettres.

Mais avec l'arrivée d'Internet, de nouvelles pratiques ont vu le jour : les codes de réduction.

Un code de réduction est un code composé de lettres et/ou de chiffres, permettant d'obtenir des avantages comme des réductions sur vos achats, des cadeaux ou des frais de livraison gratuits.

Il existe désormais de nombreux sites Internet spécialisés dans ce secteur. Ces sites vous proposent de bénéficier de réductions sur presque tous vos achats. En surfant sur ces sites, vous pourrez ainsi bénéficier de remises importantes et ainsi augmenter votre pouvoir d'achat.

À noter

L'appellation d'un code de réduction diffère selon les marchands : code réduction, code promo, bon de réduction, code avantage, code privilège, code remise, coupon de réduction, code spécial, code promotionnel, code contact, code magique, code offre…

Pour vous aider dans votre recherche, voici une liste de 10 sites spécialisés dans les « codes de réduction ».

- **Bon code réduction :** ***www.bon-code-reduction.com.*** Ce site vous permet d'obtenir des réductions immédiates, des cadeaux et une livraison gratuite en utilisant les codes de réduction sur plus de 500 sites marchands, ainsi que de nombreuses informations pour acheter moins cher et profiter de bons plans.
- **1001 réductions :** ***www.1001reductions.com.*** 1001 réductions propose des codes promo et des bons de réduction.
- **Planète réductions :** ***www.planete-reductions.com.*** Pour avoir des réductions sur vos achats en ligne et pour obtenir des codes réductions et des codes promo, regardez la vidéo de démonstration de Planète réductions en page d'accueil.
- **Cadeaux gratuits :** ***www.cadeauxgratuits.net.*** Cadeaux gra-tuits est le premier annuaire de produits et d'échantillons gratuits. Recevez des échantillons gratuits, bénéficiez des bons plans du Web pour acheter et consommer malin, économisez avec les coupons de réductions, les bons d'achat et les produits remboursés, gagnez des cadeaux avec les jeux-concours gratuits.
- **Bon clic :** ***www.bonclic.com.*** Bon clic est un site communautaire recherchant échantillons gratuits, bons de réductions, ca-

deaux gratuits, objets publicitaires gratuits, bons d'achats, jeux et concours gratuits.

- **Ma réduc : *www.ma-reduc.com*.** Ce site est un site d'échange de bons et de coupons de réduction pour réaliser des achats en ligne. Vous pouvez utiliser les bons mis à disposition par d'autres internautes afin d'effectuer vos achats. Le site a négocié pour ses membres des bons de réduction exclusifs, directement auprès des sites marchands.
- **Net scope : *www.netscope.org*.** Vous trouverez sur ce site des codes promo proposés par de nombreuses boutiques comme : Cdiscount, 3 Suisses, Rue du commerce, Priceminister, Dell, La Redoute, Téléshopping, Boostore etc. Chaque code de réduction est vérifié avant publication.
- **Bon de réduction : *www.bon-reduction.info*.** L'équipe de Bon de réduction négocie avec les boutiques de commerce en ligne, des bons de réduction pour vous permettre de bénéficier à tout moment de remises ou de services sur votre commande. Bon de réduction vous offre la possibilité de choisir des bons de réduction en rapport avec les boutiques que vous aimez. Les bons peuvent correspondre à une réduction, à une livraison offerte, ou à des cadeaux.
- **SOS Promo : *www.sos-promo.com*.** SOS Promo vous propose des codes réduction, coupons de réduction et bons de réduction pour les marchands de vente en ligne et un espace de discussion pour échanger des conseils d'achat et des codes de réduction. SOS Promo classe et rassemble depuis 2004, gratuitement et quotidiennement, les derniers codes réduction, remises, bons d'achat et cadeaux pour vous permettre de réaliser des économies sur vos achats.
- **Bons 2 réduction : *www.bons2reduction.com*.** Bons 2 réduction répertorie les meilleures offres des commerçants partenaires, promotions, événements, bons plans... Ce site met à votre disposition des codes de réductions offerts par les sites de commerce en ligne. Ces codes de réduction vous permettront d'obtenir une réduction sur votre commande, de bénéficier des frais de port gratuits ou encore de cadeaux. Sur ce site, plus de 143 commerçants sont référencés et 248 bons de réduction et bons plans sont disponibles.

LE CASH-BACK

Le cash-back est un système qui permet à tout acheteur de gagner de l'argent.

Vous devez d'abord vous rendre sur un site spécialisé dans le cash-back. Vous faites ensuite des achats sur une boutique en ligne partenaire de ce site.

Parce que vous avez réalisé des achats dans cette boutique partenaire, le site cash-back perçoit une commission de cette même boutique partenaire. Le site cash-back partage alors une partie de cette commission avec vous, sous forme d'argent.

Ces sommes d'argent sont déposées sur un compte virtuel (ce n'est pas un compte bancaire) que vous avez ouvert sur ce site. Au-delà d'un certain montant disponible sur votre compte virtuel (par exemple 30 €), vous pouvez demander à être payé par chèque ou par virement, directement sur votre compte bancaire !

À noter

Certains sites demandent une cotisation annuelle de l'ordre de 10 € en général, parfois plus.

Pour vous aider dans votre recherche, voici une liste de 5 sites Internet de type « cash-back » :

- I Graal : *http://fr.igraal.com*
- Fabuleos : *www.fabuleos.fr*
- Deenero : *www.deenero.com*
- Cash Store : *www.cashstore.fr*
- Kelkoo Cash Back : *http://cashback.kelkoo.fr*

CUISINER À MOINDRE COÛT

Vous ne savez pas quels aliments choisir pour cuisiner à moindre coût ? Pour vous aider à concocter des petits plats pas chers, voici une liste de 5 sites Internet très utiles.

- **Cuisine pas chère : *http://cuisine-pas-chere.com*.** Ce site vous permet de bien manger sans vous ruiner. Cuisine pas chère propose des centaines de recettes pas chères, de l'entrée au dessert en passant par les plats, les salades, les soupes ou les tartes...
- **Recettes viabloga : *http://recettes.viabloga.com/texts/pas-***

cher. Ce site vous propose des centaines de recettes pas chères, classées par ordre alphabétique.

- **Je ne suis pas une courge : *www.jesuispasunecourge.com*.** Ce site vous propose 50 recettes à petits prix.
- **Planet.fr : *www.planet.fr/anim/cuisiner-chic-et-pas-cher.19677.fr.html*.** Vous trouverez sur ce site 15 recettes pour un repas chic à moins de 5 euros par personne, dessert compris !
- **750 g : *www.750g.com/recettes_bon_marche.htm*.** Ce site propose 14 recettes bon marché.

LES DISPOSITIFS D'AIDE ALIMENTAIRE

Les fins de mois sont si difficiles que vous êtes obligé de vous restreindre sur l'alimentation, ou pire encore, de ne plus avoir les ressources pour vous restaurer correctement ?

La démarche n'est pas simple et provoque souvent de la honte chez ceux qui en bénéficient. Cependant, pour se nourrir, il existe de précieuses associations pour apporter nourriture et réconfort à ceux qui en ont besoin.

En espérant que vous n'ayez jamais à vous en servir, voici une liste des principales associations qui mènent une action contre la faim en France.

- **Action contre la faim (ACF) : *www.actioncontrelafaim.org*.** Organisation créée en 1979, son objectif est de lutter contre la faim par des opérations d'urgence, favoriser l'autonomie des populations aidées par des programmes de post-urgence et de réhabilitation. 4 rue Niepce 75662 Paris cedex 14. Téléphone : 01.43.35.88.88.
- **Comité catholique contre la faim et pour le développement : *www.ccfd.asso.fr*.** Fondée en 1961, cette association de loi 1901 et reconnue d'utilité publique, soutient les projets d'associations des pays où elle intervient, généralement au profit des populations les plus vulnérables. 4 rue Jean Lantier 75001 Paris. Téléphone : 01.44.82.80.00.
- **La Banque alimentaire : *www.banquealimentaire.org*.** Depuis 1984, date de création de la première banque alimentaire française à Paris, 78 banques alimentaires se sont créées pour couvrir la majorité du territoire français. Ainsi, grâce à leur implantation et à leur réseau de 4 890 associations et

CCAS partenaires (Centres communaux d'action sociale), les 79 banques alimentaires fournissent une aide alimentaire à près de 760 000 personnes issus du milieu rural ou urbain.

- **Les Restaurants du cœur :** ***www.restosducoeur.org.*** Les Restos du cœur ont pour but d'aider et d'apporter une assistance bénévole aux personnes démunies : accès à des repas gratuits, participation à l'insertion sociale et économique, ainsi qu'à toute action contre la pauvreté sous toutes ses formes. 8 rue d'Athènes 75009 Paris. Téléphone : 01.53.32.23.23
- **Secours populaire français :** ***www.secourspopulaire.asso.fr.*** Née en 1945, déclarée grande cause nationale, cette structure rassemble des personnes de toutes opinions, conditions et origines qui souhaitent faire vivre la solidarité. 9-11 rue Froissart 75140 Paris cedex 03. Téléphone : 01.44.78.21.00

Nous avons fait ensemble un tour d'horizon des postes de dépenses « Logement, chauffage, éclairage », « Transports » et « Alimentation et boissons non alcoolisées ».

En appliquant mes conseils, vous maîtrisez désormais 53,1 % de vos dépenses de consommation ! Nous sommes à mi-chemin de notre trajet !

Je vous propose maintenant de passer en revue le poste de dépenses « Services financiers, assurances et soins à la personne ».

4
PRENDRE SOIN DE SOI ET DE SON FOYER

Selon l'INSEE, le poste de dépenses « Services financiers, assurances et soins à la personne » représente 11,6 % de la consommation des ménages français en 2007 (hors crédits immobiliers et crédits à la consommation). C'est le 4e poste de dépenses des Français.

Ce poste de dépenses comprend principalement :

- les biens et les services de soins personnels ;
- la bijouterie, la maroquinerie ;
- les dépenses relatives aux gardes d'enfants hors du domicile ;
- le coût des assurances et des services financiers ;
- les services juridiques et les cotisations à des associations...

Souvenez-vous...

- Vous avez contrôlé votre relevé de compte.
- Vous avez regroupé vos dépenses par poste de dépenses.
- Vous avez calculé le montant total de vos dépenses par poste de dépenses.

Vous savez donc combien vous consacrez tous les mois au poste de dépenses « Services financiers, assurances et soins à la personne » ! Vous devez maintenant déterminer la part de vos ressources que vous consacrez au poste de dépenses « Services financiers, assurances et soins à la personne ».

Cas concret : Monsieur et Madame Paterne

Monsieur et Madame Paterne travaillent tous les deux. Leur rémunération annuelle est de 30 000 €, soit 2 500 € par mois. Ils ont deux enfants de 6 mois et 5 ans. Le placement de leur plus jeune enfant dans une crèche municipale leur coûte 270 € par mois.

Monsieur Paterne va tous les mois chez le coiffeur : 15 €. Madame Paterne s'y rend une fois tous les deux mois : 60 € (soit 30 € par mois).

Monsieur et Madame Paterne possèdent une voiture et louent un appartement de trois pièces.

Le coût total annuel de leurs assurances représente 720 €, soit 60 € par mois.

Monsieur et Madame Paterne ont chacun un compte bancaire personnel et un compte joint. Le coût total annuel de leurs cartes, abonnements et services bancaires se monte à 240 € par an, soit 20 € par mois.

Monsieur Paterne pratique le football dans un club et Madame Paterne, la broderie dans une association communale. Le montant annuel de leurs cotisations est 60 €, soit 5 € par mois.

La totalité des dépenses qu'ils réalisent dans le poste de dépenses « Services financiers, assurances et soins à la personne » représente donc 400 € par mois.

La part du poste de dépenses « Services financiers, assurances et soins à la personne » de Monsieur et Madame Paterne dans leurs ressources est donc : (400 / 2 500) × 100 = 16.

Monsieur et Madame Paterne consacrent donc 16 % de leurs ressources mensuelles au poste de dépenses « Services financiers, assurances et soins à la personne ».

Si Monsieur et Madame Paterne consacraient 11,6 % de leurs ressources mensuelles au poste de dépenses « Services financiers, assurances et soins à la personne » (moyenne nationale des ménages français), ils devraient dépenser en réalité : 2 500 × 11,6 / 100 = 290 €.

Ils dépensent donc 110 € par mois de trop par rapport à la moyenne nationale, ce qui correspond à 1 320 € par an.

Attention, ce chiffre n'indique pas que Monsieur et Madame Paterne affectent une partie trop importante de leurs ressources à ce poste de dépenses. Il dit seulement : « Attention, vous êtes au-dessus de la moyenne nationale ! » Ce chiffre n'est par conséquent qu'une indication, pas une conclusion en soi.

La part des ressources d'une famille (ou d'un particulier) consacrée au poste de dépenses « Services financiers, assurances et soins à la personne » dépend d'un nombre important de paramètres :

- Avez-vous ou non une nature à réaliser des dépenses pour votre coiffure, pour des soins du visage, des mains et des pieds, dans des massages (non prescrits par votre médecin, donc non remboursés) ou encore dans des séances d'UV ?
- Avez-vous un faible pour les bijoux et la bagagerie ?
- Avez-vous des enfants en bas âge que vous devez faire garder en crèche parentale, municipale ou par une assistante maternelle ?
- Êtes-vous bien assuré, mal assuré (pas assez couvert) ou trop assuré ?
- Avez-vous plusieurs cartes de paiement et/de crédit ? Disposez-vous d'un découvert autorisé, d'un accès Internet à vos comptes ?
- Avez-vous une vie associative active ou non ?

- Votre capacité à négocier le prix de vos assurances et services bancaires (cartes, abonnements, cotisations) rentre également en ligne de compte...

Ce ne sont là que quelques exemples. D'autres paramètres déterminent le montant de la part de vos ressources que vous consacrez au poste de dépenses « Services financiers, assurances et soins à la personne ».

LES SOINS PERSONNELS

Coiffure, soins du visage ou des mains... Parce que les soins personnels ne sont en général pas essentiels à votre vie, il est préférable de les payer le moins cher possible. Ainsi, tout en profitant de ces soins, vous minimisez vos dépenses afin de consacrer vos ressources aux postes de dépenses vitaux (les plus importants) comme le logement, l'alimentation ou la santé.

Pour vous aider à alléger vos dépenses de soins à la personne, voici les bons conseils que je vous invite à appliquer !

La coiffure

Pensez aux salons d'apprentissage de la coiffure ! Le tarif est le plus souvent forfaitaire : inférieur ou égal à 10 €. Parfois, c'est même totalement gratuit. Prévoyez tout de même un pourboire pour le coiffeur ou la coiffeuse.

Pour tous

- **Centre de formation Jacques Dessange.** 51 rue du Rocher 75008 Paris. Tél. : 01.44.70.08.08.
- **Centre de perfectionnement Jean-Louis David.** 5, rue Cambon 75001 Paris. Tél. : 0825.16.02.16 (attention : coût de l'appel 0,15 € TTC/min).
  22, boulevard du docteur David Olmer 13005 Marseille. Tél. : 0.825.16.52.52 (attention : coût de l'appel 0,15 € TTC/min).
  À noter : 7 € de participation pour le vestiaire et une coupe et 8 € pour une technique spécifique.
- **Training Maniatis.** 40 boulevard Haussmann 75009 Paris. Tél. : 01.42.82.07.09.
- **Centre de formation Camille Albane.** 114 rue de la Boétie 75008 Paris. Tél. : 01.43.59.31.32.
- **Académie Franck Provost.** 36 rue Laugier 75017 Paris. Tél. :

01.56.21.10.50. Vous pouvez aussi bénéficier de coupons de réductions de l'ordre de 20 %. Pour en savoir plus : *www.franck-provost.com/privileges.php*

- **Institut européen de la coiffure.** 5 rue Montoyol 31000 Toulouse. Tél. : 05.61.29.85.28.
- **Wella Studio.** 43 rue Cambon 75001 Paris. Tél. : 01.44.77.20.38.

Pour les moins de 25 ans

- **Toni & Guy Académie.** 122, rue du Faubourg Saint-Honoré 75001 Paris. Tél : 01.40.20.15.93.

Les soins du visage, des mains et du corps

Les centres de soins

- **Body minute :** ***www.bodyminute.com***. Body minute, c'est 180 instituts présents dans toute la France. L'abonnement mensuel est de 9,90 €, valable dans tous les instituts Body minute. Des prix très attractifs : 4,30 € l'épilation sans rendez-vous.
- **Esthetic center :** ***www.esthetic-center.com***. L'abonnement mensuel commence à partir de 9,90 € par mois. Il vous permet d'obtenir jusqu'à 70 % de réduction sur certains soins pour les abonnés.

Les échantillons gratuits

Voici une sélection de quatre sites qui vous permettront de recevoir chez vous, et le plus souvent totalement gratuitement (parfois avec frais d'expédition), des échantillons concernant la cosmétique, le maquillage ou encore l'hygiène corporelle.

- *www.echantillons-gratuit.com/echantillon-parfum.html*
- *www.moins-depenser.com/echantillon*
- *www.missechantillons.fr*
- *www.produitsgratuits.com/parfums.html*

LA GARDE DE VOS ENFANTS

Bon nombre de Français vivant en couple travaillent tous les deux. À la naissance de chaque enfant se pose alors le problème de la garde de bébé…

Selon une étude réalisée en 2004 par le site *etude-enquete.com*, 40 % des parents ne trouvent pas une solution de garde qui correspond à leur choix initial (51 % à Paris !) et 57 % des parents indiquent avoir eu beaucoup ou énormément de mal à trouver une solution de garde d'enfants.

Les crèches ne peuvent accueillir que 20 % des enfants d'une certaine tranche d'âge (de 2 mois à 3 ans). Une majorité de parents sont alors dans l'obligation de trouver une solution de garde alternative...

Vous pouvez avoir recours à un mode de garde collectif, individuel ou encore décider de réduire ou d'arrêter votre activité professionnelle pour garder vos enfants.

Les modes de garde collectifs

Il existe différentes structures pouvant répondre à vos besoins :

- les crèches ;
- les haltes-garderies ;
- les structures multi-accueil ;
- les jardins d'enfants.

Selon les équipements, les enfants peuvent être accueillis de façon régulière ou occasionnelle jusqu'à leur entrée à l'école maternelle, voire jusqu'à l'âge de 6 ans. Ces structures sont gérées par une collectivité territoriale (commune, Conseil général...), ou un gestionnaire privé (associations, entreprises, Caisse d'allocations familiales...). La Caisse d'allocations familiales de votre département participe au financement de l'ensemble des structures d'accueil collectif.

Une participation financière vous sera demandée. Cette participation financière est calculée à partir d'un barème national (établi par la Caisse nationale des allocations familiales) tenant compte de vos ressources et de la composition de votre famille.

Les crèches

Si vous choisissez ce mode de garde, n'attendez pas la naissance de votre enfant pour faire les démarches nécessaires. Contactez votre mairie dès le 2e trimestre de grossesse pour connaître les adresses des crèches proches de chez vous et déposez une demande d'inscription. Il existe plusieurs types de crèches :

- les crèches collectives ;
- les crèches familiales ;
- les crèches parentales.

Les crèches collectives

Ce sont des structures qui accueillent généralement des enfants de moins de 4 ans, pendant la journée, de façon régulière. Elles disposent d'espaces et de matériel pédagogique adaptés et permettent à votre enfant l'apprentissage de la vie en société. Les enfants sont pris en charge par une équipe pluridisciplinaire : un directeur (puéricultrice, éducatrice de jeunes enfants), un médecin référent et des professionnels de la petite enfance chargés directement des soins et de l'éveil des enfants.

Selon les gestionnaires et les quartiers, les crèches collectives sont ouvertes en moyenne de 10 à 12 heures par jour.

Les crèches familiales

Les crèches familiales offrent un mode d'accueil individuel au domicile d'assistantes maternelles agréées employées par la crèche.

Les crèches parentales

Les crèches parentales sont des structures gérées par une association de parents qui participent à l'accueil des enfants avec le soutien d'un personnel qualifié (puéricultrice, éducatrice, auxiliaire). Le nombre d'enfants accueilli est limité à 20. Les crèches parentales privilégient, au sein d'un petit groupe, l'éveil de l'enfant tout en favorisant la participation des parents.

Les horaires d'ouverture sont en moyenne de 10 à 12 heures par jour.

Les haltes-garderies

Les haltes-garderies accueillent à temps partiel ou de manière occasionnelle des enfants de moins de 6 ans. Il s'agit d'une formule d'accueil souple, qui permet de répondre à des besoins temporaires ou limités dans la durée. Ces structures favorisent l'éveil et la socialisation des enfants.

Les jours d'ouverture et les horaires sont fixés par chaque établissement. Certaines haltes-garderies sont équipées pour servir des repas et ouvrent en journée continue. La capacité d'accueil est généralement de 20 enfants.

Les structures multi-accueil

Ces structures sont conçues pour proposer à la fois un accueil régulier et un accueil occasionnel pour des enfants de moins de 4 ans, voire de moins de 6 ans. Leur souplesse de fonctionnement permet de répondre à des besoins d'accueil diversifiés : temps complet, temps partiel, accueil à la journée, à la demi-journée...

Les enfants sont pris en charge par une équipe pluridisciplinaire : un directeur (puéricultrice, éducatrice de jeunes enfants), un médecin référent et des professionnels de la petite enfance chargés directement des soins et de l'éveil des enfants.

Les plages d'ouverture sont en moyenne de 10 à 12 heures par jour.

Les jardins d'enfants

Ce sont des structures d'éveil qui accueillent les enfants âgés de 2 à 6 ans. Les enfants sont sous la responsabilité d'éducatrices de jeunes enfants qui proposent des activités spécifiques favorisant leur éveil.

Ils offrent un accueil régulier avec une amplitude d'ouverture qui peut aller des horaires habituels de l'école maternelle à ceux d'une crèche collective.

Les modes de garde individuels

Votre enfant peut être accueilli au domicile d'une assistante maternelle agréée (ou gardé chez vous par une personne que vous employez).

L'assistante maternelle

L'assistante maternelle peut être salariée d'une crèche familiale, ou directement employée par vous-même. Elle accueille à son domicile de un à trois enfants.

L'assistante maternelle salariée d'une crèche familiale

Les assistantes maternelles agréées accueillent à leur domicile pendant la journée de un à trois enfants généralement âgés de moins de 4 ans.

Un suivi individuel et des actions collectives sont proposés par la crèche familiale aux assistantes maternelles et aux enfants. Une ou deux fois par semaine, ils se retrouvent dans les locaux de la crèche familiale où une éducatrice leur propose des activités d'éveil.

La crèche rémunère l'assistante maternelle. Une participation financière vous sera demandée par la crèche.

L'assistante maternelle employée par vous-même

L'assistante maternelle est salariée des parents qui l'emploient. Vous devez lui établir un contrat de travail et lui verser une rémunération. Vous êtes assujettis à la réglementation du Code du travail et à la Convention collective nationale de travail des assistants maternels.

Pour obtenir la liste des assistantes maternelles agréées de votre commune, vous pouvez contacter :

- votre mairie ;
- le centre communal d'action sociale (CCAS) de votre mairie ;
- les services de protection maternelle et infantile (PMI) ;
- le Relais assistantes maternelles (RAM) si ce service existe dans votre commune. Le RAM est un lieu d'information à destination des assistantes maternelles et des parents.

Comment financer le paiement de votre assistante maternelle ?

Vous avez un enfant de moins de 6 ans et vous employez une assistante maternelle ? Votre CAF peut prendre en charge 100 % des cotisations sociales dues pour l'assistante maternelle et vous versera peut-être une allocation qui varie selon vos ressources et l'âge de l'enfant gardé.

Le dernier enfant arrivé à votre foyer est né, adopté ou recueilli en vue d'adoption :

- Avant le 1er janvier 2004. Vous bénéficierez peut-être de l'Aide à la famille pour l'emploi d'une assistante maternelle (AFEAMA). Pour en savoir plus, rendez-vous sur le site de la Caisse d'allocations familiales : *www.caf.fr/wps/portal/particuliers/catalogue/metropole/afeama*
- Après le 31 décembre 2003. Vous bénéficierez peut-être du Complément de libre choix du mode de garde (CMG) de la Prestation d'accueil du jeune enfant (PAJE). Pour en savoir plus, rendez-vous sur le site de la Caisse d'allocations familiales : *www.caf.fr/wps/portal/particuliers/catalogue/metropole/gardpajeemploi*

La garde à domicile

Vous choisissez d'employer une personne pour garder votre ou vos enfants à votre domicile. La garde à domicile est salariée des parents qui l'emploient.

À noter

Vous devez lui établir un contrat de travail et lui verser une rémunération. Vous êtes assujettis à la réglementation du Code du travail et à la Convention collective nationale des salariés du particulier employeur.

Comment financer le paiement de votre garde à domicile ?

Si l'un de vos enfants a moins de 6 ans, votre CAF peut vous aider en prenant en charge partiellement les cotisations sociales dues pour la personne employée.

Votre enfant est né, adopté ou recueilli en vue d'adoption :

- Avant le 1er janvier 2004. Vous bénéficierez peut-être de l'Allocation de garde d'enfant à domicile (AGED). Pour en savoir plus, rendez-vous sur le site de la Caisse d'allocations familiales : *www.caf.fr/wps/portal/particuliers/catalogue/metropole/aged*
- Après le 31 décembre 2003. Vous bénéficierez du Complément de libre choix du mode de garde (CMG) de la Prestation d'accueil du jeune enfant (PAJE). Pour en savoir plus, rendez-vous sur le site de la Caisse d'allocations familiales : *www.caf.fr/wps/portal/particuliers/catalogue/metropole/gardpajeemploi*

Réduire ou arrêter son activité professionnelle pour garder son enfant

Vous cessez votre activité professionnelle ou vous travaillez à temps partiel pour vous occuper de votre enfant âgé de moins de 3 ans ou d'un enfant adopté ou recueilli en vue d'adoption.

Comment financer ce mode de garde ?

Votre CAF peut vous aider en vous versant une allocation venant compenser totalement ou partiellement la diminution de vos revenus. Vous bénéficierez peut-être du Complément de libre choix d'activité (CLCA) de la Prestation d'accueil du jeune enfant (PAJE). Pour en savoir plus, rendez-vous sur le site de la Caisse d'allocations familiales :

www.caf.fr/wps/portal/particuliers/catalogue/metropole/actipaje

Les lieux de garde près de chez vous

Pour vous aider dans votre recherche de structures d'accueil pour faire garder votre enfant, rendez-vous sur le site de la Caisse d'allocations familiales : *www.caf.fr*

Cliquez ensuite sur l'onglet « Particuliers » (en haut de l'écran), puis sur « Les lieux de garde » (sur la gauche de l'écran).

LES ASSURANCES

La MRH : Multirisques Habitation

Comment bien choisir votre assurance multirisque Habitation ?

Souscrire à une assurance multirisque habitation vous permet d'assurer votre logement et son contenu, mais vous permet de disposer également d'une responsabilité civile. Ainsi, votre assurance multirisque habitation vous couvre en cas d'incendie, de vol, de dégât des eaux et de catastrophes naturelles. La responsabilité civile vous couvre contre les dommages que vous pouvez causer à des tiers.

À noter

L'assurance multirisque habitation n'est pas obligatoire pour les propriétaires, mais elle l'est pour les locataires.

Conseils

Avant de souscrire à un contrat d'assurance habitation, vous devez évaluer la valeur de vos biens :

- surtout pas en dessous : vous risquez une faible indemnisation ;
- surtout pas trop au-dessus : votre prime d'assurance sera surévaluée.

Évaluez vos biens avec précision !

Votre assurance vous proposera alors un montant forfaitaire (une prime à verser) correspondant à la valeur de vos biens.

Les garanties d'une assurance multirisque habitation variant d'un contrat à l'autre, lisez attentivement votre contrat afin de connaître l'étendue de votre assurance habitation. Prenez rendez-vous chez trois assureurs au moins, récupérez les offres comprenant les tarifs et les conditions générales et comparez-les !

L'assurance automobile

Comment bien choisir votre assurance automobile ?

Avant de choisir une assurance automobile, vérifiez :

- si elle vous assure un système de tiers payant en cas de réparations (vous n'avancez pas d'argent !) ;
- si votre autoradio est compris dans le contrat ;
- le contenu des conditions de l'assistance dépannage ;
- si vous pouvez être mensualisé pour les cotisations (vous serez prélevé tous les mois) ;
- le contenu des garanties pour les objets personnels transportés dans le véhicule ;
- si vous pouvez être indemnisé en cas de vandalisme sans effraction.

Il y a deux grands types de contrat d'assurance : tous risques et au tiers.

L'assurance tous risques

L'assurance tous risques doit comprendre principalement :

- une responsabilité civile (rappel : la responsabilité civile vous couvre contre les dommages que vous pouvez causer à des tiers) ;
- une indemnisation en cas de bris de glace, d'incendie, de vol, de tempêtes et autres incidents climatiques exceptionnels ou catastrophes naturelles ;
- un recours et une protection juridique.

L'assurance au tiers

L'assurance au tiers correspond à l'assurance minimum obligatoire. Elle comporte au minimum une responsabilité civile automobile qui garantit l'indemnisation des dommages matériels et corporels causés par le conducteur de la voiture.

Certains contrats d'assurance prévoient également le remboursement des accessoires ajoutés au véhicule et des effets personnels restés dans le véhicule au moment d'un vol.

Conseils

L'assurance au tiers est conseillée pour les véhicules d'une moindre valeur, l'assurance tous risques pour un véhicule neuf ou récent (5 ans et moins).

Quel que soit le type de contrat choisi, les différentes garanties dont vous souhaitez bénéficier ont un coût et les modalités de remboursement en cas de vol peuvent varier d'une société à l'autre. Pour connaître avec précision le prix de chaque option (et sa rentabilité), demandez un devis à votre assureur avec ou sans options.

Les cotisations d'assurance sont calculées selon le système du bonus-malus. Si vous n'avez pas d'accident, vous bénéficiez d'une réduction, si vous avez un accident, vous prenez du malus. Pour réduire au maximum le risque de malus, respectez le code de la route et appliquez également mes conseils « d'éco-conduite » (voir chapitre 2).

La plupart des contrats d'assurance voiture sont souscrits pour un an avec tacite reconduction (renouvellement automatique). Pour arrêter votre contrat, vous devez attendre la date anniversaire du contrat et envoyer une lettre de résiliation en respectant le préavis prévu dans la plupart des contrats : 2 mois !

Ne signez rien avant d'avoir comparé les offres d'au moins trois assureurs.

Quel que soit le sinistre donc vous serez victime, une franchise peut être à votre charge. Alors soyez prévoyant : mettez en place une épargne « de précaution » équivalente au montant de la franchise maximum prévue par votre contrat d'assurance (je vous explique les différents types d'épargne, leur fonctionnement, leur utilité et leurs avantages dans les chapitres 13, 14 et 15).

Les courtiers en assurances

Pour couvrir l'ensemble de vos assurances, vous pouvez mettre tous les œufs dans le même panier, ou bien choisir des assureurs différents pour chaque assurance.

Si vous avez tous vos contrats d'assurance chez le même assureur, vous êtes en mesure de pouvoir négocier certaines réductions. Cependant, il y a peu de chances que votre assureur puisse vous garantir les meilleurs prix pour chacun de vos contrats d'assurance.

Enfin, faire la course aux contrats les moins chers ne vous garantit pas non plus les meilleures conditions d'indemnisation !

Pourquoi faire appel à un courtier en assurances ?

Devant le nombre important de compagnies d'assurance et de formules de contrats d'assurance, il peut s'avérer intéressant de prendre contact avec un courtier en assurances.

Un courtier en assurances :

- représente vos intérêts devant les sociétés d'assurance ;
- recherche pour votre compte les garanties adaptées à votre besoin ;

- négocie les conditions de tarif en faisant jouer la concurrence.

Ces prestations ne sont évidemment pas gratuites. Le courtier peut être rémunéré :

- directement par votre futur assureur. Cela veut donc dire que le prix de sa prestation est compris dans le prix de votre assurance !
- par vous et sous la forme d'honoraires. Connaissant le prix de sa prestation, vous pourrez comparer plus facilement (en principe).

Pour finir, les tarifs des courtiers en assurance sont très variables et peuvent aller du simple à bien plus du double !

Conseils

Préférez un courtier :

- représentant une société de courtage importante. C'est en général un gage de sérieux et aussi de compétence ;
- travaillant dans une agence près de chez vous. Vous bénéficierez d'un contact personnalisé et de proximité. Et l'« après-vente » est en principe de meilleure qualité.

Avant de vous engager avec un courtier en assurances, consultez en au moins trois, comparez leurs tarifs et faites jouer la concurrence !

Pour vous aider dans votre recherche, voici une liste de 5 sites Internet spécialisés dans le secteur du courtage en assurances.

- **Chambre Syndicale des Courtiers d'Assurances (CSCA) :** ***www.csca.fr***. Vous pourrez y trouver des informations sur l'organisation de la profession et obtenir une liste des courtiers membres de la CSCA dans votre région ou votre département.
- **Gras Savoye :** ***http://particuliers.grassavoye.com***. La société de courtage Gras Savoye se définit comme étant le n° 1 du courtage d'assurances de particuliers en France. Domaines de compétence pour les particuliers : auto et habitation.
- **Verspieren :** ***www.verspieren.com***. La société de courtage Verspieren propose à ses clients des solutions d'assurance sur mesure et imagine des services nouveaux pour répondre à leurs besoins. Domaines de compétence pour les particuliers : auto, moto, habitation.
- **Cap Assurances :** ***www.cap-assurances.net***. Plus de 3 000 clients ont souscrit un ou plusieurs contrats d'assurance avec ce coutier. Domaines de compétence pour les particuliers : auto, moto, habitation.

- **Auto First :** ***http://www.autofirst.fr***. Auto First est spécialisé dans le courtage en assurances auto, mais est également présent sur le marché des contrats multirisques habitation. Domaines de compétence pour les particuliers : auto et habitation.

Les sites comparateurs de compagnies d'assurance

Pour souscrire vos différents contrats d'assurance, vous pouvez chercher par vous-même, passer par un courtier en assurances, mais aussi surfer sur les différents sites comparateurs de produits d'assurance. Ces sites comparent pour vous les différentes offres du marché de l'assurance pour particuliers.

À noter

Il est difficile de savoir si ces sociétés interviennent pour votre compte de façon totalement neutre. En effet, vous ne savez pas quels accords ont pu être passés entre ces sites comparateurs et les grandes compagnies d'assurance avec lesquelles ils travaillent !

Conseils

Ne vous contentez pas de vous rendre sur un seul site comparateur d'assurances pour particuliers. Surfez sur au moins trois sites différents et comparez les offres. En clair : comparez les comparateurs !

Pour vous aider dans votre recherche, voici une liste de 4 sites Internet spécialisés dans la comparaison d'assurances pour particuliers.

- **Assurland :** ***www.assurland.com***. Domaines de compétence pour les particuliers : auto, moto, habitation.
- **Hyperassur :** ***www.hyperassur.com***. Domaines de compétence pour les particuliers : auto, moto, habitation.
- **Kelassur :** ***www.kelassur.com***. Domaines de compétence pour les particuliers : auto, moto, habitation.
- **Empruntis :** ***www.empruntis.com***. Domaines de compétence pour les particuliers : auto, moto, habitation.
  Attention : Empruntis est une filiale du groupe d'assurances Covea dont les actionnaires sont GMF, MAAF et MMA. Difficile d'imaginer que ce groupe d'assurances se laisse marcher sur les pieds par leurs concurrents *via* leur filiale Empruntis...

LES SERVICES FINANCIERS

Changer de banque ou pas ?

Changer de banque n'est pas simple. Banque française ou étrangère ? Banque de proximité (avec un réseau d'agences) ou banque à distance (par téléphone et Internet) ?

Changer de banque peut être coûteux. Quels services ? À quel prix ? Allez-vous réellement y gagner sur vos comptes courants, votre épargne, vos crédits ou encore vos assurances ?

Enfin, changer de banque prend du temps. Pour faire le bon choix, cette opération implique de votre part de passer du temps :

- pour trouver la banque qui vous convient ;
- pour procéder aux ouvertures et clôtures de comptes et aux différents transferts de sommes d'argent ;
- pour domicilier les prélèvements de vos factures, de vos crédits ou encore de vos impôts...

Les interrogations sont donc nombreuses et complexes !

Alors, avant de changer de banque, vous devez vous poser deux questions essentielles :

- quelles sont les raisons qui vous poussent à changer de banque ? Sont-elles réellement bonnes ?
- quels sont les services bancaires dont vous avez vraiment besoin ?

Dans la plupart des cas, vos besoins en matière de services bancaires se limitent à la liste suivante :

- un ou plusieurs comptes courants : il s'agit des comptes sur lesquels arrivent vos ressources ;
- une ou plusieurs cartes de paiement : elles vous permettent de retirer de l'argent dans des distributeurs de billets et de régler vos achats ;
- un chéquier : il vous permet de régler certaines dépenses comme votre loyer ;
- un ou plusieurs comptes d'épargne : ils vous permettent de faire face aux coups durs et de réaliser vos projets (votre voiture doit être réparée et vous souhaitez acheter un appartement, par exemple) ;
- un accès Internet à l'ensemble de vos comptes : ainsi, sans vous déplacer, vous pouvez gérer vos différents comptes directement à partir de chez vous, en toute tranquillité (dans la limite de ce qui est admis par votre banque).

- enfin, votre banque peut aussi être nécessaire si vous souhaitez avoir recours aux crédits à la consommation et aux prêts immobiliers.

En dehors de ces services bancaires « de base », vous pouvez avoir besoin de votre banque (entre autres) pour investir en bourse : actions, obligations, SICAV (Sociétés d'investissement à capital variable), FCP (Fonds communs de placement)... Compte tenu de l'actualité boursière, je ne vous conseille pas ce type d'investissement, particulièrement dangereux pour le moment.

Comment choisir sa banque ?

Toutes les banques offrent à peu de choses près les mêmes services à leur clientèle « particuliers » (clientèle non professionnelle), exception faite des banques spécialisées dans une clientèle « haut de gamme » (personnes fortunées ou dont les revenus sont très importants).

Mais vous ne devez pas vous contenter de comparer les banques traditionnelles. Vous devez regarder de près les propositions alternatives de leurs concurrents !

Les compagnies d'assurance

Les assureurs disposent tous de leurs propres réseaux d'agences. Axa Banque, AGF Banque ou encore Groupama Banque offrent des services tout aussi bons à des prix parfois inférieurs aux réseaux bancaires.

N'hésitez pas à vous tourner vers eux ! Comparez leurs services et leur tarification avec les grandes banques traditionnelles.

La Banque postale

Cette banque dispose d'atouts importants. Elle s'est lancée dans la commercialisation des prêts immobiliers et va bientôt enrichir son offre globale par des formules de crédits à la consommation.

Elle dispose d'un grand nombre d'agences et d'un esprit « service public ». Enfin, ses services sont facturés à des prix raisonnables.

Les banques en ligne

Généralement filiales de grands groupes bancaires, les banques en ligne (sur Internet) ont l'avantage d'offrir des comptes bancaires rémunérés. Boursorama (Société générale) et Cortals Consors (groupe BNP Paribas) figurent parmi les plus importantes banques en ligne.

Cas concret : la banque Barclays

La Barclays propose un compte rémunéré à un taux de 3 % annuel brut.

Le calcul des intérêts se fait :

- au jour le jour ;
- dès le premier euro.
- jusqu'à 10 000 €.

Mais pour bénéficier des avantages de ce compte rémunéré, vous devez remplir deux conditions :

- être titulaire d'un forfait Barclays : le forfait est payant ;
- dépenser au moins 750 € par mois avec votre carte bancaire : cela vous pousse à consommer !

Pour finir, la rémunération de votre compte courant est soumise aux prélèvements sociaux et impôts...

En conclusion, avant d'opter pour un compte rémunéré qui présente un avantage évident au regard de l'argent que vous pouvez gagner chaque année, lisez bien la convention de compte ! Cela vous évitera bien des désillusions !

Bon à savoir

Boursorama a été élue la banque en ligne la moins chère par le magazine Capital, *dans son édition du 2 octobre 2008. Et c'était déjà le cas en novembre 2007 !*

À retenir

Pour bien choisir votre banque, vous devez donc comparer les offres et tarifs des banques traditionnelles, mais aussi des assureurs et des banques en lignes !

Que négocier avec votre future banque ?

Nous venons de voir qu'il est important de comparer toutes les banques, donc de les mettre en concurrence. Mais ce n'est pas tout...

Tout au long de votre prospection et lors de chaque rendez-vous ou échange téléphonique, vous devez faire savoir à votre futur chargé de clientèle qu'il est en concurrence avec d'autres banques et que votre démarche est très active : vous n'êtes pas prêt à signer facilement. Vous maîtrisez la situation ! Poussez votre future banque à faire des gestes commerciaux.

Pour vous souhaiter la bienvenue, demandez-leur :

- de prendre en charge les frais de transfert de vos contrats d'épargne ;
- une remise partielle ou totale sur vos cartes bancaires pour la première année.

Faites de vous un client intéressant :

- parlez-leur de l'épargne que vous détenez déjà ou de celle que vous envisagez de mettre en place chez eux ;
- attirez leur attention sur votre volonté de vous faire racheter vos crédits à la consommation ;
- exprimez votre intention d'acheter un bien immobilier (que vous soyez déjà propriétaire ou non et si c'est possible bien sûr).

Que faire avant de changer de banque ?

Afin d'éviter d'avoir à payer des frais de rejet de chèques et/ou de prélèvements, des commissions ou encore d'éventuelles indemnités de retard à vos différents créanciers, je vous conseille d'appliquer ma méthode.

Étape 1 : Ouvrez votre nouveau compte courant

Ouvrez votre nouveau compte courant et commandez dans le même temps vos nouveaux moyens de paiements (carte et chéquier).

Attention

Pour le moment, ne clôturez surtout pas votre ancien compte courant !

Étape 2 : Transférez votre épargne

Une fois votre compte courant ouvert dans votre nouvelle banque, demandez à la banque que vous allez quitter de transférer votre épargne. Bien sûr, pour que tout se passe bien, vous aurez pris soin dans le même temps de prévenir votre nouvelle banque de l'arrivée de ces sommes d'argent.

Étape 3 : Changez la domiciliation de vos prélèvements et de vos virements

Dans un premier temps et à partir de votre ancien compte bancaire, faites la liste de la totalité des organismes effectuant :

- des prélèvements automatiques : vos crédits, l'électricité, le gaz, la téléphonie fixe et mobile, Internet, la télévision par câble ou satellite, le Trésor public... ;
- des virements : votre employeur, la Caisse d'allocations familiales, la Sécurité sociale, votre mutuelle...

Puis envoyez à chacun de ces organismes votre nouveau RIB, RIP ou RICE (relevé d'identité bancaire, postal ou de Caisse d'épargne).

Attention

N'attendez pas le dernier moment pour les envoyer. Comptez au moins deux semaines pour que vos RIB (ou RIP, ou RICE) soient pris en compte par ces organismes. Si vous les envoyez trop tardivement, les prélèvements se feront sur votre ancien compte bancaire ! Des frais de rejet de prélèvements et des indemnités de retard de paiement peuvent vous être facturés au prix fort !

Si les prélèvements de vos crédits se présentent sur votre ancien compte courant et que la provision est insuffisante ou inexistante, vous risquez des frais de rejet, mais aussi une inscription au fichier des incidents de paiements des crédits aux particuliers (FICP) de la Banque de France, c'est-à-dire une impossibilité de souscrire tout nouveau crédit ! Au-delà du coût que cela représente (frais de rejet et de régularisation), ce ne sera pas vraiment du meilleur effet vis-à-vis de votre nouvelle banque…

N'oubliez pas non plus les virements automatiques que vous aviez mis en place pour alimenter vos comptes d'épargne. Pour ne pas perdre d'intérêts, pensez bien à les remettre en place avec votre nouvelle banque !

Étape 4 : Contrôlez vos souches de chéquiers

Contrôlez méticuleusement les souches de vos carnets de chèque. N'hésitez surtout pas à remonter plusieurs mois en arrière pour vérifier qu'aucun chèque n'est encore en attente d'encaissement. Si des chèques n'ont pas encore été débités, laissez une provision suffisante sur votre ancien compte bancaire pour qu'ils puissent être payés.

Attention

Si des chèques se présentent sur votre ancien compte courant et que la provision est insuffisante ou inexistante, vous risquez des frais de rejet de chèques et une inscription au fichier central des chèques (FCC) de la Banque de France, c'est-à-dire une interdiction d'émission de chèques !

Étape 5 : Résiliez les contrats que vous aviez avec votre ancienne banque

Faites l'inventaire des contrats que vous aviez signés avec votre ancienne banque : cartes de paiement, assurance perte et vol de vos cartes et chéquiers, assistance juridique... et demandez leur résiliation.

Pour des questions de sécurité :

- avant de restituer vos cartes bancaires : coupez-les en deux au niveau de la puce électronique ;
- avant de restituer votre chéquier : tirez un trait sur chaque chèque et inscrivez la mention « Annulé ».

Si vous avez vos assurances (habitation, automobile, moto...) chez votre ancienne banque et que vous souhaitez également les résilier, reportez-vous aux conditions générales de chacun de ces contrats. Vous saurez ainsi comment et à quelle date vous pouvez les résilier. Bien sûr, si vous résiliez les assurances que vous aviez dans votre ancienne banque, vous aurez préalablement mené des recherches pour trouver un nouvel assureur (qui peut être votre nouvelle banque) et vous aurez fait jouer la concurrence !

Étape 6 : Clôturez votre ancien compte courant

Vous vous êtes assuré que plus aucune opération ne sera débitée sur votre ancien compte bancaire ? Votre RIB (ou RIP ou RICE) a bien été pris en comte par vos créanciers ? Votre épargne a été transférée vers votre nouvelle banque ? Vous n'avez plus d'assurances dans votre ancienne banque ? Vos ressources arrivent désormais sur votre nouveau compte bancaire ?

Le moment est alors venu de demander la clôture de votre ancien compte bancaire !

Ce que changer de banque peut vous coûter

Depuis le 1er janvier 2005, la clôture des comptes courants et des livrets d'épargne n'est plus facturée. Cependant, attention à vos autres comptes : les clôturer n'est pas gratuit, le transfert de sommes d'argent non plus !

Le transfert de votre épargne

Pour les Codevi et LEP (Livre d'épargne populaire), le transfert est gratuit. Pour les autres livrets d'épargne réglementée, le transfert peut être payant, de l'ordre de plusieurs dizaines d'euros par compte !

Attention

Pensez à bien demander le transfert, et non pas l'ouverture… Il est interdit d'avoir plusieurs livrets d'épargne réglementée !

Sont concernés : livret A, livret B, livret Bleu, Codevi, CEL, PEL, LEP (je fais un tour d'horizon des différentes formes d'épargne, de leur fonctionnement et de leurs avantages dans les chapitres 13, 14 et 15).

L'assurance-vie

Le transfert de votre contrat d'assurance-vie est possible. Cependant, pour des raisons de simplicité de gestion et de fiscalité, je vous conseille de le conserver pendant huit ans (à compter de la date de signature du contrat). Passé ce délai, vous pouvez librement transférer votre assurance-vie.

Livret jeune

La clôture d'un livret jeune est gratuite. Ouvrez-en un auprès de votre nouvelle banque, demandez le transfert des fonds vers votre nouveau livret jeune, puis fermez l'ancien.

Plan d'épargne logement (PEL) et Compte d'épargne logement (CEL)

Le transfert est possible, mais très coûteux ! Comptez entre 50 et 100 € pour l'opération.

La clôture de vos prêts

Il est impossible de transférer un crédit à la consommation ou un crédit immobilier. Clôturer vos prêts revient à donc à les solder, c'est-à-dire à les rembourser intégralement par anticipation (avant la fin initialement prévue).

Le remboursement par anticipation de votre prêt immobilier

Vous pouvez rembourser par anticipation tout ou partie de votre prêt immobilier. Cependant, le prêteur (l'établissement de crédit ou la banque) a le droit de vous demander une « indemnité de remboursement par anticipation » ! Cette indemnité peut aller jusqu'à 3 % du capital restant dû de votre prêt immobilier ! (Le « capital restant dû »est égal à la somme que vous devez au prêteur au moment ou vous soldez votre prêt immobilier.)

Attention

Le prêteur peut vous interdire tout remboursement égal ou inférieur à 10 % du montant emprunté (sauf s'il s'agit du solde).

Bon à savoir

Pour les prêts immobiliers signés après l'entrée en vigueur de la loi n° 99-532 du 25 juin 1999 relative à l'épargne et à la sécurité financière, **aucune indemnité n'est due par l'emprunteur** *en cas de remboursement par anticipation lorsque le remboursement est motivé :*

- par la vente du bien immobilier faisant suite à **un changement du lieu d'activité professionnelle** de l'emprunteur ou de son conjoint ;
- par le **décès ou par la cessation forcée de l'activité professionnelle** de ces derniers.

Le remboursement par anticipation d'un crédit à la consommation

Vous pouvez rembourser par anticipation tout ou partie de votre crédit à la consommation, quand vous le voulez et sans aucune indemnité.

Attention

Cette règle ne s'applique pas aux contrats de location (assimilables au crédit à la consommation, comme la location avec option d'achat), sauf si ces contrats prévoient que le titre de propriété sera finalement transféré au locataire. C'est-à-dire que le locataire devient propriétaire de la chose louée (par exemple une voiture). Le prêteur peut également refuser un remboursement partiel si ce dernier est inférieur ou égal à trois mensualités.

La clause de domiciliation bancaire

Certains contrats de prêt contiennent des clauses (parfois abusives) de domiciliation bancaire pendant la durée de remboursement du crédit immobilier. En clair, ce type de contrat vous oblige à domicilier vos ressources (revenus, allocations…) chez le prêteur jusqu'à la fin du remboursement du prêt.

Avec un tel fil à la patte, difficile de changer de banque, mais pas impossible.

Vous ouvrez un compte bancaire dans une autre banque. Vous faites ensuite virer tous les mois (quelques jours avant la date de prélèvement de votre prêt immobilier) la somme nécessaire au règlement de votre mensualité.

Pour tout savoir sur les différentes formes de crédits, leurs avantages, leurs inconvénients et les pièges à éviter, je vous invite à lire le chapitre 19).

Nous avons fait ensemble un tour d'horizon des postes de dépenses « Logement, chauffage, éclairage », « Transports », « Alimentation et boissons non alcoolisées », « Services financiers, assurances et soins à la personne ».

En appliquant mes conseils, vous maîtrisez désormais 64,7 % de vos dépenses de consommation !

Nous sommes presque au deux-tiers de notre parcours !

Je vous propose maintenant de passer en revue le poste de dépenses « Loisirs et culture ».

5
SE DIVERTIR ET SE CULTIVER

Selon l'INSEE, le poste de dépenses « Loisirs et culture » représente 9,2 % de la consommation des ménages français en 2007. C'est le 5e poste de dépenses des Français.

Ce poste de dépenses comprend principalement :

- vos sorties au cinéma, au musée, au théâtre et au concert ;
- l'ensemble des achats que vous réalisez autour de la lecture : livres, revues, magazines, journaux... ;
- le coût de vos pratiques sportives : associations, clubs privés... ;
- votre équipement en appareils informatiques et électroniques (lecteurs MP3 et jeux vidéo, par exemple).

Souvenez-vous...

- Vous avez contrôlé votre relevé de compte.
- Vous avez regroupé vos dépenses par poste de dépenses.
- Vous avez calculé le montant total de vos dépenses par poste de dépenses.

Vous savez donc combien vous consacrez tous les mois au poste de dépenses « Loisirs et culture » ! Vous devez maintenant déterminer la part de vos ressources que vous consacrez au poste de dépenses « Loisirs et culture ».

Cas concret : Monsieur et Madame Fidèle

Monsieur et Madame Fidèle ont deux enfants, âgés de 13 et 16 ans. Monsieur et Madame Fidèle travaillent tous les deux. Leurs ressources annuelles se situent à 29 400 €, soit 2 450 € par mois.

Une fois par mois, toute la famille Fidèle va au cinéma : 408 € par an.

Tous les jours, Monsieur Fidèle achète le journal local : 330 € par an.

Monsieur et Madame Fidèle sont abonnés à deux revues hebdomadaires : 208 € par an.

Monsieur Fidèle pratique le judo et le plus grand de leurs enfants le basket-ball : 110 € par an.

Monsieur et Madame Fidèle viennent de s'équiper d'un ordinateur avec imprimante et scanner : 1 790 €.

Monsieur Fidèle s'est offert un lecteur MP3 haut de gamme : 94 €.

La totalité des dépenses qu'ils réalisent dans le poste de dépenses « Loisirs et culture » représente 2 940 € par an, soit 245 € par mois.

La part du poste de dépenses « Loisirs et culture » de Monsieur et Madame Fidèle dans leurs ressources est donc : (245 / 2 450) × 100 = 10.

Monsieur et Madame Fidèle consacrent donc 10 % de leurs ressources mensuelles au poste de dépenses « Loisirs et culture ».

Si Monsieur et Madame Fidèle consacraient 9,2 % de leurs ressources mensuelles au poste de dépenses « Loisirs et culture » (moyenne nationale des ménages français selon l'INSEE), ils devraient dépenser en réalité : 2 450 × 9,2 / 100 = 225,4 €.

Ils dépensent donc 19,6 € de trop par mois par rapport à la moyenne nationale, ce qui correspond à 235,2 € par an.

Attention, ce chiffre n'indique pas que Monsieur et Madame Fidèle affectent une partie trop importante de leurs ressources à ce poste de dépenses. Il dit seulement : « Attention, vous êtes au-dessus de la moyenne nationale ! » Ce chiffre n'est par conséquent qu'une indication, pas une conclusion en soi.

Alors pour éviter de faire exploser votre poste de dépenses « Loisirs et culture », je vous propose de faire ensemble un tour d'horizon des bons plans qui vous permettront de réaliser de belles économies, donc d'augmenter votre pouvoir d'achat.

LE CINÉMA

La fête du cinéma

Cette manifestation va fêter fin juin 2009 son 25e anniversaire.

Quand vous achetez une place à plein tarif lors de la fête du cinéma, un carnet-passeport vous est alors remis sur simple demande.

Ce carnet-passeport vous donne accès pendant toute la durée de l'opération à tous les films, au tarif unique de 2 € la place.

Le carnet-passeport est valable dans l'ensemble des cinémas participants.

Plus de 3 millions de Français ont profité de cet événement en 2007.

Les cartes d'abonnement

Cinémas UGC

Cartes UGC illimité 1 et UGC illimité 2

Avec ces cartes, vous pouvez aller au cinéma aussi souvent que vous le désirez ; comme son nom l'indique : c'est illimité.

Ces cartes vous ouvrent les portes de tous les cinémas UGC de France, mais sont également acceptées dans les cinémas partenaires du groupe UGC.

- Tarif UGC illimité 1, c'est-à-dire pour une personne : 19,80 € par mois. Cette carte est rentable si vous allez au cinéma au moins 3 fois par mois.
- Tarif UGC illimité 2, pour 2 personnes : 35 € par mois. Cette carte est rentable si vous allez au cinéma au moins 3 fois par mois.

Attention

Ces cartes vous engagent pour un an et les frais d'inscription sont de 30 € ! Si vous prenez une carte UGC illimité 1, le coût total pour la 1re année est donc de 267,6 €. Si vous prenez une carte UGC illimité 2, le coût total pour la 1re année est de 450 €. Alors avant de vous engager, faites vos comptes !

Carte UGC 5

Cette carte est utilisable en semaine, du dimanche 19 heures au vendredi 19 heures. Elle contient 5 places. Son tarif est de 29,25 €, soit 5,85 € la place.

Carte UGC 7

Cette carte est utilisable tous les jours de la semaine, y compris le week-end. Elle contient 5 places. Son tarif est de 39 €, soit 7,8 € la place.

Conseil pratique

Si vous êtes fan de cinéma, optez pour UGC illimité 1 ou 2. Si vous ne voulez pas vous engager : préférez la carte UGC 5, moins chère que la carte UGC 7.

Attention

Les cartes UGC 5 et 7 sont valables pendant 60 jours à compter de la première utilisation !

Pour en savoir plus sur les cartes UGC : *www.ugc.fr*

Cinémas Gaumont et Pathé

La carte Le Pass vous offre un accès illimité aux salles des cinémas Gaumont et Pathé. Son tarif est de 19,80 € par mois.

Attention

Cette carte vous engage pour un an et les frais d'inscription sont de 30 €. Si vous prenez une carte Le Pass, il vous en coûtera donc 267,60 € la 1re année. Là encore, avant de vous engager, faites vos comptes !

Pour en savoir plus sur la carte Le Pass : *www.cinelepass.fr*

Les autres réductions

Les salles de cinéma proposent à leur clientèle de multiples réductions autour desquelles elles ne font pas vraiment de publicité.

Vous pouvez en effet bénéficier de réductions pouvant aller jusqu'à 30 % :

- sur présentation d'une carte famille nombreuse, tous les jours de la semaine sauf week-ends, veilles et jours de fête ;
- sur présentation de « chèques cinéma » (que vous pouvez obtenir auprès de votre comité d'entreprise) ;
- si vous êtes chômeur, étudiants ou en groupe.

Pour connaître les modalités de ces réductions, adressez-vous directement au guichet de votre cinéma habituel.

LES CONCERTS ET LES SPECTACLES

Pour vos concerts et spectacles, voici une liste de 5 sites Internet qui vous permettront d'acheter des billets à prix cassés ou de recevoir des invitations... gratuites !

- **Billet reduc : *www.billetreduc.com*.** Réservez vos places et bénéficiez jusqu'à 80 % de réduction.
- **Ticketac : *www.ticketac.com*.** Obtenez jusqu'à –50 % sur le prix de vos billets de spectacle à Paris.
- **Evene : *www.evene.fr/musique/concerts-prix-reduits.php*.** En partenariat avec Ticketac, découvrez chaque jour de nou-

velles promotions sur vos places de concerts : concerts pop-rock ou concerts de chanson française, concerts classiques ou comédies musicales. Profitez de 30 à 50 % de réduction sur vos places.

- **Promo-sorties :** ***http://plateforme.promo-sorties.com.*** Ce site vous permet de voir des humoristes, d'aller au concert, dans un cabaret ou en soirées à prix réduits.
- **Sortir à tous prix :** ***www.sortiratousprix.net.*** Ce site vous propose des réductions sur des concerts et spectacles pouvant aller jusqu'à 50 %.

LES MUSÉES ET LES THÉÂTRES NATIONAUX

En 1999 et 2000, le Gouvernement a adopté quatre mesures pour vous faciliter la découverte des monuments, des musées et des théâtres nationaux.

Entrée libre dans 100 monuments le 1er dimanche de chaque mois

Depuis le dimanche 3 octobre 1999, les 100 monuments nationaux sont accessibles gratuitement tous les premiers dimanches du mois.

Forteresses, châteaux, édifices religieux, parcs, sites archéologiques ou préhistoriques... Répartis sur l'ensemble du territoire national, ces lieux culturels jouissent d'une renommée internationale et plusieurs sont inscrits au patrimoine mondial de l'UNESCO.

Ces mesures de gratuité concernent des édifices connus, mais aussi des sites plus insolites : de l'Arc de Triomphe à l'abbaye de Cluny, en passant par les châteaux de la Loire, mais également le domaine de George Sand à Nohant, l'abbaye du Mont-Saint-Michel ou encore le château de Voltaire à Ferney...

Entrée libre dans les 33 musées nationaux le 1er dimanche de chaque mois

La majorité des musées concernés se trouve à Paris et en Île-de-France, avec des lieux très visités parmi lesquels le musée Rodin ou encore le musée d'Orsay.

D'autres musées sont moins connus du grand public, comme le musée Eugène Delacroix, le musée des Arts asiatiques Guimet ou encore le musée des Granges-de-Port-Royal.

En province, tous les musées nationaux sont également concernés, par exemple le château de Compiègne, le musée national de la Coopération franco-américaine de Blérancourt (Aisne), ou le musée Marc Chagall de Nice.

Entrée gratuite pour les moins de 18 ans tous les jours de l'année, dans 100 monuments nationaux

L'accès est gratuit pour les moins de 18 ans tous les jours de l'année, dans 100 monuments nationaux. Cette mesure facilite les visites en famille !

Chaque jeudi, la place de théâtre est à prix réduit dans cinq théâtres nationaux

La réservation de votre place s'effectue le jour même, sur place ou par téléphone, dans la limite des places disponibles.

Quatre de ces théâtres sont à Paris : la Comédie française, le Théâtre national de Chaillot, le Théâtre national de la Colline et le Théâtre national de l'Odéon. Le cinquième est en province : le Théâtre national de Strasbourg.

Pour obtenir la liste des monuments, musées et théâtres concernés, rendez-vous sur le site : *www.culture.gouv.fr/culture/actualites/politique/democratisation/*

LA LECTURE

Vous aimez lire de façon quotidienne, régulière ou occasionnelle ? Voici une liste de 5 sites Internet qui vous offrent la possibilité d'acheter vos lectures préférées, ou encore de vous abonner en toute liberté.

- **Abonnement libre : *www.abonnement-libre.com*.** Sur ce site, vous pouvez vous abonner pour une durée indéterminée ! À tout moment, vous êtes libre de changer de titre, de suspendre ou d'interrompre votre abonnement magazine. Ce site propose des réductions importantes sur de nombreuses revues et propose en tout plus de 250 titres pour toute la famille (magazines déco, presse santé, magazines famille, magazines féminins...).
- **Toutabo : *www.toutabo.com*.** Toutabo vous offre la possibilité de vous abonner à vos revues et magazines préférés. Les réduc-

tions peuvent aller jusqu'à 75 % par rapport aux prix proposés en kiosque !

- **Kiosquemag :** ***www.kiosquemag.com.*** Ce site vous propose jusqu'à 35 % de réduction sur des centaines de revues et magazines.
- **Discountpresse :** ***www.discountpresse.com.*** Ce site vous propose des remises sur plus de 4 000 titres et en plus, vous pouvez feuilleter en ligne avant de commander !
- **Viapresse :** ***www.viapresse.com.*** Ce site se définit comme étant le 1er site de vente de la presse française. Spécialisé dans la vente de presse sur Internet, il vous offre un choix de plus de 500 titres en abonnement et de près de 4 000 titres en vente au numéro.

LES ÉQUIPEMENTS INFORMATIQUES

Pour vous aider à réaliser vos achats de matériel informatique, voici une liste de 5 sites Internet qui vous permettront, pour un même produit, de comparer les prix et donc d'acheter au meilleur tarif !

- **Tous les prix :** ***www.touslesprix.com.*** Ce site vous permet de comparer les prix de plus de 22 000 produits informatiques. Ce site est un des seuls comparateurs à vous offrir la possibilité de visualiser tous les jours les produits dont le prix a baissé depuis la veille.
- **Pixmania :** ***www.pixmania.com.*** Ce site comparateur de prix est également doté d'un centre d'appels pour vous informer et vous conseiller. Service clients : 0892 700 104. Attention, ce conseil par téléphone a un prix : 0,34 €/minute de communication.
- **Cdiscount :** ***www.cdiscount.com.*** Cdiscount s'engage à proposer à ses clients les meilleurs produits de marque avec des réductions de 20 à 50 % par rapport aux distributeurs du marché. Les produits sont neufs et en stock pour plus de 95 % d'entre eux.
- **Kelkoo :** ***www.kelkoo.fr.*** Kelkoo est un site spécialisé dans l'achat et la comparaison de prix sur Internet. Son moteur de recherche vous offre la possibilité de rechercher des produits vendus sur Internet, de rechercher et de comparer des prix et de vous rendre chez le marchand choisi pour acheter l'article désiré.
- **Rue du commerce :** ***www.rueducommerce.fr.*** Rue du commerce est une société de distribution de produits informatiques

et électroniques grand public sur Internet. La société a une position de leader de la distribution de produits informatiques et électroniques grand public par Internet et en France.

LES AUTRES RÉDUCTIONS

Le chèque d'accompagnement personnalisé

La loi du 29 juillet 1998 relative à la lutte contre les exclusions ouvre la possibilité aux collectivités territoriales (communes, Conseils généraux...), aux établissements publics et aux Centres communaux d'action sociale (CCAS), de remettre aux personnes en difficulté des titres de paiement dénommés « chèques d'accompagnement personnalisé » pour acquérir des biens et services. La même possibilité est donnée aux associations de solidarité agréées.

La loi prévoit que si les communes et les associations de solidarité le souhaitent, ces chèques d'accompagnement personnalisé pourront servir à payer des prestations culturelles ou de loisirs.

C'est en effet la collectivité ou l'association qui décidera de l'utilisation de ces chèques par leurs bénéficiaires : alimentation, habillement, loisirs, culture...

Le chèque d'accompagnement personnalisé est à considérer comme un mode de paiement pour les personnes sans emploi et en difficulté économique ou sociale.

Nous avons passé en revue les postes de dépenses de « Logement, chauffage, éclairage », « Transports », « Alimentation et boissons non alcoolisées », « Services financiers, assurances et soins à la personne » et « Loisirs et culture »...

En appliquant mes conseils, vous maîtrisez désormais 73,9 % de vos dépenses de consommation !

Nous avons réalisé ensemble presque les trois-quarts du chemin à parcourir !

Je vous propose maintenant de faire un tour d'horizon du poste de dépenses « Hôtels, restaurants, cafés ».

6
PARTIR EN VACANCES ET SORTIR AU RESTAURANT

Selon l'INSEE, le poste de dépenses « Hôtels, restaurants, cafés » représente 6,1 % de la consommation des ménages français en 2007. C'est le 6e poste de dépenses des Français.

Ce poste de dépenses comprend principalement :

- vos frais de restauration (cafés, bars, brasseries, restaurants...) ;
- vos dépenses d'hébergement : hôtels, chambre d'hôtes, gîtes, locations à la mer, à la montagne ou à la campagne pendant vos vacances.

Souvenez-vous...

- Vous avez contrôlé votre relevé de compte.
- Vous avez regroupé vos dépenses par poste de dépenses.
- Vous avez calculé le montant total de vos dépenses par poste de dépenses.

Vous savez donc combien vous consacrez tous les mois au poste de dépenses « Hôtels, restaurants, cafés » ! Vous devez maintenant déterminer la part de vos ressources que vous consacrez au poste de dépenses « Hôtels, restaurants, cafés ».

Cas concret : Monsieur et Madame Marc

Monsieur et Madame Marc ont un enfant en bas âge. Monsieur travaille et Madame s'est arrêtée de travailler pour élever leur enfant jusqu'à son entrée à l'école maternelle. Leurs ressources annuelles sont de 21 600 €, soit 1 800 € par mois.

Monsieur et Madame Marc vont une fois par mois dans un restaurant proche de chez eux. Ils commandent une formule tout compris à 12 € par personne. Ils dépensent donc 24 € par mois au restaurant, soit 288 € par an.

Avant d'aller travailler, Monsieur Marc prend tous les matins un café dans une brasserie. À 1,2 € le café à raison de 5 fois par semaine, cela fait 6 € par semaine. Un mois comptant 4,33 semaines (souvenez-vous : quand on parle d'argent, pas d'arrondis, mais de la précision... les petites rivières font les grands fleuves !), Monsieur Marc dépense donc : 6 € × 4,33 semaines = 26 € par mois, soit 312 € par an.

Monsieur et Madame Marc partent en vacances deux fois par an :

- une fois en hiver pour skier, ce qui leur coûte 620 € (location d'un studio pour une semaine) ;
- une fois en été au bord de la mer ; ils dépensent 580 € (location d'une place de camping pour deux semaines).

Le total de leurs dépenses de vacances par an est donc : 620 + 580 = 1 200 €.

La totalité des dépenses qu'ils réalisent dans le poste de dépenses « Hôtels, cafés, restaurants » représente 1 800 € par an, soit 150 € par mois.

La part du poste de dépenses « Hôtels, cafés, restaurants » de Monsieur et Madame Marc dans leurs ressources est donc : (150 / 1 800) × 100 = 8,3.

Monsieur et Madame Marc consacrent donc 8,3 % de leurs ressources mensuelles au poste de dépenses « Hôtels, restaurants, cafés ».

Si Monsieur et Madame Marc consacraient 6,1 % de leurs ressources mensuelles au poste de dépenses « Hôtels, restaurants, cafés » (moyenne nationale des ménages français), ils devraient dépenser en réalité : 1 800 × 6,1 / 100 = 109,80 €.

Ils dépensent donc 40,2 € de trop par mois par rapport à la moyenne nationale, ce qui correspond à 482,4 € par an.

Attention, ce chiffre n'indique pas que Monsieur et Madame Marc affectent une partie trop importante de leurs ressources à ce poste de dépenses. Il dit seulement : « Attention, vous êtes au-dessus de la moyenne nationale ! » Ce chiffre n'est par conséquent qu'une indication, pas une conclusion en soi.

Alors pour éviter que votre poste de dépenses « Hôtels, restaurants, cafés » ne déséquilibre votre budget, je vous propose de faire ensemble un tour d'horizon des bons plans et des bonnes pratiques qui vous permettront de réaliser de très belles économies, donc d'augmenter votre pouvoir d'achat.

RÉSERVEZ VOTRE LOCATION AU MEILLEUR PRIX

Pour vous aider à réserver votre hôtel, gite ou camping à moindre coût, voici une liste de 7 sites Internet présentant des offres de séjours à des prix très attractifs.

- **Promovacances :** ***http://gog.promovacances.com.*** Ce site vous propose plus de 3 000 offres en promotion. La vente de voyages sous la marque Promovacances est assurée par Karavel, tout comme pour Partir pas cher (voir ci-dessous).
- **Partir pas cher :** ***www.partirpascher.com.*** Ce site vous permet de voyager à petits prix... La vente de voyages sous la marque Partir pas cher est assurée également par Karavel, tout comme le site Promovacances.
- **Last Minute :** ***www.fr.lastminute.com.*** Last Minute est un des leaders européen du voyage et des loisirs en ligne. À travers son réseau d'environ 15 000 fournisseurs, ce site vous propose une plateforme de recherche pour vos chambres d'hôtel, séjours et restaurants.
- **Go Voyages :** ***www.govoyages.com.*** Go Voyages vous aide à trouver un hôtel au meilleur prix pour vos vacances. Vous pouvez préparer votre séjour en définissant vos critères de voyage sur le moteur de recherche. Régulièrement, Go Voyages vous informe des meilleures promotions du moment pour faciliter vos recherches de voyages.
- **Expedia :** ***www. expedia.fr.*** Expedia vous offre la possibilité de faire votre choix parmi 500 compagnies aériennes et 20 000 hôtels.
- **Opodo :** ***www.opodo.fr.*** **Avec Opodo, vous pouvez acheter pratiquement tous les types de voyages** : hôtels, locations de vacances du bungalow à la villa, studios pour les sports d'hiver... Il y en a pour tous les goûts et tous les prix.
- **Voyager moins cher :** ***www.voyagermoinscher.com.*** Ce site est un portail sur les voyages avec des moteurs de recherche pour trouver les meilleurs prix pour les hôtels ou la location d'appartements. Ces offres proviennent de 100 agences de voyages et tour-opérateurs. Ce site appartient au groupe PriceMinister, qui est également propriétaire du site *www.billetmoinscher.com*, moteur de recherche spécialisé dans le billet d'avion.

LES ÉCHANGES DE RÉSIDENCE

Le principe

Échanger sa maison ou son appartement est une formule de vacances née dans les années cinquante et qui vous permet d'habiter dans la maison d'une autre famille pendant qu'elle habite la vôtre.

Cet échange a lieu à une période que les deux familles auront définie préalablement et peut aussi comprendre l'échange d'un véhicule. Le concept de l'échange de maison ou d'appartement vous permet donc de passer des vacances dans la maison d'une personne pendant qu'elle demeure dans la vôtre le temps d'un week-end, d'une, deux, voire trois semaines et parfois plus longtemps.

L'échange de maison connaît un véritable engouement et devient en France un véritable phénomène de société.

Chaque échange repose sur une **confiance réciproque.**

Avantages

L'hébergement est une des parts du budget vacances la plus importante et échanger votre maison ou appartement vous permet de réaliser des économies conséquentes : jusqu'à 70 % ! En plus d'un logement gratuit pour vos vacances, vous pouvez aussi négocier l'échange du véhicule. Une fois sur place, vous pourrez alors vous déplacer librement et presque gratuitement (vous devrez bien sûr faire le plein de carburant de la voiture).

Comment échanger sa résidence ?

Pour vous aider dans votre recherche de maison ou d'appartement à échanger, voici une liste de 6 sites Internet.

- **Échanger sa maison : *www.echangersamaison.com.*** Ce site permet d'échanger sa maison ou son appartement entre particuliers dans plus de 60 pays. Ce service est payant. L'abonnement annuel vous permettant de consulter les offres de maisons et d'appartements est de 40 €.
- **Home for exchange : *www.homeforexchange.com.*** Ce site vous permet d'échanger de manière non commerciale votre maison, votre camping-car ou encore votre caravane. « Home for exchange » signifie en français « maison à échanger ». Ce site est francophone. Le service est payant. L'abonnement annuel vous permettant de consulter les offres de maisons et d'appartements est de 45 €.
- **1st Home Exchange : *www.1sthomeexchange.com.*** « 1st

Home Exchange » signifie en français « 1er échange de maison ». Ce site est francophone. Le service est payant. L'abonnement annuel vous permettant de consulter les offres de maisons et d'appartements est de 55 € environ. (Le prix n'est pas fixe. Il varie en fonction de la parité euro-dollar, c'est-à-dire en fonction de la force de notre monnaie vis-à-vis de la monnaie américaine.)

- **Échange immo.com : www.echangeimmo.com**. Ce service est payant. L'abonnement annuel vous permettant de consulter les offres de maisons et d'appartements est de 45 €.
- **Échange de maison.com : www.echangedemaison.com**. Ce service est payant. L'abonnement annuel vous permettant de consulter les offres de maisons et d'appartements est de 45 €.
- **Profvac.com : www.profvac.com**. Profvac vous propose une formule de vacances originale et économique fondée sur le principe d'échange de logement en France et à l'étranger. Dommage : la formule proposée par ce site ne concerne que les personnels du secteur de l'enseignement et de la recherche.

Nous avons passé en revue l'essentiel des postes de dépenses de « Logement, chauffage, éclairage », « Transports », « Alimentation et boissons non alcoolisées », « Services financiers, assurances et soins à la personne », « Loisirs et culture » et « Hôtels, restaurants, cafés »...

En appliquant mes conseils, vous maîtrisez désormais 80 % de vos dépenses de consommation ! Il ne nous reste plus que 20 % des dépenses de consommation à parcourir ensemble !

Je vous propose maintenant de passer en revue le poste de dépenses « Équipement du logement ».

7
MEUBLER ET ÉQUIPER SA MAISON

Selon l'INSEE, le poste de dépenses « Équipement du logement » représente 5,9 % de la consommation des ménages français en 2007. C'est le 7e poste de dépenses des Français. Ce poste de dépenses comprend principalement l'achat de vos meubles, de votre électroménager et votre matériel hi-fi et vidéo.

Souvenez-vous...

- Vous avez contrôlé votre relevé de compte.
- Vous avez regroupé vos dépenses par poste de dépenses.
- Vous avez calculé le montant total de vos dépenses par poste de dépenses.

Vous savez donc combien vous consacrez tous les mois au poste de dépenses « Équipement du logement » ! Vous devez maintenant déterminer la part de vos ressources que vous consacrez au poste de dépenses « Équipement du logement ».

Cas concret : Monsieur et Madame Robert

Monsieur et Madame Robert viennent de quitter leur petit studio pour emménager dans un appartement de deux pièces. Ils travaillent tous les deux et leurs ressources annuelles sont de 26 400 €, soit 2 200 € par mois. Afin d'améliorer leur confort de vie, Monsieur et Madame Robert ont réalisé les dépenses suivantes :

- un réfrigérateur avec une partie congélateur : 164 € ;
- un lave-linge : 248 € ;
- un lave-vaisselle : 269 € ;
- une cuisinière : 182 € ;
- un lit : 436 € (sommier et matelas) ;
- un écran de télévision LCD : 450 € ;
- un lecteur de DVD : 99 €.

La totalité des dépenses qu'ont effectuées Monsieur et Madame Robert dans le poste de dépenses « Équipement du logement » a représenté sur un an 1 848 €, soit 154 € par mois.

La part du poste de dépenses « Équipement du logement » de Monsieur et Madame Robert dans leurs ressources est donc : (154 / 2 200) × 100 = 7.

Monsieur et Madame Robert ont donc consacré 7 % de leurs ressources mensuelles au poste de dépenses « Équipement du logement ».

Si Monsieur et Madame Robert avaient consacré 5,9 % de leurs ressources mensuelles au poste de dépenses « Équipement du logement » (moyenne nationale des ménages français), ils auraient dû dépenser en réalité : 2 200 × 5,9 / 100 = 129,8 €.

Ils ont donc dépensé 24,2 € de trop par mois par rapport à la moyenne nationale, ce qui correspond à 290,4 € sur un an.

Attention, ce chiffre n'indique pas que Monsieur et Madame Robert affectent une partie trop importante de leurs ressources à ce poste de dépenses. Il dit seulement : « Attention, vous êtes au-dessus de la moyenne nationale ! » Ce chiffre n'est par conséquent qu'une indication, pas une conclusion en soi.

Pour éviter que votre poste de dépenses « Équipement du logement » ne vienne empiéter dangereusement sur vos autres postes de dépenses, lors de chacun de vos achats de meubles, d'électroménager ou hi-fi et vidéo, vous devez impérativement penser « besoin » et « bonnes affaires ».

Penser « besoin », c'est savoir faire la différence entre « envie » et « besoin ». Le besoin correspond à une nécessité, tandis que l'envie repose sur la notion de plaisir. Vous avez tout à fait le droit de vous faire plaisir : encore faut-il en avoir les moyens financiers !

Quand vous identifiez un vrai besoin, en principe vous n'avez pas trop le choix ! Par exemple, votre lave-linge est irréparable, vous devez le changer.

Ce n'est pas le cas lorsque vous êtes « dans l'envie » ! Par exemple, votre téléviseur est un écran plat de type plasma et vous souhaitez vous équiper d'un LCD car la technologie est (paraît-il) plus moderne et innovante...

Votre lave-linge donne-t-il des signes de fatigue ? Votre télévision commence-t-elle à ne plus restituer une image et un son satisfaisants ? Si ce n'est pas le cas, pour l'un comme pour l'autre, est-il vraiment utile d'en changer ? Bien sûr que non !

Penser « bonnes affaires », c'est tout simplement ne pas acheter de façon impulsive, c'est-à-dire de façon non réfléchie !

Le home-cinéma dernier cri vous attire ? Si vos ressources ne vous permettent pas d'en faire l'acquisition : abstenez-vous !

Pensez plutôt à réaliser les économies (quand c'est possible) qui pourront vous permettre de l'acheter sans prendre de risques pour votre budget.

Si vos ressources vous permettent de réaliser cette dépense, alors pourquoi pas ! Cependant, vous devez systématiquement vous poser la question « À ce prix, ce home-cinéma dernier cri est-il le moins cher ? »

C'est ça, l'esprit « bonnes affaires » ! À produit identique ou équivalent, vous allez systématiquement rechercher le moins coûteux ! En adoptant ce comportement d'achat, vous réaliserez de très belles économies.

Ainsi, vous augmenterez votre pouvoir d'achat ou votre capacité à épargner ou à investir !

Alors à partir de maintenant, que ce soit pour vos meubles, votre électroménager ou votre matériel hi-fi et vidéo, pensez « besoin » et pensez « bonnes affaires » !

Pour vous aider à réaliser de vraies bonnes affaires, je vous propose de faire ensemble un tour d'horizon des bons plans et des bonnes pratiques. En appliquant mes conseils, vous pourrez augmenter là aussi votre pouvoir d'achat

ACHETEZ VOS MEUBLES À MOINDRE COÛT

Pour vous éviter :

- de courir dans les magasins de meubles pour comparer les prix et les produits ;
- de faire face à des vendeurs (parfois) peu scrupuleux, prêts à tout pour vous vendre leurs produits ;
- un recours déraisonnable au crédit parce que le canapé de vos rêves est hors de portée de vos finances...

je vous conseille de faire vos achats de meubles sur Internet.

Vous gagnerez du temps et de l'argent, car les réductions proposées par les principaux sites spécialisés dans ce domaine sont sans commune mesure avec ce que l'on pourra vous offrir en magasin !

Alors pour vous aider dans votre recherche de meubles à prix discount sur Internet, voici une liste de 6 sites qui vous permettront de réaliser de bonnes affaires.

- **Vente unique : *www.vente-unique.com*.** Le site Vente unique est spécialisé dans la vente flash (vente limitée dans le temps) de mobilier pour particuliers. Vous pourrez y trouver un grand choix de meubles à prix discount.
- **Déco plus home : *www.decoplus-home.com*.** Le concept de cette société : acheter des lots au meilleur prix pour vous faire faire des économies... Importateur direct, sans aucun intermédiaire, ce site négocie avec des usines partout dans le monde, des lots de plusieurs milliers d'articles de premier choix à des prix exceptionnels. Déco plus home vous garantit des réductions de –20 à –40 % par rapport aux tarifs pratiqués dans le commerce traditionnel !
- **Le Guide : *www.leguide.com*.** Le Guide met à disposition des internautes tous les outils pratiques pour acheter sur Internet au meilleur rapport qualité/prix. Ce site propose :
  - une sélection des meilleures promotions sur Internet, choisies par une équipe de rédaction indépendante ;
  - une newsletter envoyée chaque semaine à ses abonnés (plus de 500 000) avec une sélection des meilleures offres disponibles sur le Net ;
  - un moteur de recherche et un comparateur de prix et de produits ;
  - une notation des meilleurs sites marchands.

  Le Guide n'applique pas de système d'enchères pour les marchands référencés sur son site (modèle économique qui affiche le marchand qui paye le plus), mais tient compte des produits les plus recherchés pour le classement des résultats.
- **Meubles.com : *www.meubles.com*.** N° 1 de la vente de mobilier sur Internet. Vous trouverez une quantité importante de produits design ou contemporains à des prix plutôt intéressants. C'est suffisamment rare pour le souligner, le numéro d'appel de Meubles.com est un numéro vert : appel gratuit depuis un poste fixe !
- **Cdiscount : *www.cdiscount.com*.** Premier distributeur en France de produits d'équipements (et de loisirs), Cdiscount s'engage à proposer à ses clients les meilleurs produits de marques avec des réductions de 20 à 50 % par rapport aux distributeurs du marché. Les 80 000 références vendues par Cdiscount correspondent à des produits neufs et en stock pour plus de 95 % d'entre eux.
- **Prix moins cher : *www.prixmoinscher.com*.** Ce site vous permet de trouver une sélection de produits des plus grands magasins en ligne, mais aussi de comparer les caractéristiques des produits et les prix.

COMMENT BIEN CHOISIR VOTRE ÉLECTROMÉNAGER

Afin d'optimiser l'utilisation de votre électroménager, voici quelques conseils et recommandations qui vous permettront de faire les bons choix... donc de bonnes économies !

L'aspirateur

Pour bien choisir votre aspirateur, il faut tenir compte de la nature de vos sols.

Les moquettes et tapis nécessitent une dépression plus forte que les sols plats tels que les carrelages ou les parquets. Si vous avez des moquettes épaisses et des tapis, privilégiez donc les aspirateurs à forte dépression.

Concernant l'utilisation des sacs (coûteux), les gros aspirateurs traîneaux sont les plus rentables. Les aspirateurs verticaux sont généralement plus puissants, puisqu'ils aspirent sur une distance plus courte que les aspirateurs traîneaux grâce à leur tuyau moins long. Cependant, ils sont plus lourds... Pensez à vérifier leur poids avant l'achat.

Enfin, grâce à un aspirateur nettoyeur vapeur, vous pouvez aspirer, mais aussi nettoyer toutes vos surfaces (carrelages, moquettes, vitres, tissus, sanitaires) en profondeur grâce à la fonction nettoyeur vapeur.

Pensez à bien regarder les bars qui correspondent à la pression de l'appareil : 3,5 bars ou plus est idéal.

Le congélateur

La capacité nécessaire d'un congélateur évolue en fonction de la composition de votre foyer. Plus vous êtes nombreux, plus le volume utile devra être important.

Il est cependant difficile de choisir la capacité en fonction de ce seul critère, car les besoins peuvent fortement varier d'un foyer à un autre. Tout dépend alors de vos habitudes de consommation... Voici les questions que vous devez vous poser avant l'achat de votre congélateur :

- Prenez-vous tous vos repas chez vous, ou souvent à l'extérieur ?
- Stockez-vous vos provisions pour les consommer sur 1 à 2 semaines, ou au contraire stockez-vous de grandes quantités sur des périodes plus longues ?
- Possédez-vous déjà un congélateur ?

Ces questions vous aideront à choisir une capacité plus ou moins importante selon votre mode de vie et votre consommation.

Les congélateurs équipés de la technologie « **Froid ventilé** » vous permettent de conserver vos aliments jusqu'à 3 fois plus longtemps. Cela évite tout gâchis, donc pas de perte d'argent !

Pour une conservation idéale, pensez à regarder le **nombre d'étoiles** de votre futur congélateur. Pour une conservation longue et parfaite, 3 étoiles au minimum sont requises tandis que pour la congélation, 4 étoiles sont nécessaires.

Faites également attention au **pouvoir de congélation.** Celui-ci indique la quantité d'aliments frais que votre congélateur peut congeler en 24 heures. Un pouvoir de congélation fort n'est pas nécessaire si l'on souhaite simplement congeler des produits déjà surgelés. Il est surtout important lorsque l'on souhaite congeler des produits frais ! (Par exemple, vous avez acheté de la viande en promotion et en grande quantité, vous allez devoir la congeler.)

Des **alarmes visuelles et/ou sonores** sont disponibles sur la plupart des congélateurs pour vous prévenir de tout incident qui ferait remonter la température suite à une déperdition de froid. Ainsi, si vous avez mal refermé la porte ou si l'appareil ne fonctionne plus suite à une coupure d'électricité, vous en serez averti. La sécurité supplémentaire de cette alarme réside dans sa mémoire, qui vous indique la température la plus haute atteinte par votre congélateur. Si la température a grimpé au-delà de –9 °C, cuisinez immédiatement vos surgelés !

La touche « **Super congélation** » permet de faire descendre la température assez rapidement lorsque vous venez de charger votre congélateur. Pratique lorsque vous rentrez des courses ! Puis cette fonction s'arrête automatiquement après un certain laps de temps pour ne pas consommer d'énergie inutilement.

La fonction « **Dégivrage automatique** » vous facilitera la vie lorsque vous souhaiterez dégivrer votre congélateur pour une meilleure hygiène et une consommation moindre. En effet, il est nécessaire de procéder au dégivrage de votre congélateur assez régulièrement, car au-delà de 3 mm de givre, votre appareil consomme beaucoup plus d'énergie !

La consommation d'électricité est évaluée par une **étiquette énergie** qui classe les réfrigérateurs de la note A++ à G. Les modèles de congélateurs les plus économes sont classés A++ et vous assurent 15 % d'économies supplémentaires par rapport à la classe A+ et 37 % d'économies par rapport à la classe A. La durée de vie moyenne d'un congélateur étant de 15 ans, mieux vaut opter pour un congélateur plus onéreux à l'achat mais qui vous sera plus rentable sur une longue période.

Pour faire encore plus d'économies d'énergie :

- Ne placez pas votre congélateur près d'une source de chaleur telle que le four ou un radiateur.
- Laissez au moins 5 cm de distance entre le congélateur et le mur pour pallier les éventuels risques de surchauffe.
- Ne choisissez pas un congélateur à gros volume si vous ne le remplissez pas complètement.

Un congélateur bien rempli consomme moins d'électricité, car le moteur n'a pas à refroidir les zones vides !

Le réfrigérateur

La capacité de votre réfrigérateur évolue en fonction de la composition de votre foyer. Pour une personne seule, 100 à 150 litres suffiront. Ajoutez 40 litres par personne supplémentaire.

La capacité de votre réfrigérateur ne dépend pas que du nombre de personnes composant votre foyer, mais aussi de votre mode de vie et de consommation. Voici les questions que vous devez vous poser avant d'acheter votre réfrigérateur :

- Prenez-vous tous vos repas chez vous, ou souvent à l'extérieur ?
- Recevez-vous souvent des invités chez vous ?
- Préparez-vous vos repas la veille pour le lendemain midi ?

Ces questions vous aideront à déterminer la capacité adaptée à votre mode de vie et à votre consommation.

Pour vous aider à déterminer le volume que doit avoir votre futur réfrigérateur, voici quelques exemples d'aliments et de boissons qui prennent une place très importante dans votre réfrigérateur :

- eau en bouteille ;
- sodas et laitages ;
- sauces (ketchup, moutarde...) ;
- confitures ;
- fruits et légumes **frais**...

Si vous en consommez beaucoup, prenez-les en compte pour déterminer le volume de votre futur réfrigérateur !

Pour avoir une idée encore plus précise du volume de votre réfrigérateur, prenez également en compte votre fréquence d'approvisionnement. Si vous vous approvisionnez une à deux fois par mois, la capacité de votre réfrigérateur devra être plus importante pour pouvoir stocker toutes vos réserves alimentaires.

Tout comme pour le congélateur, préférez un réfrigérateur doté d'une technologie « **Froid ventilé** ». Celle-ci permet de conserver vos aliments jusqu'à 3 fois plus longtemps et ainsi de réaliser de belles économies.

Les réfrigérateurs dotés d'un compartiment freezer (capacité d'environ 20 litres) ont un **pouvoir de congélation** très faible : environ 2 kg en 24 heures. Si vous consommez beaucoup de produits surgelés, il est important de vous équiper d'un congélateur en complément du réfrigérateur.

Un **thermostat** est un système qui assure une température constante tout au long de la réfrigération ou de la congélation. Préférez un réfrigérateur équipé d'un thermostat automatique à un réfrigérateur à thermostat manuel, qui est moins précis et moins stable que l'automatique. Préférez aussi un thermostat qui se trouvera à l'extérieur de votre réfrigérateur/congélateur, cela vous évitera d'ouvrir les portes lorsque vous souhaitez vérifier la température ! En faisant entrer de l'air chaud dans votre réfrigérateur, celui-ci consomme davantage d'énergie pour maintenir une température constante !

La touche « **Super réfrigération** » permet de faire descendre la température assez rapidement lorsque vous venez de charger les clayettes (petites étagères) de votre réfrigérateur. Pratique lorsque vous rentrez des courses ! Cette fonction s'arrête automatiquement après un certain temps pour ne pas consommer d'énergie inutilement.

Comme pour les congélateurs, la consommation d'électricité de votre réfrigérateur est évaluée par une **étiquette énergie** qui classe les réfrigérateurs de la note A++ à G. Les modèles de réfrigérateurs les plus économes sont classés A++ et vous assurent 15 % d'économies supplémentaires par rapport à la classe A+ et 37 % d'économies par rapport à la classe A. La durée de vie moyenne d'un réfrigérateur étant de 15 ans, mieux vaut opter pour un réfrigérateur plus onéreux à l'achat mais qui vous sera plus rentable sur une longue période.

Il faut procéder au **dégivrage** de votre réfrigérateur (ou réfrigérateur/congélateur) assez régulièrement car au-delà de 3 mm de givre, votre appareil consomme beaucoup plus d'énergie. Il existe trois modes de dégivrage :

- Manuel : pas très pratique, puisqu'il faut débrancher l'appareil, puis récupérer l'eau du dégivrage avant de le rebrancher.
- Semi-automatique : il suffit d'arrêter l'appareil et d'actionner le dégivrage grâce à un bouton, situé sur le thermostat, qui en-

traînera le dégivrage. La mise en marche se fera automatiquement dès que le réfrigérateur/congélateur se sera débarrassé du givre.

- Automatique : l'appareil traite automatiquement le dégivrage à chaque arrêt de la production de froid, vous n'avez donc plus rien à faire.

Pour faire encore plus d'économies d'énergie :

- Nettoyez votre réfrigérateur tous les mois.
- Ne placez pas votre réfrigérateur près d'une source de chaleur telle que le four ou un radiateur,
- Laissez au moins 5 cm de distance entre le réfrigérateur et le mur pour pallier les éventuels risques de surchauffe.

Le lave-linge

Contrairement à ce que l'on croit, laver son linge à la main consomme beaucoup plus d'eau pour des résultats parfois insatisfaisants. Un lave-linge est donc indispensable à votre confort mais aussi à votre portefeuille ! Pour choisir la capacité nécessaire à votre foyer, prenez bien en compte :

- le type de vêtements que vous portez ;
- les textiles volumineux et lourds, comme par exemple les draps, les housses de couette, les couettes, les serviet-tes de toilette...

Une machine à laver est très vite remplie, c'est pourquoi il vaut mieux en choisir une à **capacité importante** pour pouvoir laver vos couettes et vêtements volumineux. Vous ferez également tourner moins de machines (économies sur vos factures d'eau et d'électricité).

Un lave-linge à **chargement frontal** permet en général de laver de plus grosses quantités de linge qu'un lave-linge avec un chargement par le haut (appelé chargement « top »).

Un **essorage puissant** vous permet de réduire l'humidité contenue dans votre linge et réduit alors considérablement le temps de séchage. Pour vous donner un ordre d'idée, un sèche-linge met environ deux heures pour sécher 5 kg de linge en coton essoré à 500 tours par minute. Avec un essorage de 1 000 tours par minute, le linge en coton sera sec en une heure environ dans votre sèche-linge. La vitesse d'essorage est aussi garante d'un meilleur respect de votre linge qu'un essorage à moindre vitesse : vos vêtements sont orientés vers les parois du tambour et vos vêtements ne se frotteront pas les uns aux autres. Ils s'usent moins vite : vous réalisez des éco-nomies !

L'**étiquette énergie** vous renseigne sur la consommation en énergie et en eau, mais aussi sur la vitesse d'essorage. L'étiquette indique les performances de votre lave-linge. Trois lettres de A à G notent les différents critères de performance. Vous pourrez passer d'une consommation de 535 kWh à 243 kWh par an si vous optez pour une classe supérieure. Plus chers à l'achat, les lave-linge de catégorie A+ sont les moins gourmands en électricité, ils sont donc les plus rentables !

Le **départ différé** est une option qui vous permettra de faire tourner votre machine la nuit et profiter du tarif des heures creuses. Là encore, vous réalisez des économies.

Le **programme économique** (ou éco) intervient sur la température de lavage. Idéal pour le linge peu sale, la température est donc réduite tandis que la durée du cycle est conservée. Vous faites aussi des économies !

Le programme **anti-froissage** utilise un essorage spécial qui évite les tassements et le froissement du linge pour une plus grande facilité de repassage. Si vous repassez plus facilement, vous repassez moins longtemps. Résultat : vous faites des économies d'électricité !

Pour faire encore plus d'économie d'énergie :

- Nettoyez régulièrement le filtre qui se trouve en général en façade de la machine à laver.
- Nettoyez tous les trois mois votre lave-linge en programmant un cycle chaud sans linge et en utilisant un produit de nettoyage spécial lave-linge.
- Pensez au lave-linge faisant également office de sèche-linge. L'investissement est plus élevé, mais reste inférieur au prix d'achat cumulé d'un lave-linge et d'un sèche-linge. Attention, la capacité de lavage de ces appareils est toujours plus élevée que la capacité de séchage. Si vous choisissez un lave-linge séchant d'une capacité de charge de 6 kg, vous ne pourrez sécher en général que 4 kg de linge. Vérifiez donc bien les capacités de lavage et de séchage avant de faire votre choix.

Le lave-vaisselle

Même s'il reste un investissement important, cet appareil permet un gain d'argent considérable, puisqu'il consomme 4 à 5 fois moins d'eau que lorsque vous lavez la vaisselle à la main !

Pour choisir la capacité et la taille de votre lave-vaisselle, fiez-vous à la composition de votre foyer et au type de vaisselle que vous utilisez. La capacité du lave-vaisselle se mesure au nombre de couverts.

Voici la capacité utile de votre lave-vaisselle en fonction du nombre de personnes de votre foyer :

- pour une famille de 4 à 6 personnes, en standard, la largeur est de 60 cm pour une capacité égale à 12 couverts ou supérieure ; vous pouvez aussi trouver, pour les petits espaces, des modèles adaptés de 45 cm de large et d'une capacité de 10 couverts.
- pour un couple, comptez 8 couverts ;
- pour une personne seule, 4 à 6 couverts suffiront.

Si vous cuisinez dans de grosses casseroles, préférez une capacité élevée et un panier de rangement modulable pour augmenter la capacité de la machine.

Vous pouvez connaître l'énergie que consommera votre futur lave-vaisselle en consultant l'**étiquette énergie**. Cette étiquette classe les appareils électroménagers de la note A à G. Les appareils de catégorie A sont en effet plus onéreux à l'achat, mais vous assurent une rentabilité certaine de votre machine, grâce aux économies en électricité et en eau.

Sachez aussi que certains lave-vaisselle sont équipés de **capteurs électroniques** qui permettent d'ajuster la consommation en eau à la quantité de vaisselle à laver et à son degré de salissure.

Pensez à utiliser un programme demi-charge ! Lorsque votre lave-vaisselle n'est pas plein et que la vaisselle n'est pas très sale, ce programme peut s'avérer très utile. Il utilise une température assez basse et un cycle court. Cela permet de laver jusqu'à 6 couverts en économisant de l'eau et de l'énergie.

Utilisez la fonction **« Départ différé »** pour faire tourner votre machine la nuit en profitant du tarif heures creuses.

Préférez les filtres d'eau et les **récipients de collecte auto-nettoyants** (la machine n'absorbera pas les morceaux de nourriture oubliés dans vos plats et ne se bouchera donc pas). Cela vous permettra d'avoir une machine en bon état tout au long de sa durée de vie.

Pour faire encore plus d'économies d'énergie :

- Nettoyez régulièrement votre filtre à eau même s'il est auto-nettoyant.
- Rangez correctement votre vaisselle pour que les jets d'eau puissent laver tous vos couverts.
- Pour une meilleure efficacité, utilisez toujours un produit de lavage et de rinçage de même marque.

Le fer à repasser et la centrale vapeur

Exprimée en watts (W), la puissance détermine la montée en température de l'eau.

Le débit de vapeur est le critère principal de sélection d'une centrale vapeur ou d'un fer à repasser. Il se mesure en grammes par minute (g/min).

La **vapeur** permet d'humidifier le linge et aide au repassage, puisqu'elle détend les fibres du tissu repassé. Les tissus épais nécessitent un débit de vapeur élevé. Le débit de vapeur moyen est de 80 g/min pour la centrale vapeur et de 30 g/min pour le fer à repasser traditionnel.

La **pression** est exprimée en bars. Il est nécessaire d'avoir 3 bars minimum pour bénéficier d'un repassage satisfaisant. Pour de plus hautes performances, 4 bars ou plus sont à préférer. Cependant, toutes les marques ne communiquent pas sur la pression ; dans ce cas-là, vérifiez bien le débit de vapeur.

Le **temps de chauffe** du fer ou de la centrale vapeur varie entre 30 secondes et 8 minutes. Plus la centrale vapeur ou le fer a un temps de chauffe réduit, moins vous attendrez avant de commencer à repasser, donc plus vous ferez des économies d'énergie.

Le **défroissage vertical** vous permet de défroisser des rideaux suspendus ou un vêtement sans le retirer de son cintre. Sur le fer vapeur, cette fonction ne dure que quelques secondes. La centrale vapeur est beaucoup plus performante. Cette fonction vous fait donc réaliser des économies sur vos dépenses de pressing !

La centrale vapeur est parfaite pour les repassages longs et fastidieux. Elle produit de la vapeur en abondance et possède un réservoir bien plus important qui lui offre une grande autonomie. Une centrale diffuse sa vapeur à haute pression pour qu'elle traverse les fibres du textile en les humidifiant et les défroissant plus aisément.

Le fer à repasser est idéal si vous êtes d'une nature pressée ! Il a une capacité de réserve bien plus petite et une autonomie restreinte mais cela suffit amplement pour repasser pendant environ une demi-heure. Grâce à son spray d'eau, vous pourrez humidifier le tissu pour vous débarrasser des faux plis.

Si vous n'avez chaque semaine que peu de linge à repasser, optez pour un fer vapeur ; en revanche, si vos séances de repassage s'allongent, préférez la centrale vapeur et sa plus grande autonomie.

Pour faire encore plus d'économies et même si votre fer ou votre centrale possède un système anticalcaire, nettoyez votre appareil tous les 3 mois. Pour nettoyer la cuve :

- remplissez-la aux 3/4 d'eau froide du robinet, secouez, puis videz-la ;
- recommencez l'opération 2 ou 3 fois ;
- n'utilisez en aucun cas des détergents doux ou abrasifs, car cela pourrait détériorer irrémédiablement l'intérieur de la cuve ;
- nettoyez votre fer toutes les dix séances de repassage.

Pour nettoyer la semelle, utilisez une éponge imbibée d'eau et frottez, mais il est préférable de vous munir d'un produit nettoyant spécial semelle que vous appliquerez grâce au mode d'emploi de l'appareil.

Pour prolonger la durée de vie de votre appareil, utilisez de préférence de l'eau déminéralisée (50 % eau du robinet, 50 % eau déminéralisée). Attention, l'eau déminéralisée utilisée seule est néfaste à la centrale vapeur et au fer vapeur. Elle provoque des coulures brunes, des crachements et un vieillissement prématuré de l'appareil !

LES BONNES AFFAIRES

Vous savez maintenant utiliser les principaux appareils d'électroménager pour augmenter leur durée de vie et réduire vos consommations d'énergie ! Il est maintenant temps de passer à la chasse aux bonnes affaires !

Pour vous aider à trouver de l'électroménager à petits prix, voici une liste de 7 sites Internet qui vous permettront de réaliser de grandes économies.

- **Ubaldi :** ***www.ubaldi.com.*** Ubaldi est une centrale d'achat qui propose plus de 15 000 références de produits de grandes marques à prix discount.
- **Prix moins cher :** ***www.prixmoinscher.com.*** Ce site vous permet de trouver une grande sélection de produits parmi les plus grands magasins en ligne et de comparer les caractéristiques des produits et les prix.
- **Mistergooddeal :** ***www.mistergooddeal.com.*** « Mister good deal » signifie « Monsieur bonnes affaires ». Le site annonce donc la couleur !
- **Cdiscount :** ***www.cdiscount.com.*** Premier distributeur en France de produits d'équipements (et de loisirs), Cdiscount s'engage à proposer à ses clients les meilleurs produits de marques avec des réductions de 20 à 50 % par rapport aux distributeurs

du marché. Les 80 000 références vendues par Cdiscount correspondent à des produits neufs et en stock, pour plus de 95 % d'entre eux.

- **Electro Stop : *www.electrostop.com*.** Electro Stop a une activité de grossiste en électroménager. Ce site propose un grand choix de produits avec un numéro d'appel non surtaxé. À noter : Prix moins cher et Electro Stop appartiennent tous deux à la même enseigne (Arts ménagers services SA).
- **Electromust : *www.electromust.com*.** Ce site propose une vaste gamme de produits électroménagers à des prix très intéressants. Il propose un grand choix de produits avec un numéro d'appel non surtaxé !
- **Le Guide : *www.leguide.com*.** Le Guide met à disposition des internautes tous les outils pratiques pour acheter sur Internet au meilleur rapport qualité/prix. Ce site propose :
  - une sélection des meilleures promotions sur Internet, choisies par une équipe de rédaction indépendante ;
  - une newsletter envoyée chaque semaine à ses abonnés (plus de 500 000) avec une sélection des meilleures offres disponibles sur le Net ;
  - un moteur de recherche et un comparateur de prix et de produits ;
  - une notation des meilleurs sites marchands.

Le Guide n'applique pas de système d'enchères pour les marchands référencés sur son site (modèle économique qui affiche le marchand qui paye le plus), mais tient compte des produits les plus recherchés pour le classement des résultats.

Nous avons passé en revue l'essentiel des postes de dépenses « Logement, chauffage, éclairage », « Transports », « Alimentation et boissons non alcoolisées », « Services financiers, assurances et soins à la personne », « Loisirs et culture », « Hôtels, restaurants, cafés » et « Équipement du logement »...

En appliquant mes conseils, vous maîtrisez maintenant 85,9 % de vos dépenses de consommation ! Encore un effort : il ne reste qu'à peine plus de 14 % du chemin à parcourir !

Passons à présent au poste de dépenses « Articles d'habillement et chaussures »...

8
S'HABILLER ET SE CHAUSSER

Selon l'INSEE, le poste de dépenses « Articles d'habillement et chaussures » représente 4,5 % de la consommation des ménages français en 2007. C'est le 8e poste de dépenses des Français.

Souvenez-vous...

- Vous avez contrôlé votre relevé de compte.
- Vous avez regroupé vos dépenses par poste de dépenses.
- Vous avez calculé le montant total de vos dépenses par poste de dépenses.

Vous savez donc combien vous consacrez tous les mois au poste de dépenses « Articles d'habillement et chaussures » ! Vous devez maintenant déterminer la part de vos ressources que vous consacrez au poste de dépenses « Articles d'habillement et chaussures ».

Cas concret : Monsieur et Madame Nestor

Monsieur et Madame Nestor ont deux enfants, l'un de 10 ans, l'autre de 14 ans. Monsieur et Madame Nestor travaillent tous les deux et leurs ressources annuelles sont de 24 000 €, soit 2 000 € par mois.

La totalité des dépenses de Monsieur et Madame Nestor dans le poste de dépenses « Articles d'habillement et chaussures » représente 1 320 € sur un an, soit 110 € par mois.

La part du poste de dépenses « Articles d'habillement et chaussures » de Monsieur et Madame Nestor dans leurs ressources est donc : (110 / 2 000) × 100 = 5,5.

Monsieur et Madame Nestor ont donc consacré 5,5 % de leurs ressources mensuelles au poste de dépenses « Articles d'habillement et chaussures ».

Si Monsieur et Madame Nestor avaient consacré 4,5 % de leurs ressources mensuelles au poste de dépenses « Articles d'habillement et chaussures » (moyenne nationale des ménages français), ils auraient dû dépenser en réalité : 2 000 × 4,5 / 100 = 90 €.

Ils ont donc dépensé 20 € de trop par mois par rapport à la moyenne nationale, ce qui correspond à 240 € sur un an.

Attention, ce chiffre n'indique pas que Monsieur et Madame Nestor affectent une partie trop importante de leurs ressources à ce poste de dépenses. Il dit seulement : « Attention, vous êtes au-dessus de la moyenne nationale ! » Ce chiffre n'est par conséquent qu'une indication, pas une conclusion en soi.

Pour éviter que votre poste de dépenses « Articles d'habillement et chaussures » ne vous amène à vous serrer la ceinture sur vos autres postes de dépenses, je vous invite fortement à appliquer mes conseils !

Au-delà du budget que vous pouvez consacrer au poste de dépenses « Articles d'habillement et chaussures », vous devez appliquer la même méthode que pour le poste de dépenses « Équipement du logement ». C'est-à-dire réaliser vos achats de vêtements et de chaussures en fonction de vos besoins et pas en fonction de vos envies ! Le principe est le même.

Vous avez les moyens de vous faire plaisir dans ce domaine ? Vous pouvez dépasser la notion de besoin et vous rapprocher de celle correspondant à vos envies. Cependant, ne faites pas la « cigale » ! Même si vous en avez les moyens, prévoyez d'épargner ! Rares sont les foyers totalement à l'abri d'un accident de la vie (chômage, séparation, divorce, maladie, accident du travail...) ; soyez prévoyant, soyez également « fourmi » !

Votre budget « Articles d'habillement et chaussures » est limité ? Petit budget ne rime pas forcément avec mauvaise qualité et petite quantité ! Voici les bonnes pratiques et les bons comportements à adopter pour vous permettre de répondre correctement aux besoins de vêtements et de chaussures de toute la famille !

FAITES LE TRI !

Avant de vous lancer dans des achats de vêtements et de chaussures pour vous-même ou toute votre famille, le bon réflexe est avant tout de faire le tri dans ce que vous avez déjà ! Ainsi, vous saurez précisément ce dont vous avez réellement besoin. C'est un très bon moyen pour éviter d'acheter des vêtements et des chaussures pour répondre à une envie !

DÉPOSEZ VOS VÊTEMENTS NON PORTÉS DANS UN DÉPÔT-VENTE

Vous venez de faire le tri des vêtements que vous ne remettrez pas ? Ne les jetez pas, faites les fructifier en les déposant dans un dépôt-vente !

Le dépôt-vente est un magasin qui vous permet de mettre en vente les vêtements dont vous ne voulez plus. La vente est donc assurée par un professionnel dans un magasin spécialisé.

Bon à savoir

Certains dépôts-vente acceptent presque tous les types de vêtements, d'autres des vêtements de grandes marques uniquement, d'autres uniquement les vêtements à la mode. Quel que soit le créneau sur lequel se situe le dépôt-vente, vos vêtements doivent être en parfait état et propres !

Le prix de vente du vêtement est fixé en fonction du prix d'achat initial de chaque vêtement, de la marque, de son état général, mais également en fonction de la demande (article à la mode ou non). Sachez que si vous amenez au dépôt-vente des vêtements neufs ou non portés, la somme d'argent qui vous reviendra ne sera jamais celle que vous avez dépensée.

En général, les dépôts-ventes gardent vos vêtements deux mois. Passé ce délai, ils vous sont rendus ou sont soldés si vous êtes d'accord.

Enfin, au-delà de l'argent que peut vous rapporter le dépôt-vente, vous pouvez également y acheter vos propres vêtements ! En « farfouillant », vous pourrez y réaliser de superbes économies !

ÉCONOMISEZ TOUTE L'ANNÉE

Pour profiter des périodes de soldes sans trouer votre portefeuille, économisez toute l'année ! Voici la méthode que vous devez appliquer :

- Calculez avec précision le budget nécessaire pour répondre à vos besoins (et pas à vos envies).
- Divisez ce budget par 12, vous saurez ainsi combien vous devez mettre de côté tous les mois.

- Placez tous les mois ces sommes d'argent sur un compte d'épargne, elles vous rapporteront quelques précieuses dizaines d'euros par an !
- Ne craquez pas avant les soldes : résistez aux tentations, vous n'en serez que plus satisfait une fois les soldes arrivées !

PROFITEZ DES SOLDES !

Depuis janvier 2009, les soldes fixes, c'est-à-dire d'hiver et d'été, sont raccourcies d'une semaine. Les soldes d'hiver durent 5 semaines et commencent le 2e mercredi de janvier (pas le 1er). Les soldes d'été durent également 5 semaines et commencent le dernier mercredi du mois de juin. Cependant, des dérogations sont prévues pour certaines zones touristiques ou frontalières : renseignez-vous auprès de votre commune ou de votre préfecture.

Par ailleurs, chaque commerçant peut proposer 2 semaines supplémentaires de soldes libres (par opposition aux soldes fixes) par an ainsi que des opérations de déstockage toute l'année. Les périodes de soldes libres doivent néanmoins s'achever 1 mois avant le début des soldes fixes. Le commerçant choisit 2 semaines consécutives ou non.

Alors pourquoi attendre toute l'année pour profiter des soldes ? Simplement parce que les meilleures affaires sont à réaliser à ces périodes de l'année ! Vous pouvez obtenir des réductions de l'ordre de 30 % à 50 %. Parfois, elles peuvent aller jusqu'à 60, 70, voire 80 % ! Vos économies seront alors un allié de taille pour couvrir tous vos besoins en vêtements et chaussures !

ACHETEZ AU BON ENDROIT ET AU BON MOMENT

Vous pouvez aussi réaliser de nombreuses très bonnes affaires :

- en vous rendant dans des magasins d'usine ;
- en recueillant des informations sur les boutiques liquidant leur collection pour travaux ou fermeture définitive ;
- en achetant vos vêtements « hors saison » (c'est le contraire des fruits et légumes...) ; pour accueillir les nouvelles collections, les boutiques doivent libérer de la place et n'hésitent souvent pas à baisser leurs prix de façon très importante ;

- en achetant des produits de base comme les sous-vêtements, les chaussettes et les collants en grande quantité lorsqu'ils sont vendus en lot avec d'importantes réductions ;
- en déposant vos paires de chaussures chez le cordonnier : une retouche ou un ressemelage pourront leur donner une seconde vie.

INTERNET (ENCORE ET TOUJOURS...) !

Grâce à Internet, vous pouvez profiter toute l'année de réductions très importantes. De nombreux sites proposent des vêtements de marque et/ou de bonne qualité, à des prix sans équivalent en magasin.

À noter

On trouve souvent des collections de la saison précédente vendues avec des réductions pouvant dépasser les 50 % !

Les ventes privées

Pour écouler leurs stocks d'invendus des anciennes collections, les grandes marques organisent régulièrement des ventes privées sur Internet. Celles-ci se déroulent en ligne, après inscription sur une liste et obtention d'un mot de passe et ce, dans les horaires indiqués par le site organisateur.

Si vous souhaitez participer à une vente privée sur Internet, vous pourrez y trouver :

- des vêtements de toutes marques ;
- du prêt-à-porter de haute couture ;
- des articles de marques les plus répandues ;
- des chaussures ;
- des vêtements pour enfant...

Les articles peuvent être des modèles des saisons précédentes ou même en cours. Sur chacun de ces articles, les réductions commencent généralement à 50 % pour atteindre parfois 75 % !

Attention

Les ventes privées sur Internet ne sont pas des soldes ! Vous ne verrez donc pas le prix d'origine... En connaisseur, c'est à vous de juger si vous réalisez une très bonne affaire... ou pas !

Pour vous aider dans votre recherche de ventes privées sur Internet, voici une liste de 5 sites parmi les plus plébiscités.

- **Top vente privée : *www.top-vente-privee.fr*.** Ce site présente le Top 10 des sites Internet spécialisés dans les ventes privées en ligne !
- **Vente privée : *www.vente-privee.com*.** Ce site organise en exclusivité et pour ses seuls membres, des ventes événementielles de produits de grandes marques bénéficiant de fortes décotes (–30 % à –70 %) par rapport aux prix boutique. Les membres reçoivent régulièrement sur leur boîte e-mail des invitations aux ventes privées : ils peuvent acheter directement en ligne des produits de marques prestigieuses à des prix pouvant aller jusqu'à –70 %. Ces ventes sont limitées dans le temps (de 2 à 4 jours).

À noter : le mode d'adhésion à *vente-privee.com* passe par le parrainage. Si vous n'êtes pas membre, recherchez vite autour de vous une personne qui pourrait vous parrainer...

L'inscription est gratuite et les règlements s'effectuent uniquement par carte bancaire.

- **Achat VIP : *achatvip.com*.** Ce site met en place sur Internet des ventes événementielles de produits de grandes marques en avant-première ou en déstockage à des prix préférentiels. Vous pouvez devenir membre d'Achat VIP sur simple inscription sur le site ! L'inscription est gratuite. Les règlements s'effectuent uniquement par carte bancaire.
- **Club privé : *www.club-prive.fr*.** C'est un site qui organise en exclusivité pour ses membres des ventes privées d'articles de grandes marques avec de fortes remises (jusqu'à 75 %) par rapport aux prix magasin. Ces ventes privées sont limitées dans le temps et durent généralement de 3 à 4 jours. Pour avoir accès aux ventes de *club-prive.fr*, il suffit de vous inscrire et vous recevrez alors vos invitations. L'inscription est gratuite. Les règlements s'effectuent uniquement par carte bancaire.
- **Rush collection : *www.rushcollection.com*.** Ce site présente des offres spéciales, des bons plans et des invitations à des ventes privées. Pour avoir accès aux services et ventes privées de Rush collection, il suffit de vous inscrire. L'inscription est gratuite. Les règlements s'effectuent uniquement par carte bancaire.

Les magasins d'usine

Voici la définition officielle des magasins d'usine : « *La dénomination de magasin ou de dépôt d'usine ne peut être utilisée que par les producteurs* **vendant directement au public la partie de leur production non écoulée** *dans le circuit de distribution ou* **faisant l'objet de retour.** *Ces ventes directes concernent exclusivement les* **productions de la saison antérieure** *de commercialisation, justifiant ainsi une vente à prix minoré.* »

Pour vous aider dans votre recherche de magasins d'usine, voici une sélection de 3 sites indispensables.

- **Magasins usine :** ***www.magasins-usine.info.*** Vous trouverez sur ce site la liste des magasins d'usine région par région et département par département.
- **Les magasins d'usine :** ***www.lesmagasinsdusine.com.*** Vous trouverez sur ce site la liste des magasins d'usine région par région en France, mais aussi en Allemagne, en Belgique, en Espagne, en Italie et en Suisse.
- **Magasins usine free :** ***www.magasinsusine.free.fr.*** Vous trouverez sur ce site la liste des magasins d'usine région par région, département par département, mais aussi marque par marque.

Les vêtements de sport

Qu'elles soient liées à une pratique sportive ou non, nous avons tous (à peu de choses près) besoin de tenues sportives.

Alors, pour éviter de dépenser trop dans vos magasins de sport habituels, voici un échantillon de 5 sites Internet spécialisés dans la vente de vêtements de sports à prix très avantageux, voire discount !

- **Plutôt Sport.fr :** ***www.plutosport.fr.*** Ce site se définit comme le magasin de sport en ligne le moins cher de France ! Plus de 3 000 produits sont en vente sur ce site et les réductions peuvent dépasser les 50 %.
- **Hamesport :** ***www.hamesport.com.*** Hamesport est spécialisé dans la vente de chaussures et vêtements de sport de marque. Les réductions sont importantes sur de nombreux articles.
- **Décathlon :** ***http://fr.decathlon.com/destockage_destockage.htm.*** Sur ce site, Décathlon propose des déstockages de très nombreux produits de ses propres marques : jusqu'à 60 % de réduction par rapport aux prix magasin !
- **Sport Dépôt :** ***www.sportsdepot.fr.*** Ce site vous présente plus de 9 000 articles de sport avec des réductions diverses.

- **Sport moins cher.com :** ***www.sportmoinscher.com.*** Sport moins cher vous propose plus de 4 000 articles de sports avec des réductions pouvant aller jusqu'à 60 %.

Nous avons passé en revue l'essentiel des postes de dépenses « Logement, chauffage, éclairage », « Transports », « Alimentation et boissons non alcoolisées », « Services financiers, assurances et soins à la personne », « Loisirs et culture », « Hôtels, restaurants, cafés », « Équipement du logement » et « Articles d'habillement et chaussures ».

En appliquant mes conseils, vous maîtrisez maintenant 90,4 % de vos dépenses de consommation ! Encore un effort : il reste moins de 10 % du chemin à parcourir !

Passons à présent au poste de dépenses « Santé »...

9
SE SOIGNER

Selon l'INSEE, le poste de dépenses « Santé » représente 3,4 % de la consommation des ménages français en 2007. C'est le 9e poste de dépenses des Français.

Souvenez-vous...

- Vous avez contrôlé votre relevé de compte.
- Vous avez regroupé vos dépenses par poste de dépenses.
- Vous avez calculé le montant total de vos dépenses par poste de dépenses.

Vous savez donc combien vous consacrez tous les mois au poste de dépenses « Santé » ! Vous devez maintenant déterminer la part de vos ressources que vous consacrez au poste de dépenses « Santé ».

Rappel

Ce poste de dépenses comprend uniquement les dépenses de santé restant à votre charge (déduction faite des sommes remboursées par la Sécurité sociale et votre mutuelle).

Cas concret : Madame Alban

Madame Alban vit seule avec son enfant de 21 ans. Elle n'a pas souscrit de contrat auprès d'une mutuelle. Elle ne bénéficie donc que des remboursements de la Sécurité sociale.

Les ressources annuelles de Madame Alban sont de 16 800 €, soit 1 400 € par mois. Voici les dépenses de santé que Madame Alban a dû réaliser sur un an.

Pour elle-même :

- consultations chez un ophtalmologiste et achat d'une paire de lunettes : 357 € ;
- consultations chez son médecin traitant : 48 € ;
- consultations chez son gynécologue : 54 €.

Pour son enfant :

- consultations chez le dentiste et pose d'une prothèse (couronne) : 381 €.

La totalité des dépenses de Madame Alban dans le poste de dépenses « Santé » représente donc 840 € sur un an, soit 70 € par mois.

La part du poste de dépenses « Santé » de Madame Alban dans ses ressources est donc : (70 / 1 400) × 100 = 5.

Madame Alban a donc consacré 5 % de ses ressources mensuelles au poste de dépenses « Santé ».

Si Madame Alban avait consacré 3,4 % de ses ressources mensuelles au poste de dépenses « Santé » (moyenne nationale des ménages français), elle aurait dû dépenser en réalité : 1 400 × 3,4 /100 = 47,60 €.

Elle a donc dépensé 22,4 € de trop par mois par rapport à la moyenne nationale, ce qui correspond à 268,80 € sur un an.

Attention, ce chiffre n'indique pas que Madame Alban affecte une partie trop importante de ses ressources à ce poste de dépenses. Il dit seulement : « Attention, vous êtes au-dessus de la moyenne nationale ! » Ce chiffre n'est par conséquent qu'une indication, pas une conclusion en soi.

Parce que les dépenses de santé sont souvent difficiles à prévoir (en dehors des visites de contrôle, des vaccins, des examens réguliers...), vous devez faire preuve d'une vigilance toute particulière concernant ce poste de dépenses : il s'agit de votre santé et de celle de votre famille.

Alors comment prévoir des dépenses qui ne sont pas prévisibles ?

CHOISISSEZ UN MÉDECIN RÉFÉRENT

Si vous n'avez pas encore de médecin traitant déclaré, vous serez moins bien remboursé par votre Caisse d'assurance maladie et vous aurez à payer une majoration du ticket modérateur.

Le ticket modérateur est la part financière qui reste à votre charge après le remboursement de l'assurance maladie. Son taux peut varier en fonction des soins de santé, des médicaments, de votre santé, ou du respect ou non du parcours de soins. Votre mutuelle peut prendre en charge tout ou partie du montant du ticket modérateur.

En clair, si vous n'avez pas encore choisi et déclaré votre médecin traitant auprès de la Sécurité sociale : vous perdez de l'argent !

SOUSCRIVEZ UNE COMPLÉMENTAIRE SANTÉ (MUTUELLE)

Devant la complexité des offres et le nombre de mutuelles santé, il n'est pas toujours facile de choisir le bon organisme...

Les mutuelles sont en général coûteuses, mais elles permettent de faire face à de lourdes dépenses de santé ou à des dépenses de santé faiblement remboursées par la Sécurité sociale.

La complémentaire santé permet :

- une meilleure indemnisation des dépenses courantes de santé comme les médicaments, les frais dentaires ou d'ophtalmologie... ;
- de couvrir des frais exceptionnels de santé, comme l'hospitalisation ou l'aide à domicile ;
- d'assurer également les ayants droits du souscripteur, c'est-à-dire le conjoint et les enfants à charge de la personne ayant signé le contrat.

Les tarifs des mutuelles varient principalement entre les contrats d'entrée de gamme (peu de dépenses couvertes et le complément de remboursement n'est pas très important) et de haut de gamme (de nombreux frais médicaux sont pris en charge avec un complément de remboursement élevé).

Avant de choisir votre mutuelle, vous devez donc estimer le niveau de vos dépenses de santé courantes : celles que vous effectuez régulièrement.

Faites le total de ces frais de santé sur un an et divisez-les par 12.

Vous saurez ainsi à combien se montent mensuellement vos dépenses de santé courantes.

C'est seulement à partir de ce moment-là que vous pouvez commencer à comparer les mutuelles.

Cas concret : Monsieur Rosine

Monsieur Rosine vit seul et dépense 600 € par an pour ses frais de santé courants, soit 50 € par mois. Ces 600 € correspondent aux dépenses de santé qui restent à sa charge (déduction faite des remboursements de la Sécurité sociale).

Monsieur Rosine souhaite augmenter le montant de remboursement de ses frais de santé courants. Il choisit une mutuelle de santé à 300 € par an, soit 25 € par mois.

Cette mutuelle lui permet d'obtenir un remboursement de la totalité de ses frais de santé courants.

En souscrivant cette mutuelle, Monsieur Rosine a donc gagné 300 € : les 600 € non remboursés par la Sécurité sociale moins les 300 € dépensés par an pour sa complémentaire santé !

Le principal critère de choix de votre mutuelle est l'indemnisation de vos frais de santé. L'indemnisation peut être calculée :

- en pourcentage du tarif conventionnel (base de remboursement de la Sécurité sociale) ;
- en frais réels ;
- sous forme de forfaits annuels (principalement pour les frais d'optique ou les cures thermales).

Préférez une mutuelle qui présente une grille de remboursement aux frais réels. Celle-ci facilite la comparaison :

- des prix entre mutuelles ;
- avec vos frais de santé courants.

Par ailleurs, optez pour une mutuelle qui pratique le tiers payant. Ainsi, vous n'aurez pas à avancer les frais pour certaines dépenses comme la pharmacie, l'optique et surtout l'hospitalisation.

Pour finir, souscrire une mutuelle est important pour augmenter le montant des remboursements de vos frais de santé, mais pas seulement...

Si vous n'avez pas de mutuelle et que votre santé n'est pas au beau fixe, vos dépenses de santé risquent fortement de monter en flèche ! Inévitablement, devant le problème financier que cela risque de vous poser, vous reculerez devant certains frais médicaux ! Et ce sera peut-être le début d'un cercle vicieux :

- Pas de mutuelle veut dire prise en charge insuffisante de vos dépenses de santé.
- Prise en charge insuffisante de vos dépenses de santé veut dire recours à des soins réduit.
- Recours à des soins réduit veut dire santé plus fragile.
- Et une santé plus fragile peut entraîner des complications ainsi que des arrêts maladie très coûteux !

En définitive, avoir recours à une mutuelle, c'est tout le contraire d'une dépense : c'est un investissement que vous réalisez pour votre « capital santé » et pour votre portefeuille !

ÉPARGNEZ POUR COUVRIR LES FRAIS NON COUVERTS

Si vous ne pouvez pas prévoir toutes vos dépenses de santé courantes sur une année, vous savez en revanche précisément ce que vous coûte votre mutuelle tous les mois. « Gérer, c'est prévoir ! »

Alors pour bien gérer vos dépenses de santé, n'oubliez pas :

- de prévoir dans votre budget le règlement mensuel de votre complémentaire santé ;
- d'épargner régulièrement (si vous le pouvez, et idéalement tous les mois) pour couvrir d'éventuels frais de santé mal remboursés par la Sécurité sociale et peu ou pas pris en charge par votre mutuelle !

OPTEZ POUR LES MÉDICAMENTS GÉNÉRIQUES

Un médicament générique est un médicament équivalent à celui d'une marque, mais produit et vendu sous le nom de la molécule chimique qui le compose.

Ce sont des médicaments qui soignent en toute sécurité et qui ont l'obligation légale d'être aussi efficaces que les originaux ! Pourquoi s'en priver ?

Bons pour votre santé mais aussi pour votre portefeuille, demandez à votre médecin traitant de vous prescrire (s'il ne le fait pas de lui-même) des médicaments génériques !

Si vous achetez des médicaments en libre-service, préférez également ces mêmes médicaments génériques et faites le savoir à votre pharmacien !

Nous avons passé en revue l'essentiel des postes de dépenses « Logement, chauffage, éclairage », « Transports », « Alimentation et boissons non alcoolisées », « Services financiers, assurances et soins à la personne », « Loisirs et culture », « Hôtels, restaurants, cafés », « Équipement du logement », « Articles d'habillement et chaussures » et « Santé » !

En appliquant mes conseils, vous maîtrisez maintenant 93,8 % de vos dépenses de consommation ! Allez... À peine plus de 6 % du chemin à parcourir !

Passons à présent au poste de dépenses « Boissons alcoolisées et tabacs »...

10
BOISSONS ALCOOLISÉES ET TABACS

Selon l'INSEE, le poste de dépenses « Boissons alcoolisées et tabacs » représente 2,8 % de la consommation des ménages français en 2007. C'est le 10e poste de dépenses des Français.

Souvenez-vous...

- Vous avez contrôlé votre relevé de compte.
- Vous avez regroupé vos dépenses par poste de dépenses.
- Vous avez calculé le montant total de vos dépenses par poste de dépenses.

Vous savez donc combien vous consacrez tous les mois au poste de dépenses « Boissons alcoolisées et tabacs ». Vous devez maintenant déterminer la part de vos ressources que vous consacrez au poste de dépenses « Boissons alcoolisées et tabacs ».

Rappel

Ce poste de dépenses inclut toutes les boissons alcoolisées (champagne, vin, bière, spiritueux... quel que soit le taux d'alcool) et tout type de tabac (cigarettes, cigares, cigarillos, tabac à rouler, tabac pour pipes...).

Cas concret : Monsieur et Madame Olive

Monsieur Olive fume un paquet de cigarette par jour (le paquet de cigarette est à 5 €). Les ressources annuelles du ménage sont de 33 600 €, soit 2 800 € par mois.

Voici les dépenses que Monsieur et Madame Olive ont réalisées sur un an concernant le poste de dépenses « Boissons alcoolisées et tabacs » :

- boissons alcoolisées (vins et spiritueux) : 359 € ;
- cigarettes de Monsieur Olive : 1 825 € (5 € le paquet × 365 jours).

La totalité des dépenses de Monsieur et Madame Olive dans le poste de dépenses « Boissons alcoolisées et tabacs » représente 2 184 € sur un an, soit 182 € par mois.

La part du poste de dépenses « Boissons alcoolisées et tabacs » de Monsieur et Madame Olive dans leurs ressources est donc : (182 / 2 800) × 100 = 6,5.

Monsieur et Madame Olive ont donc consacré 6,5 % de leurs ressources mensuelles au poste de dépenses « Boissons alcoolisées et tabacs ».

Si Monsieur et Madame Olive avaient consacré 2,8 % de leurs ressources mensuelles au poste de dépenses « Boissons alcoolisées et tabacs » (moyenne nationale des ménages français), ils auraient dû dépenser en réalité : 2 800 × 2,8 / 100 = 78,4 €.

Ils ont donc dépensé 103,6 € de trop par mois par rapport à la moyenne nationale, ce qui correspond à 1 243,20 € sur un an !

Attention, ce chiffre n'indique pas que Monsieur et Madame Olive affectent une partie trop importante de leurs ressources à ce poste de dépenses. Il dit seulement : « Attention, vous êtes au-dessus de la moyenne nationale ! » Ce chiffre n'est par conséquent qu'une indication, pas une conclusion en soi.

Pour éviter que votre poste de dépenses « Boissons alcoolisées et tabacs » ne prenne trop d'importance par rapport aux autres, mes conseils sont extrêmement simples :

- **Consommez de l'alcool avec modération !**
- **Ne fumez pas !**

« Fumer provoque des maladies graves » ! Fumeurs ou non, l'immense majorité des Français a déjà pu lire ce genre d'avertissements sur les paquets de cigarettes ou dans les campagnes de lutte anti-tabac.

Au-delà des problèmes de santé que peut provoquer la consommation de tabac, fumer coûte très cher, c'est même un luxe !

Savez-vous concrètement combien fumer vous coûte réellement ?

Un fumeur consommant un paquet de cigarettes (à 5 €) par jour pendant 40 ans (de 20 à 60 ans, par exemple) dépense 73 000 € !

Si ce même fumeur plaçait tous les mois sur un compte d'épargne (rémunéré à un taux de 4 % net) l'équivalent de ce qu'il dépense en paquets de cigarettes, ces 73 000 € deviendraient près de 180 000 € !

180 000… ! C'est-à-dire le prix d'une maison !

Et ce calcul ne tient pas compte des nombreuses augmentations du prix du paquet de cigarettes sur cette même période…

Alors, avant de vous mettre à fumer (ou de continuer à fumer) : pensez à votre santé et à votre portefeuille !

Nous avons passé en revue l'essentiel des postes de dépenses « Logement, chauffage, éclairage », « Transports », « Alimentation et boissons non alcoolisées », « Services financiers, assurances et soins à la personne », « Loisirs et culture », « Hôtels, restaurants, cafés », « Équipement du logement », « Articles d'habillement et chaussures », « Santé » et « Boissons alcoolisées et tabacs »...

En appliquant mes conseils, vous maîtrisez maintenant 96,6 % de vos dépenses de consommation ! Plus que 3 % du chemin à parcourir !

Passons au poste de dépenses « Communication »...

11
COMMUNIQUER

Selon l'INSEE, le poste de dépenses « Communication » représente 2,6 % de la consommation des ménages français en 2007. C'est le 11e poste de dépenses des Français.

Souvenez-vous…

- Vous avez contrôlé votre relevé de compte.
- Vous avez regroupé vos dépenses par poste de dépenses.
- Vous avez calculé le montant total de vos dépenses par poste de dépenses.

Vous savez donc combien vous consacrez tous les mois au poste de dépenses « Communication » ! Vous devez maintenant déterminer la part de vos ressources que vous consacrez au poste de dépenses « Communication ».

Rappel

Ce poste comprend la téléphonie fixe et mobile, Internet, les chaînes et les bouquets de chaînes payants.

Cas concret : Monsieur et Madame Vivien

Monsieur et Madame Vivien ont deux enfants de 14 et 17 ans. Leurs ressources annuelles sont de 25 200 €, soit 2 100 € par mois.

Voici les dépenses que Monsieur et Madame Vivien ont réalisées sur un an concernant le poste de dépenses « Communication » :

- deux téléphones portables à forfait pour Monsieur et Madame Vivien : 38,5 € × 2 = 77 € par mois ;
- deux téléphones portables pour les enfants avec forfait bloqué : 15 € × 2 = 30 € par mois ;
- abonnement à un bouquet de chaînes de télévision par satellite : 36 € par mois, ;
- abonnement à Internet : 30 € par mois, ;
- abonnement de téléphonie fixe : 16 € par mois.

La totalité des dépenses que réalisent Monsieur et Madame Vivien dans le poste de dépenses « Communication » représente 189 € par mois, soit 2 268 € par an !

La part du poste de dépenses « Communication » de Monsieur et Madame Vivien dans leurs ressources est donc : (189 / 2 100) × 100 = 9.

Monsieur et Madame Vivien consacrent donc 9 % de leurs ressources mensuelles au poste de dépenses « Communication ».

Si Monsieur et Madame Vivien avaient consacré 2,6 % de leurs ressources mensuelles au poste de dépenses « Communication » (moyenne nationale des ménages français), ils auraient dû dépenser en réalité : 2 100 × 2,6 / 100 = 54,6 €.

Ils ont donc dépensé 134,4 € de trop par mois par rapport à la moyenne nationale, ce qui correspond à 1 612,80 € sur un an !

Attention, ce chiffre n'indique pas que Monsieur et Madame Vivien affectent une partie trop importante de leurs ressources à ce poste de dépenses. Il dit seulement : « Attention, vous êtes au-dessus de la moyenne nationale ! » Ce chiffre n'est par conséquent qu'une indication, pas une conclusion en soi.

Pour éviter que votre poste de dépenses « Communication » n'explose (tout comme vos forfaits de téléphonie mobile…), la recette est simple :

- Comparez les offres et faites jouer la concurrence !
- Ne vous engagez pas sur un coup de tête !

Pour vous aider dans votre recherche, voici mes conseils.

TÉLÉPHONIE MOBILE

Définissez vos besoins

- Si vous voulez avant tout être joint et que vous ne dépassez pas une heure d'appel par mois, renseignez-vous sur les cartes prépayées rechargeables. Elles sont moins coûteuses que les abonnements et ne vous engagent à rien !
- Si vous choisissez la formule de l'abonnement, faites une estimation de la durée de vos appels du lundi au vendredi, la journée, le soir et le week-end : des offres peuvent être tout à fait adaptées à vos habitudes de consommation.
- Si vous n'êtes pas sûr de votre estimation, préférez un forfait avec un peu plus de temps de communication. Les heures « hors for-

fait » sont facturées au prix fort ! Lorsque vous connaîtrez vos habitudes de consommation, vous ajusterez alors votre forfait ! Si vous avez la discussion facile, demandez un forfait bloqué ! Vous ne pourrez plus téléphoner une fois votre forfait atteint.

Faites jouer la concurrence

Comparer les offres n'est pas simple : elles sont nombreuses et complexes !

Pour vous aider à y voir plus clair, je vous invite à vous rendre sur le site de la société Edcom : *www.edcom.fr*. Ce site vous offre la possibilité de comparer les offres de 19 fournisseurs en téléphonie mobile par le biais :

- de son moteur de recherche ;
- de son centre d'appels non surtaxé : 02 99 51 24 78

Vous pouvez également visiter le site *www.meilleurmobile.com*. Ce site vous propose :

- des conseils ;
- un comparateur de forfaits qui vous permet d'identifier, par rapport à votre consommation réelle ou supposée, l'offre la moins chère de chaque opérateur et de réaliser une économie moyenne de l'ordre de 25 % par an sur un forfait ;
- un sélecteur multicritères permettant de choisir votre mobile en fonction des caractéristiques qui vous semblent les plus pertinentes selon votre usage ;
- des fiches techniques constamment réactualisées par des experts de la téléphonie mobile qui vous donneront toujours le dernier aperçu des évolutions techniques ou des possibilités réelles d'utilisation.

Passez par les grands distributeurs connus et reconnus

Ne faites pas affaire avec n'importe quelle boutique en téléphonie mobile. Préférez les circuits de distribution des opérateurs (SFR, Bouygues Télécom...) et des grandes enseignes (Fnac, Darty, Auchan...).

Dans les petits points de vente, le service est de qualité inégale et certains petits revendeurs indépendants risquent de faire passer leur intérêt avant le vôtre.

Prenez connaissance des clauses de résiliation

Soyez attentifs à la durée pour laquelle vous vous engagez. Les abonnements peuvent aller jusqu'à 2 ans. Ne signez pas à la légère. Une fois engagé, il vous sera très difficile de demander la résiliation de votre contrat.

Demandez les tarifs détaillés et leurs conditions de modification

La plupart des utilisateurs de téléphone portable ne savent pas véritablement pour quels services ils payent en dehors des communications. Réfléchissez bien aux options : vous sont-elles vraiment utiles ou ne sont-elles pour vous que des gadgets ?

Chaque option a un prix, alors soyez vigilant et ne souscrivez une option que si vous avez la certitude qu'elle vous sera utile et que vous vous en servirez...

Lisez votre contrat

La plupart des Français ne lisent pas les contrats qu'ils signent, quels qu'ils soient.

C'est bien sûr valable pour la téléphonie portable. Lisez point par point votre contrat. Posez des questions au vendeur sans *a priori* ni certitudes ! Vous ne pouvez pas tout connaître...

Contrôlez vos factures

Vérifiez que le montant de votre facture correspond bien à votre forfait ou abonnement. Si vous constatez des anomalies (changement de facturation d'un service ou d'une option), réagissez très rapidement auprès de votre opérateur.

Ne dites jamais oui à une offre par téléphone

Si vous êtes contacté par téléphone par votre opérateur pour modifier votre contrat, prenez le temps de la réflexion : ne donnez pas immédiatement votre accord par téléphone.

INTERNET

Le dégroupage partiel et le dégroupage total

Les fournisseurs d'accès à Internet disposent de leur propre réseau de communications. Dans les grandes villes, ils ont installé leurs équipements au plus près de ceux de France Telecom pour pouvoir raccorder directement les abonnés sur leur matériel. Dans ce cas, on parle de dégroupage.

L'avantage du dégroupage total, c'est de pouvoir se séparer de France Telecom et de réaliser ainsi une économie de 16 € par mois.

Mais le dégroupage vous lie fortement à votre opérateur, puisque lui seul sera en mesure d'acheminer vos communications.

Les frais cachés

Beaucoup de fournisseurs d'accès insistent sur l'absence de frais d'installation. Attention : certains fournisseurs jouent sur les mots et vous factureront au prix fort le jour où vous résilierez. D'autres fournisseurs vous imposent une durée minimum d'engagement.

Les promotions

Certains fournisseurs d'accès affichent parfois en gros un tarif promotionnel qui n'est valable que 3 ou 6 mois. Passé de délai, le prix ne sera plus du tout le même...

La présélection imposée

Attention, les tarifs indiqués par certains fournisseurs d'accès tiennent compte de la présélection téléphonique (vous passez par votre fournisseur d'accès Internet pour vos communications). Et leurs tarifs augmentent si vous la refusez !

Les annulations d'ancienneté

Certains fournisseurs d'accès proposent des modifications dans vos options ou abonnements.

Attention, ces modifications annulent votre ancienneté. Cela signifie que lorsque vous résilierez, ce ne sera pas la date de votre abonnement qui jouera dans le calcul des frais de résiliation, mais celle de la dernière option, annulant l'ancienneté !

Pour vous aider à faire votre choix parmi les nombreuses offres des fournisseurs d'accès à Internet, voici deux sites qui vous permettront d'y voir plus clair... sur les prix et les forfaits.

- **Ariase : *www.ariase.com*.** Ce site vous donne la liste complète des forfaits de l'ensemble des fournisseurs d'accès présents sur le marché de l'ADSL en France. Après avoir choisi une catégorie d'offres ADSL, vous pouvez vous informer sur un abonnement en particulier, ou les classer par critères (débit, tarifs...).

- **Quel ADSL :** ***www.queladsl.com.*** Quel ADSL vous aide à trouver l'abonnement Internet haut débit « ADSL/fibre optique » qui vous convient le mieux à l'aide d'un tableau comparatif.

LA TÉLÉVISION NUMÉRIQUE

Tout comme pour la téléphonie portable et Internet, les offres des bouquets de chaînes françaises ne sont pas vraiment ce qu'il y a de plus simple à éplucher...

Pour comprendre comment l'offre de la télévision numérique est organisée, suivez le guide !

Il existe plusieurs types de chaînes numériques :

- **Les bouquets de télévision par satellite.** Ce sont Canalsat et Canal Plus. Les abonnements « Télévision par satellite » sont des plus variés, avec des bouquets pouvant aller jusqu'à 280 chaînes.
- **Les bouquets de télévision par l'ADSL.** Il s'agit de Neuf TV, SFR, Club Internet, Orange, Alice TV et Tele2 TV. Les bouquets de télévision par ADSL proposent de 30 à 70 chaînes. Ce sont les abonnements les plus économiques.
- **Les chaînes TNT.** Avec la TNT, vous pouvez recevoir gratuitement 18 chaînes, sous réserve d'être dans la zone de couverture.
- **Les chaînes câblées.** Il s'agit de Noos et de Numéricable. Noos propose trois formules de télévision par câble et jusqu'à 280 chaînes.

Avant de choisir votre abonnement, vous devez choisir un mode de réception : souhaitez-vous recevoir la télévision par satellite, par câble ou par l'ADSL ?

Concernant la télévision par câble ou ADSL, vous devez effectuer un test d'éligibilité de votre ligne téléphonique afin de vérifier si vous pouvez en bénéficier. Alors testez avant d'acheter !

Vous devez aussi choisir le nombre de chaînes de télévision que vous souhaitez : composés de 30 à plus de 200 programmes, les bouquets proposent des prestations très variables. Certains bouquets sont plus spécialisés que d'autres sur certaines thématiques comme le cinéma, le sport, la culture...

Enfin, choisissez votre type d'abonnement. Souvent incluse dans des packs, la télévision ADSL est accompagnée d'une connexion haut débit et éventuellement de la téléphonie fixe illimitée. Si vous souhaitez recevoir uniquement la télévision, orientez-vous davantage vers le satellite, le câble ou la TNT.

Attention

Si vous souscrivez une offre groupée incluant le téléphone, la télévision et Internet, tout passe par le même « tuyau »... Si le « tuyau » connaît un dysfonctionnement, vous serez privé du téléphone, de la télévision et de votre connexion Internet... À réfléchir !

Pour vous aider à faire votre choix parmi les nombreuses offres, le site *www.numtele.com* vous permettra d'avoir de bons points de repères et de comparer les tarifs. Ce site est dédié à la télévision numérique et ses différents modes de diffusion : câble, satellite, ADSL et TNT. Afin de guider les internautes, ce site met à leur disposition :

- des informations ;
- un service de comparaison des offres de tous les fournisseurs de télévision numérique ;
- des tests d'éligibilité au dégroupage total et à la télévision par ADSL.

Nous avons maintenant passé en revue les postes de dépenses « Logement, chauffage, éclairage », « Transports », « Alimentation et boissons non alcoolisées », « Services financiers, assurances et soins à la personne », « Loisirs et culture », « Hôtels, restaurants, cafés », « Équipement du logement », « Articles d'habillement et chaussures », « Santé », « Boissons alcoolisées et tabacs » et « Communication »...

En appliquant mes conseils, vous maîtrisez maintenant 99,2 % de vos dépenses de consommation ! Vous arrivez au bout de vos efforts ! Moins de 1 % de vos dépenses de consommation reste à maîtriser !

Nous allons maintenant traiter le dernier poste de dépenses : « Éducation »...

12
ÉDUQUER SES ENFANTS

Selon l'INSEE, le poste de dépenses « Éducation » représente 0,8 % de la consommation des ménages français en 2007. C'est le 12e et dernier poste de dépenses des Français.

Souvenez-vous...

- Vous avez contrôlé votre relevé de compte.
- Vous avez regroupé vos dépenses par poste de dépenses.
- Vous avez calculé le montant total de vos dépenses par poste de dépenses.

Vous savez donc combien vous consacrez tous les mois au poste de dépenses « Éducation » ! Vous devez maintenant déterminer la part de vos ressources que vous consacrez au poste de dépenses « Éducation ».

Cas concret : Monsieur et Madame Bruno

Monsieur et Madame Bruno ont deux enfants, l'un de 9 ans, scolarisé dans le primaire, l'autre de 13 ans, scolarisé au collège. Monsieur et Madame Bruno disposent de 34 800 € de ressources par an, soit 2 900 € par mois.

Pour préparer la rentrée scolaire de leurs enfants, Monsieur et Madame Bruno ont dépensé 414 €.

En cours d'année scolaire et pour faire le réassort des fournitures scolaires (achat de stylos, papier, cahiers...), Monsieur et Madame Bruno ont à nouveau dépensé 108 €.

La totalité des dépenses de Monsieur et Madame Bruno dans le poste de dépenses « Éducation » représente 522 € sur un an, soit par mois 43,5 € par mois.

La part du poste de dépenses « Éducation » de Monsieur et Madame Bruno dans leurs ressources est donc : (43,5 / 2 900) × 100 = 1,5.

Monsieur et Madame Bruno ont donc consacré 1,5 % de leurs ressources mensuelles au poste de dépenses « Éducation ».

Si Monsieur et Madame Bruno avaient consacré 0,8 % de leurs ressources mensuelles au poste de dépenses « Éducation » (moyenne nationale des ménages français), ils auraient dû dépenser en réalité : 2 900 × 0,8 / 100 = 23,2 €.

Ils ont donc dépensé 20,3 € de trop par mois par rapport à la moyenne nationale, ce qui correspond à 243,6 € sur un an !

Attention, ce chiffre n'indique pas que Monsieur et Madame Bruno affectent une partie trop importante de leurs ressources à ce poste de dépenses. Il dit seulement : « Attention, vous êtes au-dessus de la moyenne nationale ! » Ce chiffre n'est pas conséquent qu'une indication, pas une conclusion en soi.

Pour éviter que votre poste de dépenses « Éducation » n'enfle comme un ballon de baudruche, voici mes conseils.

FAITES LE TRI !

Avant d'acheter les fournitures nécessaires à la scolarité de vos enfants, vérifiez d'abord dans les affaires de l'année dernière ce qui peut encore être utilisé cette année. Il est rare que les cahiers soient pleins ! Alors arrachez les pages utilisés, ces cahiers pourront faire office de brouillon.

Faites de même avec les classeurs. Videz-les de leur contenu, ils pourront reprendre du service au moins une année supplémentaire.

Inutile également de racheter un nouveau sac tous les ans. Conservez ceux que vos enfants ont déjà au moins tout au long d'un même cycle (primaire, collège, lycée...).

SUPERMARCHÉ PLUTÔT QU'HYPERMARCHÉ ET SUPÉRETTE

Évitez de faire vos courses de rentrée scolaire dans un hypermarché. Préférez les supermarchés : le choix, la qualité et les prix sont généralement plus intéressants.

UNE FOIS SUR PLACE...

Ne cédez pas aux produits marketing : la trousse « Barbie » ou le sac « Harry Potter » n'aideront pas vos enfants à obtenir de meilleurs résultats, et surtout ils sont bien plus chers ! Effet de mode oblige...

Achetez le papier, les cahiers et les stylos en quantité assez importante : le prix unitaire est souvent beaucoup plus bas. Néanmoins, n'hésitez pas à comparer les prix à l'unité ! Certains achats en lot réservent parfois de mauvaises surprises...

Achetez des classeurs avec des intercalaires : vos enfants pourront y installer plusieurs matières. Moins de charge dans le sac, c'est bon pour le dos de vos enfants, mais également pour votre porte-monnaie !

Privilégiez les produits de marque pour des articles comme la colle, les ciseaux, la peinture, les pochettes en carton. Généralement, ils se dégradent moins vite (par exemple, la colle ne sèche pas tout de suite si votre enfant oublie de refermer le bâton).

LES BON PLANS

Pour aller encore plus loin, voici une liste de bons plans qui vous facilitera la vie et ne videra pas votre portefeuille ! Au contraire...

Vous n'avez pas de liste de fournitures précise et vous vous sentez un peu perdu dans le choix que proposent les grandes surfaces ? Le site *www.avostrousses.com* propose des kits scolaires adaptés par niveau du CP à la terminale.

À noter

Ces kits de fournitures ont été élaborés sur la base d'une étude réalisée d'après 50 listes par niveau (établissements publics et privés confondus) permettant de dégager les troncs communs.

Pour finir, voici une liste de 8 sites Internet qui vous offrent la possibilité de faire vos courses de rentrées scolaires à distance ! Vous êtes livré et n'avez pas à subir la cohue des rentrées scolaires dans les grandes surfaces. Certains d'entre eux proposent aussi de comparer les prix pour un même type d'article.

- *www.sur-discount.com*
- *http://foufourniture.shopmarking.com*
- *www.ma-papeterie.com*
- *www.rentreedesclasses.fr*
- *www.vivelarentree.com*

- *www.top-office.com*
- *www.officeliner.com*
- *www.cultura.com*

Ensemble, nous avons passé en revue les douze postes de dépenses...

Ainsi, vous avez pu calculer la part que prend chaque poste de dépenses dans vos ressources et comparer cette part à la moyenne nationale : vous avez désormais des points de repère !

Également, pour chacun de ces postes de dépenses, je vous ai proposé :

- des méthodes à appliquer pour éviter toute dérive ;
- les bonnes pratiques et les bons comportements à adopter ;
- les pièges à éviter ;
- les bons plans et les bonnes affaires à réaliser...

Vous êtes désormais en possession de bonnes bases pour améliorer la gestion de votre budget au quotidien. Jour après jour et en appliquant mes conseils, vous allez (progressivement mais sûrement) augmenter votre pouvoir d'achat !

Cependant, il vous manque encore quelque chose d'essentiel : un outil pour suivre (et donc améliorer encore) la gestion de votre budget.

Alors pour aller jusqu'au bout de la mission que je me suis fixée en entamant la rédaction de *SOS Fins de mois difficiles*, je vous propose d'utiliser les outils de suivi budgétaire développés par la société Oneproof (Oneproof est une entreprise à vocation sociale, dont l'objectif est de participer au développement économique et social des Français).

Ces outils sont mis exceptionnellement à votre disposition, de façon totalement gratuite.

Pour en profiter dès maintenant, rien de plus simple :

- rendez-vous sur *www.oneproof.fr* ;
- saisissez le code **OP2009** dans l'espace prévu à cet effet ;
- inscrivez-vous, puis suivez le guide !

Mais ce n'est pas tout !

Vous allez pouvoir bénéficier de calculettes thématiques, de fiches pratiques, de lettres-types ainsi que d'un comparateur de prix, non pas pour dépenser plus mais pour dépenser mieux ! Et le tout, gratuitement ! C'est mon engagement vis-à-vis de vous, chères lectrices et chers lecteurs.

Se pose maintenant une question fondamentale.

En améliorant chaque jour la gestion de votre budget, vous allez faire progresser votre pouvoir d'achat. Mais qu'allez-vous donc faire de cette nouvelle manne financière ?

C'est l'objet de la seconde partie de *SOS Fins de mois difficiles.* Je vais donc maintenant vous aider à optimiser la gestion de vos ressources et du pouvoir d'achat supplémentaire que vous allez dégager en appliquant mes conseils !

PARTIE 2
Optimisez vos ressources et votre pouvoir d'achat reconquis

En appliquant les conseils que je vous ai donnés tout au long de la première partie de *SOS Fins de mois difficiles*, jour après jour, vous maîtrisez votre budget et vous augmentez votre pouvoir d'achat !

Dans cette seconde partie, vous allez désormais apprendre à optimiser cette nouvelle manne financière, c'est-à-dire à l'utiliser de la meilleure façon qui soit !

Selon le bon vieux principe « Gérer, c'est prévoir », l'optimisation de vos ressources et votre nouveau pouvoir d'achat commence par l'épargne !

Je vais donc à présent vous donner toutes les clés pour comprendre le fonctionnement, l'utilité, les avantages et les inconvénients des différentes formes d'épargne.

« Sur la route de l'épargne »... Suivez le guide !

13
L'ÉPARGNE DE PRÉCAUTION

Parce que personne n'est à l'abri d'un accident de la vie (divorce, séparation, décès du conjoint, maladie ou perte d'emploi), vous devez impérativement faire preuve de prévoyance. Être prévoyant, c'est vous donner la capacité financière de faire face aux coups durs !

Vous devez donc mettre en place une « épargne de précaution ». Une épargne de précaution vous aidera à conserver la maîtrise de votre budget et à surmonter les moments difficiles.

Alors pour connaître les principaux produits d'épargne de précaution, suivez-moi.

LE LIVRET A

Le livret A est un produit d'épargne ouvert à tous et dont les sommes déposées sont disponibles à tout moment. Pour ouvrir un livret A, 1,50 € suffisent !

Vous ne pouvez posséder qu'un seul livret A. Vous ne pouvez pas cumuler un livret A avec un livret bleu délivré par les caisses du Crédit mutuel. Cependant, vous pouvez détenir en même temps d'autres produits d'épargne comme le livret de développement durable (ex-Codevi). Enfin, le compte ne peut jamais être débiteur.

Le livret A est plafonné à 15 300 €. Cependant, les intérêts calculés sur vos dépôts peuvent porter le solde de votre livret A au-delà de ce plafond !

La rémunération de votre livret A

Le taux d'intérêt appliqué au livret A est de 2,5 % depuis le 1er février 2009. Le taux d'intérêt du livret A est calculé par la Banque de France les 15 janvier et 15 juillet de chaque année.

Les intérêts sont calculés à partir du 1er ou du 16 de chaque mois après le jour de versement. Au 31 décembre de chaque année, l'intérêt acquis s'ajoute au capital et devient lui-même productif d'intérêts...

Les intérêts sont exonérés d'impôts sur le revenu, ainsi que de prélèvements sociaux.

Les prélèvements sociaux pratiqués sur les revenus du capital financier représentent 12,1 % depuis le 1er janvier 2009 (11 % auparavant).

Ces prélèvements sociaux sont composés de :

- 8,2 % au titre de la contribution sociale généralisée (CSG) ;
- 0,5 % au titre de la contribution au remboursement de la dette sociale (CRDS) ;
- 2,3 % pour la Caisse nationale d'allocations familiales (CNAF) ;
- 1,1 % au titre du financement du revenu de solidarité active (RSA).

Les retraits d'argent de votre livret A

Le montant minimum pour chaque opération de retrait est de 10 €.

Les retraits font l'objet d'un plafonnement (intérêts non compris) :

- de 800 € maximum au guichet de votre banque sur une période de 7 jours glissants ;
- de 500 € maximum au distributeur automatique de billets sur une période de 7 jours glissants.

À noter

Chaque établissement financier a la possibilité de refuser l'ouverture d'un livret A, sauf la ***Banque postale****. La Banque postale est obligée d'ouvrir ce produit à toute personne qui la demande. Elle a également l'obligation d'accepter les opérations suivantes.*

Les virements :

- *des prestations sociales versées par les collectivités publiques et les organismes de Sécurité sociale ;*
- *des retraites des fonctionnaires.*

Les prélèvements :

- *de l'impôt sur le revenu, de la taxe d'habitation et de la taxe foncière ;*
- *des factures d'eau, de gaz ou d'électricité ;*
- *des loyers dus aux organismes d'habitation à loyer modéré (HLM).*

Les autres banques peuvent refuser ces opérations.

Où vous adresser pour ouvrir votre livret A ?

Vous pouvez ouvrir un livret A dans n'importe quelle banque depuis le 1er janvier 2009.

Cas concret : Monsieur Constant

Monsieur Constant ouvre un livret A en janvier 2009 et y verse 1 500 €. Il décide également d'alimenter son livret A tous les mois à hauteur de 115 €.

À bout de 10 ans, Monsieur Constant n'a plus le droit de faire des versements sur son livret A ! Pendant ces 10 années, tranquillement mais sûrement, Monsieur Constant a déposé les 15 300 € correspondant au plafond du livret A.

Les 15 300 € de versement ont produit 3 851,40 € d'intérêts ! Le solde total de son livret A est de donc de 19 151,40 €.

De quoi affronter la vie avec plus de sérénité : c'est ça l'épargne de précaution !

LE LIVRET DE DÉVELOPPEMENT DURABLE (LDD, EX-CODEVI)

Le livret de développement durable est un produit d'épargne non bloqué dont les intérêts sont exonérés d'impôts. Les sommes déposées sur votre livret de développement durable sont disponibles à tout moment.

Vous ne pouvez détenir qu'un seul livret de développement durable.

Néanmoins, vous pouvez posséder deux LDD si vous êtes :

- marié ou lié à une personne par un pacte civil de solidarité (Pacs) ;
- et soumis à une imposition commune.

L'ouverture de votre LDD doit faire l'objet d'une convention passée entre votre banque et vous. Cette convention prévoit (entre autres) le montant minimum pour procéder à l'ouverture de votre LDD. Ce montant peut varier d'une banque à l'autre. Les sommes déposées sur votre LDD ne peuvent pas dépasser un plafond de 6 000 €.

La rémunération de votre LDD

Le taux d'intérêt rémunérant votre LDD est de 4 %. Ce taux d'intérêt est calculé par la Banque de France les 15 janvier et 15 juillet de chaque année. Les intérêts :

- sont exonérés d'impôt et sont appliqués à votre épargne tous les 1er et 16e jours de chaque mois ;
- s'ajoutent au capital et deviennent eux-mêmes porteurs d'intérêts : les intérêts produisent des intérêts !

Où vous adresser pour ouvrir votre LDD ?

Vous pouvez ouvrir votre LDD dans n'importe quelle banque, à la Caisse d'épargne ou à la Banque postale.

Cas concret : Monsieur et Madame Urbain

Monsieur et Madame Urbain sont mariés et ont ouvert deux LDD : un compte d'épargne pour chacun.

Ils ont déposé 1 500 € sur chaque LDD à l'ouverture. Ils versent tous les deux 125 € par mois sur leur LDD. Au bout de trois ans seulement, les LDD de Monsieur et Madame Urbain sont pleins !

Chaque LDD a reçu 6 000 € de versement. Ces 6 000 € ont produit 472,27 € d'intérêts.

Au total, Monsieur et Madame Urbain possèdent 12 944,54 € sur leurs deux LDD !

De quoi pouvoir faire face à bon nombre de dépenses imprévues... Une bonne épargne de précaution pour une bonne gestion de l'avenir !

LE LIVRET D'ÉPARGNE POPULAIRE (LEP)

Pour ouvrir un livret d'épargne populaire, vous devez pouvoir prouver :

- que vous n'êtes pas imposable ;
- que l'impôt établi à votre nom n'excède pas un certain plafond (avant imputation des crédits d'impôt).

Pour l'année 2009, ce plafond est fixé à 754 €. Par conséquent, si vous êtes redevable en 2008 d'un impôt inférieur ou égal à 754 €, vous pouvez demander :

- l'ouverture d'un LEP (si vous n'en possédez pas déjà un) ;
- ou la prolongation de votre LEP si vous en possédez déjà un.

  Vous ne pouvez détenir qu'un seul LEP.

  Néanmoins, vous pouvez posséder deux LEP si vous êtes :

- marié ou lié à une personne par un pacte civil de solidarité (Pacs) ;
- et soumis à une imposition commune.

Pour ouvrir votre LEP, vous devez verser 30 € minimum. Le plafond de votre LEP est de 7 700 €. Les retraits sont possibles au guichet de votre banque sur la totalité du solde et doivent être effectués dans le bureau qui a émis le livret.

La rémunération de votre LEP

Votre LEP est rémunéré à 4,50 % pour la période du 1er août 2008 au 31 janvier 2009 (4,25 % avant cette date). Ce taux d'intérêt est calculé par la Banque de France les 15 janvier et 15 juillet de chaque année.

Les intérêts sont exonérés d'impôts sur le revenu. Ils sont calculés toutes les quinzaines, le 1er et le 16 de chaque mois. Les intérêts s'ajoutent au capital et deviennent à leur tour porteurs d'intérêts !

Bon à savoir

Un complément destiné à maintenir le pouvoir d'achat peut être versé sur votre LEP à partir de 6 mois de dépôt au moins !

Cas concret : Madame Aristide

Madame Aristide a ouvert un LEP en versant 1 700 €. Elle y verse depuis 100 € par mois.

En 5 ans seulement, elle aura atteint le plafond de son LEP : 7 700 € ! 7 700 € auxquels sont venus s'ajouter 1 145,22 € d'intérêts.

Au total, Madame Aristide a maintenant 8 845,22 € placés sur son LEP...

Madame Aristide peut maintenant voir la vie plus sereinement. Grâce à son épargne de précaution, elle pourra surmonter avec davantage de facilité les aléas de la vie !

Où vous adresser pour ouvrir votre LEP ?

Vous pouvez ouvrir votre LEP dans n'importe quelle banque, à la Caisse d'épargne ou à la Banque postale. Un avis d'imposition sur le revenu de l'année précédente vous sera demandé.

LE LIVRET JEUNE : UNE ÉPARGNE DE PRÉCAUTION POUR VOS ENFANTS

Tout jeune de 12 à 25 ans peut être détenteur d'un livret jeune.

Vous ne pouvez ouvrir qu'un livret jeune pour chacun de vos enfants. Cependant, vous pouvez cumuler un livret jeune avec d'autres comptes d'épargne comme le livret A.

Le montant minimum par versement sur le livret jeune est de 15,24 €. Le plafond du livret jeune est fixé à 1 600 €.

Vous pouvez demander la clôture du livret à n'importe quel moment. Il en va de même pour vos enfants âgés de plus de 18 ans.

Par ailleurs, la clôture obligatoire du livret intervient au plus tard le 31 décembre de l'année du 25e anniversaire de votre enfant. L'établissement dépositaire est tenu de solder d'office le compte à cette date.

La rémunération du livret jeune

Le taux d'intérêt est de 4 % minimum depuis le 1er août 2008 (3,50 % avant cette date). Il est calculé par la Banque de France les 15 janvier et 15 juillet de chaque année.

Les intérêts sont exonérés d'impôts et sont calculés par quinzaine. Au 31 décembre de chaque année, les intérêts s'ajoutent au capital et produisent à leur tour des intérêts. L'ouverture, la gestion et la clôture du compte sont gratuites ! Ni frais, ni commission...

Utilisation du livret jeune

Vos enfants peuvent procéder seuls aux dépôts sur leur livret jeune. Concernant les retraits :

- si vos enfants ont entre 18 et 25 ans, ils peuvent les effectuer seuls ;
- si vos enfants ont entre 16 et 18 ans, vous pouvez vous opposer à ce qu'ils les effectuent seuls ;
- si vos enfants ont moins de 16 ans, vous devez avoir donné préalablement votre autorisation pour qu'ils puissent les effectuer seuls.

Où vous adresser pour ouvrir un livret jeune pour vos enfants ?

Pour ouvrir un livret jeune pour vos enfants, vous pouvez prendre rendez-vous dans n'importe quelle banque, à la Caisse d'épargne ou à la Banque postale.

Cas concret : Monsieur et Madame Renaud
Monsieur et Madame Renaud ont un enfant âgé de 13 ans. Pour préparer son avenir, Monsieur et Madame Renaud ont décidé de lui ouvrir un livret jeune. Ils ont déposé 100 € à l'ouverture et versent tous les mois 25 €.

Pour ses 18 ans, leur enfant disposera d'un capital de 1 806,22 € ! Il pourra par exemple se payer son permis de conduire, bien souvent essentiel pour démarrer dans la vie !

Pour financer les études de vos enfants (dans le secteur public uniquement), pour leur permettre de passer leur permis de conduire ou encore de partir à l'étranger pour se perfectionner dans l'apprentissage d'une langue (nous sommes à l'heure de la mondialisation...), **le livret jeune se présente comme une très bonne épargne de précaution pour couvrir les besoins de vos enfants !**

Nous avons fait ensemble un tour d'horizon des principales formes d'épargnes dites « de précaution ».

En appliquant mes conseils, vous êtes maintenant mieux armés pour faire face aux dépenses imprévues, aux coups durs... Vous voilà placé sur le bon chemin !

Mais bien sûr, nous n'allons pas en rester là...

Je vous propose maintenant de nous pencher sur vos projets... Pour les réaliser, passons ensemble en revue les principaux produits « d'épargne de projets » !

14
L'ÉPARGNE DE PROJETS

Fort heureusement, la vie n'est pas faite que de mauvaises surprises, mais aussi de projets !

Pour la plupart des Français, l'objectif majeur de toute une vie de travail tourne autour d'un rêve : devenir propriétaire de son logement ! Seulement voilà, on ne s'achète pas une maison ou un appartement sans y avoir pensé longtemps à l'avance...

Réaliser un rêve, ça se prépare ! Et cette préparation passe de façon quasi-incontournable par l'épargne !

Mais pas n'importe quelle épargne...

Laissez-moi vous guider parmi les principaux produits d'épargne de projets.

À noter

Je ne vous présenterai ici que des produits d'épargne pouvant faciliter votre accession à la propriété.

LE COMPTE ÉPARGNE LOGEMENT (CEL)

Le compte épargne logement est un compte sur livret qui produit des intérêts et qui permet d'obtenir un prêt immobilier à un taux privilégié. Ce compte d'épargne est ouvert à tous, y compris les mineurs.

Une personne ne peut être détentrice que d'un seul CEL. Après son ouverture et à n'importe quel moment de l'année, si votre CEL présente un solde inférieur à 300 € : votre compte est clôturé !

Pour ouvrir votre CEL, vous devez faire un premier versement d'un montant minimum de 300 €. Chaque année, le montant minimum de vos versements annuels doit être de 75 €.

Vous pouvez ensuite déposer librement des sommes d'argent sur votre CEL tout au long de l'année, à une seule condition : votre CEL doit toujours présenter un solde de 300 € minimum. Les sommes que vous déposez sur votre CEL ne peuvent pas dépasser un plafond fixé à 15 300 €.

Chaque membre d'une même famille peut posséder un CEL. Au 31 décembre de chaque année, les intérêts produits par les sommes que vous avez déposées sur votre CEL s'ajoutent à votre capital et produisent à leur tour des intérêts supplémentaires. Les intérêts sont exonérés de l'impôt sur le revenu mais sont soumis aux prélèvements sociaux (CSG, CRDS... : 12,1 %).

À noter

Si vous souscrivez un prêt épargne logement, l'État vous versera une prime ! Cette prime peut aller jusqu'à 1 144 €... par prêt !

Autre avantage : même après l'obtention de votre prêt épargne logement, votre CEL peut continuer de fonctionner (dans la limite du plafond autorisé) !

Pour en savoir plus sur le prêt épargne logement, je vous invite à lire le chapitre 18).

La rémunération du CEL

Les sommes déposées sur votre CEL sont rémunérées au taux de 2,75 % depuis le 1er août 2008 (hors prime d'État). Ce taux d'intérêt est calculé par la Banque de France les 15 janvier et 15 juillet de chaque année.

Où vous adresser pour ouvrir un CEL ?

Pour ouvrir un CEL, vous pouvez prendre rendez-vous avec votre banque (ou toute banque ayant passé un accord avec l'État l'autorisant à commercialiser le CEL), avec une Caisse d'épargne ou avec une agence de la Banque postale.

Cas concret : Monsieur et Madame Flora

Monsieur et Madame Flora sont tous les deux âgés de 25 ans et ont un enfant de 1 an. Ils travaillent tous les deux.

Monsieur et Madame Flora souhaitent passer la vitesse supérieure en devenant propriétaires de leur logement. Pour cela, ils ont ouvert trois comptes épargne logement : un pour chacun d'entre eux et un autre au nom de leur enfant.

À l'ouverture, ils déposent 900 € sur chacun des trois comptes. Chaque mois, ils versent 120 € sur chaque compte, ce qui fait 360 € par mois au total.

10 années ont passé... Où en sont Monsieur et Madame Flora avec leurs trois CEL ? Tenez-vous bien !

En ayant déposé 2 700 € lors de l'ouverture de leurs trois CEL (900 € × 3), puis versé 360 € par mois pendant 10 ans (120 € × 3), les voilà à 35 ans à la tête d'un joli magot : 52 366,14 € !

En effet, chaque CEL a été alimenté à hauteur des 15 300 € (plafond maximum autorisé), ce qui fait 45 900 €. Ces 45 900 € ont fait des petits... : 6 466,14 € d'intérêts !

Mais ce n'est pas tout... Monsieur et Madame Flora ont trouvé la maison de leurs rêves. Ils décident donc de l'acheter, son prix est de 150 000 € (frais de notaire inclus).

Grâce à leurs trois CEL et parce qu'ils ont recours à un prêt épargne logement, l'État leur verse une prime de 1 144 € pour chaque CEL ! Soit au total : 3 432 € de primes !

Pour finir, Monsieur et Madame Flora :

- disposent d'un apport de 55 798,14 € réparti sur leurs trois CEL (52 366,14 + 3 432) ;
- peuvent emprunter une partie de l'argent qui leur manque à des conditions très avantageuses en ayant recours au prêt épargne logement...

En conclusion, souscrivez un CEL le plus tôt possible dans votre vie, pour vous-même, pour votre conjoint et vos enfants !

Plus tôt vous commencez à épargner sur votre CEL, plus tôt vous aurez constitué un apport pour acheter votre logement.

Et en plus, vous bénéficierez d'un accès à un prêt immobilier à des conditions avantageuses !

Concrètement, c'est ça l'épargne de projets !

LE PLAN ÉPARGNE LOGEMENT (PEL)

Le plan d'épargne logement est une épargne qui :

- produit des intérêts ;
- vous permet d'obtenir un prêt immobilier à un taux privilégié (tout comme le CEL) ;
- peut vous permettre de bénéficier d'une prime de l'État (tout comme le CEL).

Ce compte d'épargne est ouvert à tous, y compris les mineurs.

Une personne ne peut être détentrice que d'un seul PEL.

Si vous retirez les sommes déposées sur votre PEL moins de 3 ans après la date du premier versement, vous perdez :

- le droit de souscrire un prêt épargne logement (à des conditions très avantageuses...) ;

- la totalité de la prime de l'État !

Si vous retirez les sommes déposées sur votre PEL après la fin de la 3e année et avant la fin de la 4e année, vous conservez tous les avantages de votre PEL, mais le montant de la prime de l'État est divisé par deux...

Pour conserver la totalité des avantages de votre PEL, n'y touchez pas avant le début de sa 5e année !

Pour ouvrir votre PEL, vous devez déposer 225 € minimum. Chaque année, vous devez verser sur votre PEL un minimum de 540 €, c'est-à-dire :

- 45 € par mois si vous choisissez d'alimenter votre PEL une fois par mois (c'est ce que je vous recommande de faire. N'oubliez pas, je vous ai conseillé de « mensualiser » toutes vos dépenses ! Faites de même pour votre épargne ! C'est moins douloureux pour votre portefeuille et plus facile à gérer !) ;
- 135 € par trimestre si vous choisissez d'alimenter votre PEL une fois tous les 3 mois ;
- 270 € par semestre si vous choisissez d'alimenter votre PEL une fois tous les 6 mois.

Le plafond du PEL est fixé à 61 200 €.

En souscrivant un PEL, vous vous engagez à épargner pour une durée minimum de 4 ans. Vous ne pouvez pas épargner au-delà de 10 ans. Passé ce délai, plus aucun versement n'est alors permis !

Chaque membre d'une même famille peut posséder un PEL.

Vous pouvez à la fois ouvrir un PEL et un CEL : la condition est de les ouvrir tous les deux dans le même établissement bancaire.

En fin de contrat, les intérêts et la prime de l'État sont soumis aux prélèvements sociaux (CSG, CRDS... au taux de 12,1 %).

À noter

Pour les PEL ouverts depuis le 12 décembre 2002, le versement de la prime d'État est lié à la demande et l'obtention d'un prêt épargne logement (ce qui n'était pas le cas avant cette date).

Cette prime peut aller jusqu'à 1 525 €... par prêt !

La rémunération du PEL

Les sommes que vous déposez sur votre PEL sont rémunérées :

- au taux de 3,50 %, prime d'État incluse ;
- au taux de 2,50 %, hors prime d'État, et ce depuis le 1er août 2008.

Ce taux d'intérêt est calculé par la Banque de France les 15 janvier et 15 juillet de chaque année.

Les intérêts sont exonérés de l'impôt sur le revenu. Au 31 décembre de chaque année, les intérêts calculés sur les sommes que vous avez déposées viennent s'ajouter à votre capital et deviennent à leur tour porteurs d'intérêts supplémentaires.

Où vous adresser pour ouvrir un PEL ?

Pour ouvrir un PEL, vous pouvez prendre rendez-vous avec votre banque (ou toute banque ayant passé un accord avec l'État l'autorisant à commercialiser le PEL), avec une Caisse d'épargne ou avec une agence de la Banque postale.

Cas concret : Monsieur et Madame Alain

Monsieur et Madame Alain travaillent tous les deux. Monsieur Alain a 28 ans et Madame Alain a 27 ans.

Approchant à grands pas de la trentaine, ils veulent arrêter de verser tous les mois un loyer à fonds perdus en se portant acquéreur de leur logement. Pour cela, ils ont ouvert un plan épargne logement en commun.

À l'ouverture, ils déposent 1 200 €. Chaque mois, ils versent 500 € (soit 250 € chacun) sur leur PEL.

10 années ont passé... (Rappel : il n'est pas possible d'épargner sur un PEL au-delà de 10 ans.) Qu'est devenu le PEL de Monsieur et Madame Alain ?

En ayant déposé 1 200 € lors de l'ouverture de leur PEL, puis versé 500 € par mois pendant 10 ans, Monsieur Alain (38 ans) et Madame Alain (37 ans) possèdent maintenant une très coquette somme : 69 674,31 € !

En effet, leur PEL a été alimenté à hauteur de 61 200 € (plafond maximum autorisé). Et ces 61 200 € ont produit... : 8 474,31 € d'intérêts !

Mais ce n'est pas tout... Monsieur et Madame Alain sont maintenant en mesure de concrétiser leur projet : vivre dans un logement dont ils sont propriétaires.

Ils ont eu un véritable coup de cœur pour un appartement avec terrasse orientée plein sud. La valeur de ce bien immobilier est de 140 000 € (frais de notaire inclus).

Grâce à leur PEL, et parce qu'ils ont recours à un prêt épargne logement, l'État leur verse une prime de 1 525 € !

Pour finir, Monsieur et Madame Alain :

- disposent d'un apport de 71 199,31 € ;
- peuvent emprunter une partie de l'argent qui leur manque à des conditions très avantageuses en ayant recours au prêt épargne logement...

Pour conclure : en plus d'un CEL, souscrivez un PEL ! Et ce, le plus tôt possible pour chacun des membres de votre famille !

Plus tôt vous placez votre argent à la fois sur votre CEL et votre PEL, plus tôt votre projet se transformera en réalité : un bel apport pour acheter votre logement + une prime versée par l'État pour chacun de vos CEL et PEL + des conditions d'accès privilégiées à un prêt immobilier !

Avec un CEL et un PEL, votre épargne de projet se transforme en patrimoine...

Après l'épargne de précaution, nous avons fait ensemble un tour d'horizon des principales formes d'épargne de projets !

Compte d'épargne logement et plan d'épargne logement, en appliquant mes conseils, vous voilà désormais avec des rêves de propriétaires pleins la tête !

Nous avons bien avancé sur notre « route de l'épargne » !

Mais ce n'est pas tout... Je vous propose à présent de vous parler de votre retraite... et plus particulièrement de votre épargne retraite.

Aussi, pour vous aider à voir plus clair pour vos « vieux jours », passons ensemble en revue les principaux produits d'épargne retraite !

15
L'ÉPARGNE RETRAITE

Ce n'est pas un scoop : notre système de retraite bat de l'aile ! Vous devez cotiser de plus en plus longtemps pour une pension de retraite de plus en plus faible...

Alors pour augmenter votre retraite, vous devez prévoir le plus tôt possible (idéalement, dès que vous rentrez dans la vie active) la mise en place d'une « épargne retraite ».

L'épargne retraite vous assurera un complément de revenus indispensable pour vivre votre retraite en toute tranquillité.

LA RETRAITE EN FRANCE, COMMENT ÇA MARCHE ?

Les niveaux de cotisation

Il existe trois niveaux de cotisations pour préparer votre retraite :

- deux niveaux concernent les régimes de retraite obligatoires ;
- le troisième niveau est celui des régimes de retraite supplémentaires.

Les régimes de retraite obligatoires

Les régimes de retraite obligatoires reposent sur deux niveaux. Quel que soit votre statut de cotisant (salarié ou indépendant), votre retraite est composée :

- d'un régime de base appelé « assurance-vieillesse » ;
- d'un régime complémentaire.

Ce régime de retraite complémentaire est géré par deux organismes.

L'ARRCO

L'ARRCO est la fédération du régime de retraite complémentaire de l'ensemble des salariés du secteur privé de l'industrie, du commerce, des services et de l'agriculture, cadres compris. L'ARRCO concerne 18 millions de salariés et 11,3 millions de retraités.

L'AGIRC

L'AGIRC est la fédération du régime de retraite des cadres du secteur privé de l'industrie, du commerce, des services et de l'agriculture. L'AGIRC concerne 3,7 millions de salariés et 2,2 millions de retraités.

Les régimes de retraite supplémentaires

Les employeurs ont la possibilité de faire bénéficier leurs salariés d'un régime de retraite supplémentaire qui vient s'ajouter :

- à la pension de vieillesse versée par la Sécurité sociale ;
- aux retraites complémentaires versées par l'ARRCO et l'AGIRC.

Les modes de gestion

Il existe deux modes de gestion pour vous constituer votre retraite.

- la retraite par répartition ;
- la retraite par capitalisation.

La retraite par répartition

Le fonctionnement de la retraite par répartition repose :

- d'une part sur les cotisations que vous versez pendant la période ou vous êtes en activité professionnelle ;
- d'autre part sur le principe de solidarité entre les générations : les cotisants (les actifs) payent pour les retraités.

Le relevé de carrière

Pour bien préparer votre retraite, vous devez vous informer régulièrement sur votre relevé de carrière.

Le relevé de carrière est un document qui fait apparaître le nom des employeurs dont vous avez été salarié et les salaires que vous avez perçus, et ce année par année.

Chaque année les employeurs doivent adresser à leur caisse de retraite une « Déclaration de données sociales » qui contient toutes les informations sur les rémunérations perçues ainsi que sur les cotisations versées pour chaque salarié. C'est ainsi que votre caisse de retraite peut alimenter votre relevé de carrière.

Je vous conseille vivement de contrôler votre relevé de carrière tout au long de votre vie professionnelle. En effet, une entreprise peut avoir oublié de vous déclarer à votre caisse de retraite. C'est autant de trimestres de cotisations qui ne rentreront pas en ligne de compte dans le calcul de votre retraite !

Alors soyez vigilant ! Contrôlez votre relevé de carrière régulièrement et/ou à chaque fois que vous changez d'employeur...

Comment obtenir votre relevé de carrière ?

Pour obtenir votre relevé de carrière (c'est gratuit), rendez-vous sur le site de la Caisse nationale d'assurance-vieillesse : *www.retraite.cnav.fr*

À quelle pension aurez-vous droit ?

Vous devez impérativement faire une estimation de votre pension de retraite ! Pour faire une simulation de vos droits, rendez-vous sur le site *www.marel.fr*

Si vous êtes ou avez été salarié, travailleur indépendant, fonctionnaire et/ou sans activité professionnelle, ce site vous permet de simuler :

- votre âge de départ à la retraite à taux plein ;
- le montant de votre pension selon les différentes hypothèses d'évolution de vos revenus !
- les variations du montant de votre retraite (à la hausse ou à la baisse), si vous partez plus tôt ou plus tard...

Ainsi, en ayant une estimation régulière du montant de votre pension de retraite, vous pourrez mettre en place une épargne retraite adaptée à vos futurs besoins. On parle alors de retraite par capitalisation.

La retraite par capitalisation

Vous avez estimé le montant de votre future pension. Si vous la jugez insuffisante pour assurer vos besoins pendant votre retraite, mettez en place une épargne retraite !

Si vous la jugez suffisante... Faites de même ! Vous n'êtes pas à l'abri d'un revers de fortune, et souvenez-vous « Gérer, c'est prévoir » !

LES SOLUTIONS D'ÉPARGNE RETRAITE POUR TOUS

Pour vous aider dans votre choix d'épargne retraite, je vous propose de faire un tour d'horizon des différentes solutions qui s'offrent à vous.

Vous avez le choix entre deux solutions :
- la constitution d'une rente viagère ;
- la constitution d'un capital.

Une rente viagère est une somme d'argent que vous percevez tous les mois jusqu'à votre décès. Pour percevoir une rente viagère, vous devez préalablement souscrire un contrat visant :
- dans un premier temps à vous constituer un capital par le versement de primes ;
- dans un second temps (à partir de votre départ à la retraite) à en percevoir une partie tous les mois, et ce jusqu'à votre décès.

En clair, quand vous vous constituez une épargne sous forme de rente viagère, vous ne pouvez plus toucher au capital mais vous percevez un complément mensuel de retraite.

À noter

Le montant de la rente viagère est déterminé par le niveau de capital que vous avez constitué et par votre âge.

Bon à savoir

En cas de décès du souscripteur (vous), une rente viagère peut être versée :
- *au conjoint survivant ;*
- *à tout autre bénéficiaire désigné dans le contrat ;*
- *sous forme de « rente éducation » aux enfants mineurs.*

Le plan d'épargne retraite populaire (PERP)

Le PERP est un contrat d'assurance accessible à tous. Il vous permet de vous constituer un complément de revenu pour votre retraite, en effectuant des versements réguliers tout au long de votre activité salariée. L'épargne ainsi constituée vous sera :
- accessible dès que vous aurez acquis vos droits à la retraite, ou à partir de 60 ans ;
- reversée sous la forme d'une rente viagère en complément de votre retraite.

Comment souscrire un PERP ?

Pour souscrire à un PERP, il est nécessaire de souscrire à un contrat d'assurance conclu entre une association (le Groupement d'épargne individuelle pour la retraite, ou GERP) et un organisme d'assurance gestionnaire.

L'organisme d'assurance gestionnaire du PERP peut être :

- une institution de prévoyance ;
- une compagnie d'assurance ;
- une mutuelle.

L'association (GERP) est chargée de veiller aux intérêts des souscripteurs de PERP. Pour toute souscription d'un PERP, un compte individuel est créé, sur lequel sont inscrits les versements, les dates des versements, les provisions et leur évolution.

Le fonctionnement du PERP

Les versements sont libres. Les fonds sont bloqués jusqu'à votre départ en retraite.

Il existe trois cas pour lesquels vous pouvez sortir du PERP de façon anticipée (avant la date de fin du contrat) :

- expiration des droits aux allocations de l'Assedic ;
- cessation d'activité non salariée à la suite d'un jugement de liquidation judiciaire (commerçant, artisan...) ;
- invalidité grave empêchant l'exercice d'une profession (invalidité de 2e ou 3e catégorie).

Attention

Tout transfert de PERP ne peut se faire que sur un autre PERP.

Les cotisations que vous versez sur un PERP sont déductibles de vos revenus imposables (selon des plafonds réglementés).

Au-delà du complément de retraite, le PERP représente donc également une solution d'épargne pour réduire le montant de vos impôts.

Cas concret : Monsieur et Madame Didier
Monsieur et Madame Didier ont déclaré 30 000 € de revenus en 2007. Leur taux marginal d'imposition est de 14 %.

Monsieur et Madame Didier ont souscrit un PERP le 1er janvier 2007. Ils y versent tous les mois 175 €, soit 2 100 € par an.

Compte tenu de leurs revenus, Monsieur et Madame Didier devraient payer 1 226 € d'impôts. Grâce à leur PERP, ils économisent 294 € d'impôts.

Ils n'auront donc plus à payer que 932 € d'impôts.

Avantages et inconvénients du PERP

- **Vous vous engagez sur le long terme.** Le PERP représente un engagement à très long terme qui ne peut pas être résilié. En souscrivant un PERP, vous êtes lié pour plusieurs décennies, pendant la phase d'épargne, puis pendant la période de paiement de la rente. Cependant, plus la période pendant laquelle vous placez est longue, plus votre rente sera importante.
- **Votre épargne est indisponible.** Votre épargne est indisponible jusqu'à la retraite (sauf dans les cas exceptionnels de déblocage mentionnés plus haut). En cas difficultés financières, vous ne pouvez pas récupérer les sommes placées.
- **Une sortie sous forme de rente uniquement.** La sortie se fait obligatoirement sous forme de rente. Vous ne toucherez donc pas votre capital en fin de contrat. Cependant, le PERP représente une solution de complément de retraite avantageuse : un revenu supplémentaire vous est garanti !

En savoir plus sur le PERP

Pour en savoir plus sur le PERP, vous pouvez vous adresser :

- à votre banque ;
- à votre assureur ;
- au centre de documentation et d'information de l'assurance (CDIA) : 26 boulevard Haussmann 75311 Paris cedex 09. *www.ffsa.fr*

L'assurance-vie

Sachez tout d'abord qu'il existe deux types d'assurances :

- l'assurance en cas de vie : elle représente une épargne pour votre retraite ;
- l'assurance en cas de décès.

Pour effectuer vos versements sur votre contrat d'assurance-vie, vous avez le choix entre :

- les contrats à versement unique : le capital est constitué d'une somme versée au moment de la signature ;
- les contrats à versements libres : vous alimentez votre assurance-vie comme bon vous semble (dates de versement et montants) ;
- les contrats à versements périodiques : vous effectuez vos versements à date fixe.

Votre assureur est en droit de vous demander :

- des droits d'entrée ou d'adhésion ;
- des frais de souscription ;
- des frais d'acquisition ;
- des frais de gestion.

À noter

Pour être valables, ces frais doivent être mentionnés dans votre contrat d'assurance-vie.

Les types de placement

Votre assureur peut vous proposer deux types de placement pour votre assurance-vie :

Les placements multisupports

Les sommes que vous placez sur votre assurance-vie sont investies dans des actions, des Sociétés civiles de placements immobiliers (SCPI) ou encore des Organismes de placement collectif en valeurs mobilières (OPCVM)...

Ces placements sont plus ou moins risqués et offrent un rendement plus ou moins important (très variable)...

Les contrats en euros

Votre épargne est investie dans des obligations françaises.

Une obligation est un titre coté en Bourse, représentant un emprunt effectué par l'État ou une société. Cet emprunt est rémunéré par le versement d'un intérêt trimestriel ou annuel.

Son cours évolue principalement en fonction :

- de la solidité de l'emprunteur (l'État ou une société) ;
- de l'évolution des taux d'intérêts.

Ce type de contrat présente l'avantage de ne pas être risqué, mais l'inconvénient d'offrir une rentabilité moins importante que les contrats multisupports.

L'assurance en cas de vie

L'assurance en cas de vie vous garantit le versement d'un capital ou d'une rente, si le bénéficiaire du contrat (vous) est en vie à son terme (à la date de fin du contrat).

L'assurance en cas de vie représente donc le type d'assurance-vie à choisir pour votre retraite.

L'assurance en cas de décès

Il existe deux types de formules pour les assurances en cas de décès :

- **l'assurance-vie temporaire**, qui permet au bénéficiaire (votre conjoint, vos enfants, un tiers désigné...) d'obtenir le versement du capital si votre décès intervient pendant la durée du contrat ;
- **l'assurance-vie entière**, qui assure le versement de l'argent quelle que soit la date de votre décès.

Parce que nous parlons ici d'un complément pour votre retraite, je vous conseille, d'une part de souscrire une assurance-vie en cas de vie, d'autre part d'opter pour un contrat de préférence en euros, moins risqué pour le moment qu'un contrat multisupports (crise oblige...).

Les avantages fiscaux de l'assurance-vie

Les contrats d'assurance-vie présentent des avantages fiscaux à condition qu'ils aient plus de 8 ans d'ancienneté. Au-delà de 8 ans, les intérêts et les plus-values peuvent ne pas être imposés : tout dépend de la date de souscription et du type d'investissement (contrats multisupports ou en euros).

Depuis le 1er janvier 2005, les produits relatifs aux contrats **non** investis principalement en actions sont soumis à une imposition égale à 7,5 %. Cependant, le souscripteur bénéficie d'un abattement de 4 600 € s'il est seul et de 9 200 € s'il est marié.

Les contrats principalement investis en actions sont exonérés de l'impôt sur le revenu. Cependant, toute somme retirée avant les huit années est imposée :

- à hauteur de 35 % avant la fin des 4 premières années ;
- à hauteur de 15 % entre 4 et 8 ans.

À cela, il faut ajouter les 12,1 % de prélèvements sociaux (CSG et CDRS)...

Alors, autant que possible, ne touchez surtout pas à votre assurance-vie avant la fin des 8 premières années !

Le fonctionnement de l'assurance-vie

Si vous avez souscrit une assurance-vie depuis plus de 8 ans, plusieurs possibilités s'offrent à vous. Vous pouvez :

- percevoir une rente viagère ;
- obtenir le versement de l'argent sous forme de capital ;
- réinvestir tout ou partie de votre capital dans un nouveau contrat.

À noter

Vous pouvez changer le nom du bénéficiaire de votre contrat d'assurance-vie à tout moment !

Avantages et inconvénients de l'assurance-vie

- **Vous bénéficiez d'une fiscalité avantageuse.** Tout en vous assurant un complément de retraite, vous bénéficiez d'une fiscalité avantageuse : les plus-values que vous réalisez sont taxées à 7,5 % à la sortie du contrat, contre les 27 % du droit commun !
- **Vous supportez des coûts de gestion élevés.** Les frais de gestion, les frais d'entrée et d'arbitrage sont généralement assez élevés. Les frais de gestion sont variables selon les contrats. Les frais de gestion les plus bas aujourd'hui sont de 0,36 % pour les fonds en euros. Les frais d'arbitrage sont au minimum de 1 % et les frais de versement peuvent atteindre jusqu'à 5 % dans les grandes compagnies d'assurance !
- **Vous perdez vos avantages en cas de divorce.** En cas de divorce, vous devrez racheter le contrat pour partager les fonds. Or si le divorce et la liquidation interviennent avant la période de 8 ans, le capital sera taxé !

Cas concret : Monsieur et Madame Prudence

Monsieur et Madame Prudence ont tous les deux 35 ans. Ils viennent de souscrire une assurance-vie :

- ils ont placé 4 500 € à l'ouverture ;
- ils versent 100 € par mois pendant 25 ans ;
- taux de rendement net (tous frais déduits) moyen sur 25 ans : 4,65 %.

Pour 34 500 € investis (4 500 à l'ouverture + 100 €/mois sur 25 ans), Monsieur et Madame Prudence verront leur capital se monter à 87 317 € ! Leur investissement aura été multiplié par 2,5 !

Monsieur et Madame Prudence pourront utiliser ce beau pactole de trois manières :

- toucher la totalité du capital ;
- réinvestir tout ou partie des 87 317 € ;
- percevoir une rente viagère : sur 20 ans, la rente perçue par Monsieur et Madame Prudence serait au minimum de 370 € par mois !

De quoi leur garantir une retraite nettement plus agréable...

En savoir plus sur l'assurance-vie

Pour en savoir plus sur l'assurance-vie, vous pouvez vous adresser :

- à une compagnie d'assurance ;
- à l'Agira (recherche des bénéficiaires en cas de décès), 1 rue Jules Lefebvre 75431 Paris cedex 09 ;
- au centre de documentation et d'information de l'assurance : 26 boulevard Haussmann 75311 Paris cedex 09. *www.ffsa.fr*

LES PRODUITS D'ÉPARGNE RETRAITE POUR LES SALARIÉS

Le plan d'épargne d'entreprise (PEE)

Le plan d'épargne d'entreprise peut vous permettre de vous constituer une épargne pour votre retraite. Pour cela, votre entreprise doit avoir mis en place un accord collectif (pour permettre l'accès au PEE). Dans les entreprises concernées, le PEE est accessible à tous les salariés.

Alimentation du PEE

Votre PEE peut être alimenté de quatre manières.

Votre participation aux bénéfices de votre entreprise

Les sommes que vous versez sur votre PEE et issues de votre participation :

- sont bloquées pendant 5 ans ;
- ne sont pas soumises à l'impôt sur le revenu (mais les intérêts, les revenus et les plus-values le sont).

Cependant, elles sont soumises aux prélèvements sociaux (CSG et CRDS... 12,1 %).

Votre intéressement aux bénéfices de votre entreprise

Les sommes que vous versez sur votre PEE et issues de votre intéressement ne sont pas soumises à l'impôt sur le revenu (si vous les placez 15 jours après les avoir perçues) dans la limite annuelle de la moitié du plafond de la Sécurité sociale, soit 17 154 € pour 2009.

Cependant, ces sommes sont soumises aux prélèvements sociaux (CSG et CRDS... 12,1 %).

Attention

Si vous retirez votre intéressement aux bénéfices sans le placer sur votre PEE, son montant s'ajoute à votre salaire imposable.

Bon à savoir

Ne sont pas imposables :

- *les revenus que vous percevez sur votre plan ;*
- *les plus-values réalisées à l'issue de la période de blocage.*

L'abondement de votre entreprise

Les abondements versés par votre entreprise sont plafonnés à 3 fois le montant de vos versements annuels, sans pouvoir excéder 8 % du plafond annuel de la Sécurité sociale, soit 2 744 € pour 2009.

Votre épargne personnelle

Vous déterminez vous-même le montant de vos versements et leur fréquence. Les versements issus de votre épargne personnelle (hors intéressement, participation et abondement) ne sont pas déductibles de vos revenus imposables.

Les revenus de PEE sont soumis aux prélèvements sociaux, sauf si vous les réinvestissez dans votre PEE.

À noter

Vous ne pouvez pas verser plus du quart de votre rémunération annuelle brute (tout de même...).

Durée du PEE et déblocage anticipé

Pour qu'un PEE soit totalement intéressant, vous devez investir pendant 5 ans minimum (si votre entreprise a signé un accord le prévoyant avec les partenaires sociaux de votre entreprise). En effet, les avantages fiscaux de votre PEE sont maintenus si vous conservez votre épargne au-delà des 5 ans.

Votre capital est en principe bloqué pendant 5 ans.

Sauf en cas de :

- mariage ;
- naissance ou adoption d'un troisième enfant ;
- jugement de divorce ou jugement de séparation (ou dissolution d'un Pacs) à condition d'avoir la garde d'au moins un enfant mineur ;
- invalidité de vous-même, de votre conjoint ou de l'un de vos enfants (le taux d'incapacité doit être de 80 % minimum) ;
- décès, de vous-même ou de votre conjoint ;
- cessation de votre contrat de travail (fin de votre contrat à durée déterminée, démission, licenciement, départ à la retraite) ;
- création ou reprise d'entreprise par vous-même ou votre conjoint ;
- acquisition ou agrandissement de votre résidence principale ;
- surendettement.

Si vous vous trouvez dans l'une de ces situations et que vous êtes amené à débloquer votre capital par anticipation, c'est-à-dire avant les 5 ans, vos avantages fiscaux sont maintenus.

À noter

Vous pouvez continuer à effectuer des versements sur le PEE après votre départ en retraite ou préretraite. Seule condition : vous ne devez pas retirer la totalité des sommes placées avant votre départ à la retraite.

Placement des sommes versées

Les sommes que vous versez sur votre PEE sont investies principalement dans des Sociétés d'investissement à capital variable (SICAV), des Fonds communs de placement (FCP) et des actions de votre entreprise ou de votre maison-mère.

Vous avez le choix entre trois organismes de placement. Ces organismes gèrent des produits d'investissement ayant des profils différents :

- « Dynamique » : produits risqués ;
- « Équilibre » : produits à la fois risqués et non risqués ;
- « Prudent » : produits non risqués.

Attention

Le PEE n'est pas un placement à capital garanti ! C'est à vous de déterminer le niveau de risque que vous acceptez de prendre en fonction du temps qui reste à courir avant votre départ à la retraite.

Compte tenu de la conjoncture actuelle (crise bancaire, boursière et financière), je vous recommande de vous orienter vers des organismes gérant des produits de type « Prudent ».

Bon à savoir

Les avantages fiscaux du PEE sont maintenus si vous conservez votre épargne au-delà de 5 ans.

En savoir plus sur le PEE

Afin d'en savoir plus sur le PEE, vous pouvez vous adresser :

- aux représentants du personnel de votre entreprise ;
- à une organisation syndicale de votre société ;
- à la Direction départementale du travail, de l'emploi et de la formation professionnelle (DDTEFP) ;
- au centre d'information « Travail Info Service » du ministère du Travail, des Relations sociales, de la Famille et de la Solidarité. Tél : 0 821 347 347 (0,12 €/min), du lundi au vendredi de 9 h 00 à 18 h 00.

Le plan d'épargne retraite collectif (PERCO)

Le PERCO vous permet de constituer une épargne pour votre retraite dans des conditions fiscalement avantageuses. Votre entreprise doit :

- avoir mis en place un accord collectif (pour permettre l'accès au PERCO) ;
- disposer d'un plan d'épargne d'entreprise (PEE) ou d'un plan d'épargne interentreprises (PEI).

Alimentation du PERCO

Le PERCO est alimenté par :

- des versements issus de votre épargne personnelle ;
- des versements correspondant à votre intéressement ou à votre participation aux bénéfices de votre entreprise ;
- des versements complémentaires effectués par votre entreprise (abondement).

À noter

Les abondements versés par votre entreprise sont plafonnés à 3 fois le montant de vos versements annuels, sans pouvoir excéder 16 % du plafond annuel de la Sécurité sociale, soit 5 489 € pour 2009.

Au terme du plan, vous pouvez bénéficier :

- d'une rente viagère ;
- d'un capital (si l'accord collectif qui établit le PERCO dans votre entreprise le prévoit).

Si vous quittez votre entreprise pour une autre, les fonds que vous avez épargnés :

- sont transférés dans le PERCO de votre nouvel employeur ;
- restent dans le PERCO de votre ancien employeur si votre nouvel employeur n'a pas de PERCO.

Durée du PERCO et déblocage anticipé

Les fonds versés sur votre PERCO sont bloqués jusqu'à votre départ en retraite. Il existe cependant des exceptions de déblocage anticipé :

- invalidité de l'épargnant (vous), de vos enfants, de votre conjoint ou de la personne avec laquelle vous êtes liée par un Pacs ;
- décès de l'épargnant, de votre conjoint ou de la personne avec laquelle vous êtes liée par un Pacs ;
- acquisition de votre résidence principale, ou remise en état à la suite d'une catastrophe naturelle ;
- surendettement ;
- expiration de vos droits à l'assurance chômage.

Placement des sommes versées

Le plus souvent, les sommes que vous versez sur votre PERCO sont investies en parts de Fonds communs de placement (FCP) et en actions de Sociétés d'investissement à capital variable (SICAV).

Vous avez le choix entre 3 organismes de placement. Ces organismes gèrent des produits d'investissement ayant des profils différents :

- « Dynamique » : produits risqués ;
- « Équilibre » : produits à la fois risqués et non risqués ;
- « Prudent » : produits non risqués.

Attention

Le PERCO n'est pas un placement à capital garanti ! C'est à vous de déterminer le niveau de risque que vous acceptez de prendre en fonction du temps qui reste à courir avant votre départ à la retraite.

Comme pour le PEE, compte tenu de la conjoncture actuelle (crise bancaire, boursière et financière), je vous recommande de vous orienter vers des organismes gérant des produits de type « Prudent ».

Bon à savoir

Vous ne serez pas soumis aux charges sociales et à l'impôt sur le revenu sur les gains que vous pourrez réaliser avec votre PERCO !

Ces gains ne seront prélevés que de la CSG (contribution sociale généralisée) et de la CRDS (contribution pour la réduction de la dette sociale).

Si vous choisissez de bénéficier d'une rente à la fin de votre PERCO, cette dernière sera partiellement fiscalisée (soumise à certains impôts).

En savoir plus sur le PERCO

Afin d'en savoir plus sur le PERCO, vous pouvez vous adresser :

- aux représentants du personnel de votre entreprise ;
- à une organisation syndicale de votre société ;
- à la Direction départementale du travail, de l'emploi et de la formation professionnelle (DDTEFP) ;
- au centre d'information « Travail Info Service » du ministère du Travail, des Relations sociales, de la Famille et de la Solidarité. Tél : 0 821 347 347 (0,12 €/mn), du lundi au vendredi de 9 h 00 à 18 h 00.

POUR LES TRAVAILLEURS INDÉPENDANTS : L'ÉPARGNE « LOI MADELIN »

Si vous êtes travailleur indépendant, la loi Madelin vous offre (entre autres) la possibilité de déduire de votre bénéfice imposable les cotisations que vous versez chaque année :

- à votre organisme de retraite complémentaire (pour vous constituer un complément de retraite par capitalisation) ;
- à votre complémentaire santé (mutuelle) ;
- à votre institut de prévoyance.

Fonctionnement d'une épargne « Loi Madelin »

Pour bénéficier de la loi Madelin, vous devez être à jour dans le paiement de vos cotisations aux régimes obligatoires d'assurance-maladie et de vieillesse. Les cotisations doivent être régulières, tant sur les montants versés que sur la fréquence (périodicité).

Vous ne pouvez liquider vos droits acquis qu'à partir de l'âge légal de départ à la retraite, sauf dans les situations suivantes :

- invalidité vous rendant incapable d'exercer une profession ;
- cessation de votre activité de travailleur non salarié faisant suite à une liquidation judiciaire.

Avantages et inconvénients

Les prestations que vous pouvez percevoir sont imposables :

- vos indemnités journalières sont prises en compte dans le calcul de votre bénéfice imposable ;
- les rentes que vous percevez au titre de l'invalidité ou du décès (votre conjoint, vos enfants ou un tiers désigné sur le contrat) sont à déclarer dans la catégorie des pensions et rentes viagères.

Également, la sortie d'un contrat « Loi Madelin » ne peut se faire que sous la forme d'une rente :

- indemnités pour arrêt de travail ;
- rente invalidité ;
- pension de conjoint ;
- rente éducation en cas de décès (pour vos enfants mineurs) ;
- complément de retraite (rente viagère)...

Il n'y pas donc pas de versement de capital !

Conseil pratique

Avant de souscrire un contrat « Loi Madelin », vous devez réaliser un bilan social et patrimonial de votre situation afin de comparer vos besoins personnels, professionnels et familiaux aux garanties que peuvent vous apporter ce type de contrat et ceux que vous avez déjà souscrits (un PERP, une assurance-vie...).

En savoir plus sur le contrat « Loi Madelin »

Afin d'en savoir plus sur le contrat « Loi Madelin », vous pouvez vous adresser :

- à votre banque ;
- à une complémentaire santé (mutuelle) ;
- à un institut de prévoyance.

Après l'épargne de précaution et l'épargne de projets, nous venons de voir les principales formes d'épargne retraite.

Nous sommes arrivés au bout de notre voyage sur la route de l'épargne !

En améliorant la gestion de vos postes de dépenses et leur suivi, vous avez augmenté votre pouvoir d'achat. Les fins de mois sont moins difficiles et vous pouvez maintenant dégager une partie de vos ressources pour mettre en place une épargne de précaution, de projets et pour votre retraite...

Toutefois, attention ! Comme pour vos postes de dépenses, n'épargnez que si vous en avez la possibilité financière !

Tout en protégeant les postes de dépenses vitaux comme le logement, l'alimentation et la santé, vous pouvez tout à fait consentir quelques sacrifices sur vos dépenses de consommation courantes.

Cependant, ne tirez pas trop sur la corde... À la fin, elle se casse !

Je vous conseille donc de n'épargner que si vous le pouvez réellement. Ne prenez pas d'initiatives relatives à l'épargne si vos ressources ne vous le permettent pas et si vos calculs vous prouvent que la situation sera tendue ! Trop d'épargne peut tuer l'épargne !

Il vous faut donc trouver le juste milieu, c'est-à-dire épargner sans trop de sacrifices et sans amputer les postes de dépenses que vous maîtrisez. Tout est une question d'équilibre...

Cas concret : Monsieur et Madame Reine.

Monsieur et Madame Reine ont deux enfants, âgés de 2 et 4 ans. Monsieur Reine a 30 ans et Madame Reine 29 ans.

Madame Reine travaille depuis 10 ans dans la même société. Après une période de chômage, financièrement très difficile à surmonter pour le couple, Monsieur Reine vient de retrouver du travail. Bonne nouvelle : il vient de passer la période d'essai avec succès. Il est maintenant embauché sous contrat à durée déterminée.

Monsieur et Madame Reine ne veulent plus revivre des fins de mois difficiles, lesquelles démarraient en réalité le 15 de chaque mois !

Forts de leur traversée du désert et pour se protéger contre toute éventuelle situation de crise, ils ont décidé de commencer à épargner et à construire leur avenir...

Les ressources annuelles de Monsieur et Madame Reine se montent à 33 600 €, soit 2 800 € par mois. Ils sont locataires. Leurs dépenses de consommation « mensualisées » sont de 1 580 €. (Rappel : les dépenses de consommation mensualisées correspondent à l'ensemble des dépenses de consommation annuelles divisées par 12.)

Il leur reste donc 1 220 € par mois.

Le montant de leurs impôts sur le revenu est de 720 €, soit 60 € par mois.

Il ne reste donc plus que : 1 220 - 60 = 1 160 €.

Leur taxe d'habitation et la redevance audiovisuelle se montent à 960 €, soit 80 € par mois.

Il ne leur reste plus que : 1 160 - 80 = 1080 €.

Monsieur et Madame Reine ne sont caution solidaire d'aucune personne physique (un individu) et d'aucune personne morale (une société, par exemple).

Tous les mois, ils remboursent un crédit pour leur voiture : 150 €.

Il ne leur reste plus que : 1 080 - 150 = 930 €.

Ce qui est une très belle somme... pour épargner !

Monsieur et Madame Reine se lancent alors dans la mise en place :

D'une épargne de précaution

Pour cela, ils souscrivent un livret A sur lequel ils versent 1 500 € à l'ouverture, puis 115 € par mois. Cela leur fera **19 151,40 € d'épargne dans 10 ans**.

Il ne reste plus que : 930 - 115 = 815 €.

D'une épargne de projets

Pour cela, ils souscrivent :

- Un Compte épargne logement, sur lequel ils versent 300 € à l'ouverture, puis 125 € par mois. Cela leur fera **17 370,76 € d'épargne dans 10 ans** (hors prime d'État).
- Un Plan épargne logement, sur lequel ils versent 1 200 € à l'ouverture, puis 500 € par mois. Cela qui leur fera **69 674,31 € d'épargne dans 10 ans** (hors prime d'État).

Il ne reste plus que : 815 - (125+500) = 190 €.

D'une épargne retraite

Pour cela, ils souscrivent une assurance-vie sur laquelle ils versent 100 € à l'ouverture, puis 100 € par mois (assurance-vie rémunérée à 4 % net). Cela leur fera **14 874 € d'épargne dans 10 ans** (36 899 € dans 20 ans et 69 736 € dans 30 ans, c'est-à-dire à l'âge de leur retraite...).

10 ans après avoir commencé à épargner, Monsieur et Madame Reine disposeront au total de plus de 120 000 € d'épargne ! (121 070,47 pour être précis).

Avec cet argent, ils pourront faire face aux imprévus, accéder à la propriété de leur logement et enfin s'assurer un complément de retraite confortable...

Prenons à présent le temps de faire un arrêt sur image...

Tout au long de la première partie de *SOS Fins de mois difficiles*, vous avez appris à maîtriser votre budget, poste de dépenses par poste de dépenses.

En mettant à votre disposition des méthodes à appliquer pour éviter toute dérive, les bonnes pratiques et les bons comportements à adopter, les pièges à éviter et les bons plans et bonnes affaires à réaliser, vous augmentez votre pouvoir d'achat !

Sur la route de l'épargne, vous avez compris l'importance de mettre en place une épargne de précaution, une épargne de projets et une épargne retraite... Tout cela grâce à votre pouvoir d'achat reconquis !

Mais votre vie financière n'est pas faite que de dépenses et d'épargne... Le moment est donc venu de vous faire véritablement voyager...

De vous faire voyager à travers ce que j'appelle la « nébuleuse du crédit » !

Prêt immobilier, prêt travaux, prêt pour l'amélioration de l'habitat, prêt voiture, leasing, prêt de trésorerie, vente à tempérament, crédit revolving, découvert bancaire, rachat de crédit... Le monde du crédit est encore bien plus étrange que celui de l'épargne...

Bien plus étrange parce que bien souvent mal compris ou carrément incompris...

Bien plus étrange parce qu'également plus dangereux !

Alors pour vous aider à comprendre ce mystérieux monde de la finance qu'est celui du crédit : décollage immédiat pour la « nébuleuse du crédit »... et bon voyage !

16
LA CONVENTION DE COMPTE

En appliquant mes conseils, vous maîtrisez vos postes de dépenses. En maîtrisant vos postes de dépenses, vous augmentez votre pouvoir d'achat. En augmentant votre pouvoir d'achat, vous épargnez... De plus, en utilisant gratuitement les outils de suivi budgétaire de la société Oneproof, vous améliorez le suivi de vos dépenses et de votre épargne. Ainsi, vous commencez à optimiser vos ressources.

Mais optimiser vos ressources ne se limite pas à minimiser vos dépenses ou à alimenter vos comptes d'épargne. Optimiser ses ressources implique parfois d'avoir recours au crédit !

Mais attention, pas à n'importe quels crédits ! Aux crédits que j'ai baptisés de « non toxiques ».

Alors pour vous aider à comprendre ce monde souvent complexe, parfois redoutable, je vous propose dans un premier temps de vous parler de votre compte bancaire...

Oui, de votre compte bancaire parce qu'il constitue le point de passage incontournable de tous vos crédits !

En effet, tout crédit est systématiquement prélevé sur un compte courant appelé aussi « compte de dépôt ».

Ainsi, avant de vous ouvrir un compte courant, votre banque vous demandera toujours de signer une convention de compte. Pour bien comprendre comment fonctionne votre compte courant, vous devez donc tout d'abord savoir ce qu'est une convention de compte.

LES MODALITÉS D'UNE CONVENTION DE COMPTE

Les banques et les établissements de crédit ont l'obligation de vous informer des conditions générales et des tarifs applicables à la gestion de votre compte de dépôt.

La gestion de votre compte de dépôt (hors comptes professionnels) est réglée par une convention de compte écrite, passée entre vous et votre banque. Cette convention est donc un contrat que vous signez. Votre signature vous engage à respecter le contenu de la convention.

Votre convention de compte de dépôt doit préciser :

- la durée de la convention (par exemple 1 an) ;
- les conditions de renouvellement : votre convention de compte est par exemple reconduite automatiquement chaque année et à date anniversaire ;
- les modalités d'évolution : comment et pourquoi votre convention de compte peut changer ;
- les finalités des traitements de données (et les moyens de s'y opposer) mis en œuvre par les destinataires des informations (à quoi servent les informations que vous fournissez à votre banque, à qui ces informations peuvent-elles être transmises et comment vous pouvez vous opposer à certaines utilisations de ces informations personnelles ;
- les modalités d'ouverture de votre compte de dépôt (comment votre compte est ouvert) ;
- les produits et services dont vous bénéficiez ou dont vous pouvez bénéficier dans le cadre de la gestion de votre compte de dépôt ;
- les modalités d'obtention, de fonctionnement et de retrait de vos moyens de paiement (les moyens de paiement sont essentiellement vos cartes et chéquiers) ;
- les procédures de traitement des incidents de fonctionnement de votre compte de dépôt et de vos moyens de paiement (que se passe-t-il en cas de mauvaise gestion de votre compte de dépôt et/ou de vos moyens de paiement) ;
- les procédures à suivre pour faire opposition à une opération (opposition à une opération de virement, de prélèvement, ou liée à l'utilisation de votre chéquier ou de votre carte) ;
- les modalités d'information sur les mouvements qui ont affecté votre compte (comment votre banque communique avec vous pour vous informer d'opérations au débit ou au crédit

de votre compte : téléphone, courrier spécifique, relevé de compte...) ;

- les conditions tarifaires applicables à l'ouverture de votre compte de dépôt, aux autres produits et services proposés par votre banque et aux incidents de fonctionnement de votre compte de dépôt ou de vos moyens de paiement (combien vous coûtent la gestion de votre compte, l'accès à certains services et produits, un rejet de chèque, la restitution ou le retrait de votre carte...) ;
- les dates de valeur lorsqu'elles sont appliquées par l'établissement (la date de valeur est une date de référence qui sert au calcul des intérêts créditeurs ou débiteurs) ;
- les conséquences d'une position débitrice non autorisée (vous avez dépassé votre découvert autorisé ou vous êtes à découvert alors que votre convention de compte vous l'interdit ; quelles sont pour vous les conséquences de cette mauvaise gestion) ;
- les conditions dans lesquelles vous êtes informé des conséquences de la position débitrice non autorisée, ainsi que le tarif applicable (votre banque vous informe par téléphone, par un courrier spécifique, ou encore par votre relevé de compte du coût que représente la position débitrice de votre compte, non autorisée par votre banque) ;
- les modalités du découvert autorisé de moins de 3 mois (conditions d'utilisation, commissions pratiquées) ;
- les obligations d'information et de confidentialité à votre charge ;
- les modalités de procuration de gestion de votre compte (comment vous pouvez donner une procuration à un tiers, par exemple votre conjoint, pour la gestion de votre compte) ;
- les modalités de fonctionnement d'un compte joint (si vous en avez un ou si vous souhaitez en avoir un), notamment au regard de l'interdiction d'émission de chèques ;
- les conditions de transfert, de résiliation et de clôture de votre compte de dépôt (conditions, délais de préavis) ;
- la possibilité d'obtenir gratuitement les services bancaires de base (il s'agit là de la procédure dite de « droit au compte », voir « Bon à savoir », page suivante) ;
- ce que devient votre compte et/ou votre compte joint en cas de décès de l'un ou des deux titulaires de compte ;
- l'existence d'un médiateur bancaire, c'est-à-dire d'une personne qui règle, ou tente de régler, des litiges entre la clientèle d'une banque et la banque elle-même.

À noter

Toute modification des tarifs applicables à votre compte de dépôt doit vous être préalablement communiquée ! Vous devez donc être informé avant le changement de tarif, et pas après !

Bon à savoir

Vous n'avez pas, ou plus, de compte bancaire ? Les portes des banques se ferment lorsque vous formulez une demande d'ouverture de compte ?...

Une solution existe : le **droit au compte**.

Le droit au compte vous permet de demander à la Banque de France de désigner une banque où vous pourrez bénéficier de **l'ouverture d'un compte et de services bancaires gratuits**.

Les services bancaires gratuits associés au droit au compte sont les suivants :

- *l'ouverture, la tenue et la clôture du compte ;*
- *un changement d'adresse par an ;*
- *la délivrance à la demande de relevés d'identité bancaire ;*
- *la domiciliation de virements bancaires ;*
- *l'envoi mensuel d'un relevé des opérations effectuées sur le compte ;*
- *la réalisation des opérations de caisse ;*
- *l'encaissement de chèques et de virements bancaires ;*
- *les dépôts et retraits d'espèces au guichet de l'organisme teneur de compte ;*
- *les paiements par prélèvement, titre interbancaire de paiement ou virement bancaire ;*
- *des moyens de consultation à distance du solde du compte ;*
- *une carte de paiement dont chaque utilisation est autorisée par l'établissement de crédit qui l'a émise ;*
- *deux formules de chèques de banque par mois ou de moyens de paiement équivalents offrant les mêmes services.*

Pour en savoir plus sur la procédure de droit au compte, prenez contact avec la Banque de France. Pour obtenir les coordonnées de la Banque de France la plus proche de votre domicile, rendez-vous sur le site : www.banque-france.fr/fr/instit/histoire/page7.htm

EN CAS DE LITIGE

Vous n'avez pas été informé dans les temps d'un changement de tarif ou vous pensez avoir été victime d'une vente groupée ?

Dans un premier temps ne cherchez pas l'affrontement. Réglez ce litige à l'amiable avec votre chargé de clientèle ou le directeur d'agence de votre banque. Si vous n'obtenez pas gain de cause : prenez contact avec le médiateur de votre banque.

Toute banque et établissement de crédit désigne un ou plusieurs médiateurs chargés de trouver des solutions aux litiges opposant un client particulier (non professionnel) à sa banque. Le litige doit être relatif aux services fournis par votre banque et à l'exécution des contrats que vous avez conclus avec elle.

À noter

Le recours au médiateur de votre banque est totalement gratuit.

Le médiateur est tenu de vous répondre dans un délai de 2 mois à compter de la date à laquelle vous avez fait appel à ses services. Ses coordonnées sont en principe mentionnées sur votre convention de compte et sur le site Internet de votre banque. À défaut, demandez-les à votre agence.

Vous l'avez compris, ouvrir un compte bancaire n'est pas un acte anodin ! Il vous engage, en général pour de nombreuses années.

Par conséquent, je vous conseille vivement de ne jamais signer votre convention de compte les yeux fermés ! Demandez à votre chargé de clientèle de vous expliquer ce qu'elle contient point par point !

S'il refuse (parce que cela prend du temps et ne rapporte pas d'argent), rappelez-lui qu'il est soumis à une obligation de conseil. Il n'a pas donc pas le droit de vous refuser ce service !

Vous savez maintenant ce que contient votre convention de compte.

Vous possédez donc les bases indispensables pour améliorer la gestion de votre compte bancaire. Nous pouvons alors réellement commencer notre voyage à destination de la « nébuleuse du crédit »...

17
LE CRÉDIT, QU'EST-CE QUE C'EST ?

Restons pour le moment à une distance respectable de la « nébuleuse du crédit » et contentons-vous de l'observer... Que contient-elle ?

Tout d'abord, il existe deux formes différentes de crédit :

- les prêts immobiliers ;
- les crédits à la consommation.

Mais bien sûr, ce n'est pas tout... Les prêts immobiliers peuvent revêtir à leur tour de nombreuses formes :

- le prêt immobilier classique ;
- le prêt épargne logement (rappel : pour bénéficier d'un prêt épargne logement, vous devez avoir souscrit au préalable un compte épargne logement (CEL) ou un plan épargne logement (PEL) ; pour en savoir plus sur les CEL et PEL, rendez-vous au chapitre 14, « L'épargne de projet ») ;
- le prêt à taux zéro ;
- le prêt conventionné ;
- le PAS, ou prêt d'accession sociale (à la propriété) ;
- le crédit relais...
- et il y en a encore bien d'autres !

Il en va de même pour les crédits à la consommation :

- le prêt étudiant ;
- le crédit gratuit ;
- la LOA, ou location avec option d'achat ;
- le prêt affecté ;
- le prêt personnel ;
- le crédit permanent... appelé plus communément « crédit revolving ».

En apparence, il peut vous sembler facile de faire la différence entre un prêt immobilier et un crédit à la consommation. En apparence seulement...

Petit test... Un prêt « travaux » est-il un crédit à la consommation ou un prêt immobilier ? Là, vous commencez déjà à douter... Je vous vois froncer les sourcils... Et ce n'est qu'un début !

Il n'est en réalité pas aussi facile que ça de faire la distinction entre les deux formes de crédit. Le crédit est un produit financier complexe, que je vais donc vous faire découvrir, lentement mais sûrement !

AVANT DE SE LANCER

Qu'il vous permette de faire l'acquisition de votre logement, de votre véhicule, de matériel électroménager, hi-fi-vidéo ou encore tout simplement d'acheter des biens non durables, le crédit aux particuliers participe à la production de biens et de services.

Quelle qu'en soit la forme, prêts immobiliers ou crédits à la consommation, près d'un Français sur deux y a recours. Emprunter est donc devenu une opération courante, banale...

Banale, mais ô combien engageante pour vous ! En effet, vous êtes tenu de rembourser votre crédit (conséquence totalement normale) dans le strict respect du contrat de crédit que vous avez signé. Ce contrat prévoit notamment le règlement :

- de frais de dossier ;
- d'intérêts ;
- d'une assurance facultative ou obligatoire...

Quelle que soit la forme du crédit (prêt immobilier ou crédit à la consommation), vous devez impérativement prendre certaines précautions.

Pouvez-vous penser « crédit » ?

Comme nous l'avons vu tout au long de la première partie de *SOS Fins de mois difficiles*, vous devez dans un premier temps réaliser un état des lieux de votre situation budgétaire. Vous devez impérativement mettre à plat toutes vos dépenses de la vie quotidienne.

Attention

Avant de signer un crédit, quel qu'il soit, passez en revue l'ensemble des 12 postes de dépenses décortiqués dans la première partie de cet ouvrage.

Mais ce n'est pas tout ! Avant de penser « Crédit », pensez « Épargne » !

Souvenez-vous...

- une épargne de précaution pour faire face aux coups durs ;
- une épargne de projet pour vos futurs investissements (pour l'achat d'une voiture et surtout pour l'acquisition de votre logement) ;
- une épargne retraite pour vous assurer un complément de revenus quand vous vous retirerez de la vie active...

Si vous avez réalisé votre état des lieux et que vous avez mis en place l'épargne indispensable pour le bon déroulement de votre vie, alors, seulement à ce moment-là, vous pouvez commencer à penser « Crédit » !

Mais commencer à penser « Crédit » ne veut pas dire se lancer... Vous devez encore calculer avec précision votre marge de manœuvre !

La part d'endettement

Vos ressources vous permettent-elles de vous endetter ? Vous devez déterminer (toujours avec beaucoup de précision, vos finances ne tolèrent pas l'à peu près...) si vos revenus vous offrent la possibilité d'en consacrer une partie au remboursement d'un prêt.

Existe-t-il une norme commune à tous (un pourcentage des ressources de chacun) au-delà de laquelle vous ne devez pas emprunter ? Bien sûr que non !

Un Français gagnant 1 000 € par mois ne peut pas s'endetter de la même façon qu'un autre ayant 2 000 € de ressources mensuelles.

100 € de mensualité de crédit pour le premier peut totalement déséquilibrer son budget, tandis que cette même somme est en principe absorbable sans douleur par le second !

Tout est donc une question de proportion !

Autre exemple : une famille dont les revenus sont de 10 000 € par mois pourra sans trop de difficultés s'endetter jusqu'à 40 % (soit 4 000 € par mois). En revanche, toute personne dont les gains mensuels dépassent difficilement le Smic (Salaire minimum interprofessionnel de croissance) sera probablement exclu de toute forme de recours au crédit. En clair, dans l'impossibilité totale d'emprunter...

De la précision !

Le chargé de clientèle de votre banque est-il le mieux placé pour vous aider à calculer votre capacité d'endettement ? Oui et non...

Oui, car en fonction des informations qu'il aura collectées auprès de vous (vos ressources, vos prêts en cours de remboursement...), le système informatique va lui indiquer si le prêt peut vous être accordé ou non. La décision que prend votre chargé de clientèle est donc étroitement liée aux informations que vous lui communiquerez.

Mais qui est le mieux placé pour connaître votre budget (vos ressources mais aussi et surtout le poids de chacun de vos postes de dépenses) ? Vous ! Et pas votre chargé de clientèle. Encore une fois, j'insiste ! L'évaluation de vos postes de dépenses et de votre capacité à épargner ne tolère pas les arrondis, les « à-peu-près »... Le calcul de votre capacité à vous endetter non plus !

Ce n'est donc qu'en faisant preuve de précision et d'une totale transparence vis-à-vis de votre chargé de clientèle (ou auprès de l'établissement de crédit) que vous minimisez le risque de l'opération.

L'ÉTUDE DE VOTRE DOSSIER DE CRÉDIT

Les banques ou les établissements de crédit ne sont pas philanthropes ! Ces entreprises ne travaillent que pour gagner de l'argent, surtout pas pour en perdre.

En clair, lorsque vous formulez une demande de crédit, cette dernière ne sera acceptée qu'à partir du moment où la banque ou l'établissement de crédit aura la quasi-certitude de ne pas prendre de risque.

Si emprunter de l'argent, c'est prendre le risque de ne pas pouvoir le rembourser, prêter de l'argent, c'est aussi prendre le risque de ne pas être remboursé. Quand un établissement de crédit prête de l'argent, il doit mesurer le risque qu'il prend !

Pour mesurer ce risque, il va examiner plusieurs choses.

Votre capacité juridique à avoir recours au crédit

Si vous êtes placé sous tutelle ou curatelle (mesure de protection de personnes majeures) ou encore si vous êtes mineur, vous ne pouvez pas emprunter seul.

Votre situation au regard des fichiers gérés par la Banque de France

Pour toute demande de crédit, les banques et établissements de crédit ont l'obligation de consulter plusieurs fichiers. Si vous faites ou avez fait récemment l'objet d'une inscription dans l'un de ces fichiers, il y a de très fortes chances que votre demande de crédit vous soit refusée. L'établissement prêteur a néanmoins le droit de prêter de l'argent à une personne « fichée ». (Eh oui, c'est légal...).

Le FICP

Le FICP (Fichier national des incidents de remboursement des crédits aux particuliers) recense à l'échelle nationale l'ensemble des particuliers ayant ou ayant eu des difficultés de remboursement de leurs crédits (sous certaines conditions).

Le FCC

Le FCC (Fichier central des chèques impayés) recense à l'échelle nationale :

- l'ensemble des particuliers ayant émis des chèques sans provisions (sous certaines conditions) ;
- les décisions de retrait de cartes bancaires pour usage abusif (sous certaines conditions).

Le FNCI

Le FNCI (Fichier national des chèques irréguliers) recense les coordonnées bancaires :

- de tous les comptes ouverts au nom d'une personne frappée par une interdiction d'émettre des chèques ;
- des oppositions pour perte ou vol de chèques ;
- des comptes clos, ainsi que les caractéristiques des faux chèques.

Votre situation par rapport à la réglementation

Comme vous le verrez plus loin, certains prêts (immobiliers, par exemple) ne sont accessibles qu'à des personnes dont les ressources ne dépassent pas un plafond donné.

Votre capacité financière à emprunter

Votre situation financière, familiale, patrimoniale et professionnelle intéresse de très près votre banquier.

Vos ressources et votre état d'endettement (les crédits que vous remboursez déjà) sont également nécessaires à l'étude de votre demande. Ils permettent à la société de crédit ou à la banque de calculer votre taux d'endettement.

Ce taux permet en principe de répondre à la question : pourrez-vous ou non rembourser l'emprunt que vous demandez.

Les garanties que vous pouvez apporter

Il faut distinguer deux grandes catégories de garantie :

- **Les garanties portant sur les biens**, par exemple une hypothèque. Une hypothèque est un droit accordé à un créancier (par exemple votre banque) sur un bien immobilier en garantie d'une dette et ce, sans que le propriétaire du bien en soit dépossédé.
- **Les garanties portant sur les personnes**, par exemple une caution (pour comprendre les conséquences que peuvent avoir les cautions sur votre budget, je vous invite à vous référer au chapitre 1 de cet ouvrage).

Une fois collectées, ces informations sont saisies dans le système informatique de la banque ou de la société de crédit. Le système informatique peut :

- prendre la décision à la place du chargé de clientèle (banque ou société de crédit) ;
- donner un avis : la décision est prise par le chargé de clientèle.

En fonction de la forme de crédit que vous demandez (crédit à la consommation ou prêt immobilier) et de son montant, la décision peut être prise par un responsable ayant davantage de pouvoirs de décision. Plus le montant du crédit est élevé, plus l'opération est risquée et complexe, plus votre demande d'emprunt montera les échelons hiérarchiques de la banque ou de la société de crédit. Cela explique bien souvent pourquoi certaines demandes de prêt nécessitent plus de temps que d'autres pour être traitées.

Si vous formulez une demande de prêt dans une banque différente de la vôtre, celle-ci pourra vous demander (ou exiger) la domiciliation de vos revenus sur un compte qu'elle vous ouvrira chez elle. Pour toute banque, c'est un très bon moyen de contrôler si les éléments que vous lui avez communiqués sont viables sur la durée.

Votre demande de prêt a maintenant été étudiée et acceptée par la banque ou la société de crédit. Vous allez donc signer un contrat de prêt appelé aussi « offre préalable de crédit ».

LE CONTRAT DE CRÉDIT OU « OFFRE PRÉALABLE DE CRÉDIT »

L'offre préalable de crédit est un contrat qui vous lie au prêteur. Il est donc très important que vous le lisiez attentivement avant de le signer. Si vous notez des points qui ne semblent pas correspondre à ce qui vous a été annoncé par le prêteur, ne signez rien tant que vos questions restent sans réponses. Pour éviter de vous lancer aveuglément, n'hésitez pas à solliciter le chargé de clientèle de la banque ou de la société de crédit.

Pour vous aider à comprendre ce que contient un contrat de crédit, je vous propose de faire le tour des points clés.

L'offre préalable pour les crédits immobiliers

L'offre préalable de crédit immobilier présente les caractéristiques et les modalités du crédit. Pour tout prêt immobilier, le prêteur doit vous envoyer l'offre préalable :

- par voie postale ;
- en deux exemplaires (trois si votre prêt fait l'objet d'une caution).

L'offre préalable est valable 1 mois à compter de sa date d'émission. Pendant ce délai, l'établissement prêteur ne peut en changer aucun terme.

Même si vous avez pris votre décision rapidement, il vous faudra patienter 10 jours à compter de la date d'émission de l'offre avant d'accepter celle-ci. Ce délai incompressible vous protège de toute décision hâtive et vous laisse un peu de temps pour comparer l'offre avec la concurrence (ce délai est appelé « délai de réflexion »).

Si vous n'obtenez pas votre prêt, le compromis de vente ou le contrat d'achat ou de construction que vous avez signé sera annulé et les sommes que vous avez versées d'avance vous seront restituées en totalité.

Que doit contenir votre offre préalable de crédit ?

Les caractéristiques du contrat

L'offre préalable de crédit doit faire apparaître notamment :

- le nom et l'adresse de l'établissement prêteur ;
- vos nom et adresse (ainsi que ceux des cautions, s'il y en a) ;
- la date et les conditions de mise à disposition de la somme d'argent prêtée ;

- un tableau d'amortissement indiquant les dates, le nombre et le montant des remboursements. Concernant le montant des mensualités, ce tableau doit présenter la répartition entre l'amortissement du capital (la part de capital que vous remboursez pour chaque mensualité), le montant des intérêts et la part de la prime d'assurance ;
- le montant de la somme d'argent prêtée ;
- le coût total du crédit ;
- le taux effectif global du crédit (ou TEG, voir plus loin dans ce chapitre).

Cas spécifique des prêts immobiliers à taux variable

Pour les prêts immobiliers à taux variable, l'offre préalable est accompagnée d'un document présentant deux simulations de variation du taux : une à la hausse et une à la baisse.

En clair, quand le taux change, ce document indique quels sont les effets sur le montant des mensualités, la durée et le coût total du crédit.

Toute proposition de prêt à taux variable doit être accompagnée d'une autre proposition de prêt à taux maîtrisable. Cette proposition de prêt à « taux maîtrisable » fait apparaître :

- un taux « plafond », c'est-à-dire un taux au-delà duquel le taux de votre prêt ne grimpera pas ;
- ou des mensualités et une durée « plafond », c'est-à-dire un montant de mensualité et une durée au-delà desquels votre prêt n'ira pas ;
- ou un taux fixe (la date de passage au taux fixe vous sera alors indiquée).

Attention

La crise bancaire, puis boursière, puis économique de la fin 2008 a pris naissance aux États-Unis avec la fameuse affaire des « subprimes » en juillet 2007.

Les « subprimes » sont (entre autres) des prêts immobiliers hypothécaires à taux variable.

L'effondrement du marché du crédit immobilier hypothécaire aux États-Unis repose sur le fait que les taux de ce type de prêt ont subi de fortes hausses, entraînant une augmentation brutale des mensualités.

Dans l'impossibilité de faire face à leurs échéances, les emprunteurs ont été contraints de vendre leurs biens immobiliers (quand ils n'ont pas été tout simplement expulsés).

Nous ne vivons pas aux États-Unis, mais je ne saurais que trop vous recommander d'être prudent : ***ne souscrivez pas de prêt immobilier à taux variable !***

L'assurance de votre prêt immobilier

Si l'établissement prêteur ne vous propose pas, ou ne vous impose pas, son propre contrat d'assurance, l'offre préalable précise (depuis le 1er octobre 2008) que vous pouvez souscrire une assurance de votre choix. Cependant, l'assurance que vous choisirez devra être équivalente à l'assurance proposée par votre banque.

Si l'offre préalable de l'établissement est assortie d'une assurance, une notice doit vous être remise. Cette notice doit comporter :

- les conditions générales de l'assurance ;
- la durée de couverture par l'assurance ;
- les risques couverts et exclus ;
- les modalités de mise en œuvre de l'assurance ;
- les coordonnées de la compagnie d'assurance.

L'acceptation et la rétractation

Le délai de réflexion

Comme nous l'avons vu plus haut, vous ne pouvez pas accepter l'offre de prêt avant un délai de 10 jours à compter du moment où vous l'avez reçue. Si vous acceptez l'offre de prêt, vous devez bien sûr la signer et la dater, mais aussi la retourner obligatoirement par courrier à votre banque. C'est le cachet de la Poste qui atteste que le délai de réflexion de 10 jours a bien été respecté.

À la réception de votre offre signée, la banque pourra vous verser les fonds.

Le délai de rétractation

Le délai de rétraction est le délai pendant lequel vous pouvez revenir sur votre signature : il est de 7 jours.

Pour renoncer au prêt, il vous faudra envoyer le bordereau de rétractation à l'établissement prêteur avant l'expiration de ces 7 jours (en recommandé avec accusé de réception, pour que la date ne soit pas contestable).

De plus, si la vente ne s'est pas réalisée dans un délai de 4 mois à compter de l'acceptation de l'offre préalable, vous pouvez renoncer au prêt en exerçant votre droit de rétractation.

Les intérêts d'emprunt des prêts immobiliers : un avantage fiscal certain !

Afin de favoriser l'accession à la propriété d'une résidence principale, la loi du 21 août 2007 donne la possibilité aux emprunteurs de déduire chaque année de leur impôt sur le revenu une partie des intérêts d'emprunt, et ce pendant 5 ans.

Cette mesure concerne les Français qui empruntent pour acquérir ou faire construire leur logement à titre de résidence principale, qu'ils soient primo-accédants ou non !

Les prêts concernés sont :

- des prêts à taux fixe ou à taux variable ;
- des prêts « in fine » ;
- des crédits relais.

À noter

Cette mesure est appliquée aux ventes réalisées depuis le 6 mai 2007.

Ce crédit d'impôt peut se cumuler avec les avantages du prêt à taux zéro, du prêt PAS ou du prêt conventionné.

Si le crédit d'impôt excède le montant de votre impôt sur le revenu, l'excédent vous sera alors restitué. Cette mesure profite ainsi aussi aux personnes peu ou pas imposables.

Le crédit d'impôt est égal :

- à 40 % du montant des intérêts la première année ;
- à 20 % du montant des intérêts les quatre années suivantes.

Plafonds des intérêts d'emprunt et du crédit d'impôt en fonction de la situation familiale					
	Personne célibataire, veuve ou divorcée	**Personne handicapée célibataire, veuve ou divorcée**	**Couple soumis à une imposition commune**	**Couple soumis à une imposition commune dont l'un des deux est handicapé**	**Par personne à charge**
Plafond des intérêts	3 750 €	7 500 €	7 500 €	15 000 €	+ 500 €
Plafond du crédit d'impôts la 1re année (40 %)	1 500 €	3 000 €	3 000 €	6 000 €	200 €
Plafond du crédit d'impôts par année suivante (20 %)	750 €	1 500 €	1 500 €	3 000 €	100 €

Vous savez maintenant ce que doit contenir votre offre préalable de prêt immobilier. Passons à présent à celles des crédits à la consommation.

L'offre préalable pour les crédits à la consommation

L'offre préalable vous présente toutes les caractéristiques et les modalités du crédit. Les crédits à la consommation sont des prêts :

- dont la durée est supérieure ou égale à 3 mois ;
- **dont les montants sont inférieurs ou égaux à 21 500 €.**

Ne sont pas considérés comme crédits à la consommation, les prêts :

- signés chez un notaire ;
- destinés à financer une activité professionnelle.

L'offre préalable est valable pendant 15 jours à compter de son émission. Pendant ce délai, les conditions de l'offre de crédit ne peuvent pas changer. Cela vous laisse un peu de temps pour comparer l'offre avec la concurrence.

L'établissement de crédit doit vous remettre l'offre en deux exemplaires (un troisième pour la caution, s'il y en a une).

À noter

Lorsque le crédit à la consommation que vous souscrivez est destiné à un achat, le bon de commande doit préciser que le bien sera acheté à l'aide d'un crédit. Si le commerçant refuse de porter cette indication sur le bon de commande, ne signez rien !

De plus, si le crédit est refusé, vous pourrez renoncer à acheter le bien.

Que doit contenir votre offre préalable de crédit ?

L'offre préalable doit présenter notamment :

- le nom et l'adresse de l'établissement prêteur ;
- vos nom et adresse (ainsi que ceux des cautions, s'il y en a) ;
- le montant du prêt ;
- l'objet du crédit ;
- la durée du prêt, le nombre de mensualités et le coût total des frais ;
- la fréquence de remboursement (mensuelle, par exemple) ;
- le taux effectif global (TEG).

Attention

Ces caractéristiques ne s'appliquent pas aux crédits revolving. Par définition, les crédits revolving sont des crédits « permanents » dont la durée, et donc le nombre de mensualités ainsi que le coût total, ne peuvent être prévus à l'avance.

L'assurance de votre crédit à la consommation

Si l'établissement prêteur ne vous propose pas, ou ne vous impose pas, son propre contrat d'assurance, l'offre préalable précise (depuis le 1er octobre 2008) que vous pouvez souscrire une assurance de votre choix.

Si l'offre préalable de l'établissement est assortie d'une assurance, une notice doit vous être remise. Cette notice doit comporter :

- les conditions générales de l'assurance ;
- la durée de couverture par l'assurance ;
- les risques couverts et exclus ;
- les modalités de mise en œuvre de l'assurance ;
- les coordonnées de la compagnie d'assurance.

L'acceptation et la rétractation pour les crédits à la consommation

Vous pouvez renoncer à votre crédit à la consommation en exerçant votre droit de rétractation pendant les 7 jours qui suivent la date de signature de l'offre. Il suffit de renvoyer à l'établissement de crédit le bordereau de rétractation qui est joint à l'offre préalable (en recommandé avec accusé de réception pour que la date ne puisse pas être contestée).

À votre demande, ce délai de 7 jours peut être ramené à 3 jours pour les prêts affectés (voir Glossaire), en cas de livraison immédiate (dans ce cas, soyez sûr de votre choix et de votre capacité à rembourser le prêt).

Attention

La date de signature du contrat de prêt doit être celle du jour même. Ne demandez pas à ce que l'offre de prêt soit antidatée (la date inscrite est antérieure à la date réelle). Vous pourriez perdre la possibilité de profiter du droit de rétractation !

Nous avons vu l'offre préalable de prêt immobilier et de crédit à la consommation.

Nous allons maintenant passer à la mise en place de votre crédit...

LA MISE EN PLACE DE VOTRE CRÉDIT

La mise à disposition des fonds ne peut intervenir que si l'offre préalable a été acceptée et si les garanties et les assurances nécessaires ont bien été souscrites.

Les fonds peuvent être débloqués :

- en intégralité ;
- sous la forme de versements échelonnés.

Le versement de l'intégralité des fonds

La mise en place du prêt est l'opération par laquelle l'établissement de crédit verse les fonds :

- à vous-même ;
- à un tiers (un notaire, une concession automobile, un constructeur immobilier...).

Le déblocage sous forme de versements échelonnés

Comme c'est souvent le cas dans le cadre de la construction d'une maison ou de travaux, il peut arriver que le prêt soit débloqué de façon échelonnée. Les fonds sont alors versés au fur et à mesure que le chantier avance.

À noter

Dans le cas d'un prêt à versements échelonnés, vous ne payez des intérêts que sur la partie utilisée (mais au taux du crédit). Ce n'est qu'après le dernier versement que votre prêt est véritablement mis en place et que le remboursement des mensualités complètes commence.

LE REMBOURSEMENT DE VOTRE CRÉDIT

Pour un crédit à la consommation comme pour un prêt immobilier, le remboursement de votre prêt ne peut commencer que lorsque tous les fonds ont été versés.

Dans la majorité des cas, le remboursement de votre prêt suit un plan d'amortissement. L'établissement prêteur prélève les mensualités sur votre compte bancaire aux dates convenues.

Pour éviter tout rejet de prélèvement de vos mensualités de crédit, veillez à ce que votre compte soit suffisamment approvisionné.

Attention

En cas de difficultés financières (même passagères), prenez immédiatement contact avec l'établissement de crédit. Exposez votre situation et recherchez avec votre interlocuteur une solution adaptée à votre situation.

Le cas particulier du prêt « in fine »

Pour un crédit de type « in fine », le remboursement du capital emprunté s'effectue en une seule fois à la fin du contrat. Au cours du contrat, vous ne payez que les intérêts et l'assurance, et même parfois uniquement l'assurance.

Le prêt « in fine » est régulièrement adossé à un placement financier (une assurance-vie, par exemple) pour lequel vous épargnez régulièrement pendant toute la durée du prêt.

C'est le capital provenant de votre placement financier qui permettra de rembourser le prêt « in fine » !

Le cas particulier du crédit relais

Un prêt relais est une avance partielle sur la somme d'argent que vous êtes supposée recevoir de la vente d'un bien dont vous êtes actuellement propriétaire.

En général, il sert à financer l'acquisition de votre futur logement avant même que votre logement actuel ne soit vendu : d'où son nom « crédit relais ».

Le crédit relais peut durer jusqu'à 2 ans.

Le remboursement de vos crédits par anticipation

Crédits à la consommation

Vous pouvez rembourser votre crédit par anticipation sans aucune pénalité. Si vous souhaitez faire un remboursement partiel, un montant minimum peut vous être demandé.

Prêts immobiliers

En général, une indemnité vous sera demandée par l'établissement de crédit si vous souhaitez rembourser tout ou partie de votre prêt immobilier par anticipation.

Au cœur de la « nébuleuse du crédit », nous avons observé ensemble les grands principes.

Rentrons davantage dans le vif du sujet : parlons de prix ! Vous allez voir que le crédit n'est pas qu'une affaire de taux d'intérêt...

LE CRÉDIT : COMBIEN ÇA COÛTE ?

Les frais de dossier

Nous avons vu ensemble que votre demande de prêt nécessite :

- la saisie d'informations dans le système informatique de l'établissement prêteur ;
- la collecte de documents ;
- la consultation de certains fichiers gérés par la Banque de France (FICP, FCC...) ;
- une étude pour vous donner une réponse.

L'ensemble de ces tâches représente un coût pour l'établissement de crédit : c'est ce que le secteur bancaire appelle les « frais de dossiers ».

Les frais de dossiers peuvent être :

- fixes ;
- proportionnels au capital emprunté.

Pour vous donner un ordre d'idée de ce que peuvent coûter les frais de dossier, comptez en moyenne entre 1 et 1,5 % du montant emprunté.

Conseil pratique

Fixes ou proportionnels, ne signez pas sans discuter. Négociez une remise totale ou partielle de ces frais !

Les frais de dossier sont en quelque sorte la partie émergée de l'iceberg. La partie la plus importante du coût de votre crédit est le taux...

Mais quel taux ? Taux nominal ou taux effectif global ? Réponse dans les pages qui viennent...

Le taux nominal

Le taux nominal sert à calculer les intérêts de votre prêt. Il comprend principalement :

- **Le taux auquel l'établissement de crédit se refinance.** Ne possédant pas la totalité de l'argent qu'il vous prête (vous êtes surpris ?), l'établissement emprunte de l'argent sur différents marchés. En clair, une banque ou un établissement de crédit achète de l'argent « en gros » pour le revendre « au détail ».

- **La charge du risque.** Celle-ci correspond à l'argent que le prêteur peut éventuellement perdre dans ses opérations de crédit.
- **Les coûts de gestion** : le personnel, les locaux, le matériel, l'informatique...
- **La marge commerciale.** Celle-ci représente l'argent que l'établissement souhaite gagner sur la somme qu'il vous prête.
- **Le coût d'acquisition** : frais de publicité, de marketing, de commissionnement des apporteurs d'affaires...

Comme vous venez de le constater, l'établissement de crédit a de nombreux frais qu'il doit répercuter dans le taux nominal pour que le prêt soit rentable. Cependant, une banque ou une société de crédit ne peuvent pas faire tout et n'importe quoi concernant les taux qu'ils appliquent. Ces taux sont encadrés par ce que l'on appelle le « taux de l'usure ».

Le taux de l'usure est le maximum qu'un établissement de crédit peut pratiquer sur un type de crédit donné. Par exemple, au 1er janvier 2009, le taux de l'usure pour les crédits inférieurs ou égaux à 1 524 € était de 21,32 % !

Il y a tout de même une marge plus que confortable...

Attention

Le taux nominal ne permet pas de connaître le coût réel du crédit !

Le taux à retenir pour savoir ce que va vous coûter réellement votre crédit est le taux effectif global (TEG).

C'est précisément ce que nous allons voir tout de suite !

Le taux effectif global (TEG)

Le TEG représente le coût réel de votre crédit. Sa notification sur l'offre préalable de crédit est obligatoire (pour un prêt immobilier comme pour un crédit à la consommation).

Le TEG comprend :

- le taux nominal ;
- les frais de dossier ;
- le coût de l'assurance de votre crédit ;
- les timbres fiscaux (prêts immobiliers)...

Attention

Que ce soit pour votre prêt immobilier ou pour votre crédit à la consommation, si vous souscrivez une assurance non proposée par l'établissement de crédit, le TEG ne l'intégrera pas ! Soyez donc vigilant si vous faites le choix de prendre une autre assurance que celle proposée par la banque ou la société de crédit.

Si vous souscrivez un prêt immobilier à taux variable, l'établissement prêteur n'est pas tenu de vous informer de la modification du TEG résultant d'un éventuel changement de taux ! Encore une raison pour ne pas souscrire un prêt à taux variable !

Le TEG est un élément objectif de comparaison. Puisqu'il intègre la totalité des coûts de votre crédit, il vous permet :

- de connaître le coût réel de votre prêt ;
- de comparer les offres faites par la concurrence ;
- de vérifier que les taux qui vous sont proposés ne dépassent pas le taux de l'usure.

Cas concret : Monsieur Romuald

Monsieur Romuald souhaite s'acheter une voiture. Son budget lui permet d'emprunter 10 000 € sur 4 ans.

Sa banque lui fait l'offre suivante :

- **Taux nominal de 4,5 %** (hors assurance et frais de dossier).
- Assurance : 0,24 %.
- Frais de dossier : 100 €.

Si Monsieur Romuald accepte cette offre, il remboursera son crédit selon les conditions suivantes :

- Mensualité hors assurance : 228,71 €/mois
- Assurance : 2,92 €/mois

Au total, ses mensualités avec assurance seront donc de 231,63 €/mois.

À la fin du prêt, le montant total des intérêts s'élèvera à 977,96 € et le coût total de l'assurance à 140,16 €.

Le coût total du crédit sera donc de 1 218,12 €, **ce qui correspond à un TEG de 5,81 %.**

Le taux du crédit de Monsieur Romuald est passé de 4,5% à 5,81%...

Frais de dossier, taux nominal, TEG... La liste ne s'arrête pas là. N'oublions pas l'assurance !

Le coût de l'assurance

Selon les établissements de crédit et les contrats qu'ils ont passés avec leurs assureurs, les primes d'assurance peuvent être calculées de deux façons :

- **Forfaitaire** : la prime d'assurance est calculée sur le capital emprunté (par exemple, votre prime d'assurance représente 4 € par tranche de 10 000 € empruntés).
- **En pourcentage** : la prime d'assurance est exprimée en taux et est calculée par rapport au capital restant dû (par exemple, votre prime d'assurance représentera 0,50 % du capital restant dû de votre prêt).

Heureusement, l'assurance de votre crédit ne se résume pas uniquement aux primes que vous payez, elle comporte aussi des garanties... Et tout particulièrement pour les personnes présentant les signes d'une santé fragile !

L'ASSURANCE DE VOTRE CRÉDIT

Souscrire une assurance pour votre crédit permet non seulement de vous protéger de certains risques (décès, maladie...), mais aussi de protéger l'établissement prêteur.

L'assurance décès invalidité

L'assurance décès invalidité protège vos héritiers ainsi que l'établissement prêteur.

Si vous décédez ou si vous êtes en incapacité totale de travail, l'assurance remboursera le capital restant dû (ce qui reste à payer) à la place de vos héritiers (dans le cas d'un décès) ou de votre famille (dans le cas d'une incapacité de travail). Votre conjoint et vos enfants sont ainsi protégés.

Ce type d'assurance est le plus souvent obligatoire pour les prêts immobiliers, mais peut être facultatif pour les crédits à la consommation...

L'assurance perte d'emploi

L'assurance perte d'emploi vous protège contre le risque de ne plus pouvoir rembourser votre prêt à la suite d'un licenciement. En cas de perte de votre emploi, c'est l'assurance qui rembourse le prêt à votre place pendant la durée et les conditions qui sont définies au départ. L'assurance peut prendre le relais de deux façons :

- prise en charge du paiement des mensualités de votre crédit ;
- règlement des intérêts des mensualités, mais pas du capital ; le capital non réglé est alors reporté en fin de contrat, c'est-à-dire après la dernière mensualité.

Attention

Dans ce dernier cas, la durée de remboursement de votre prêt se rallonge. C'est donc un élément à prévoir dans votre budget !

L'assurance perte d'emploi vous protège contre un licenciement, mais bien sûr pas contre une démission...

Pour les prêts immobiliers comme pour les crédits à la consommation, l'assurance perte d'emploi est facultative.

Attention

Les assurances perte d'emploi représentent un coût élevé pour une couverture de risque assez faible.

Ce type d'assurance est cher pour deux raisons :

- le taux de chômage en France est élevé : le risque est donc loin d'être négligeable pour une compagnie d'assurance ;
- peu de particuliers souscrivent une assurance perte d'emploi ; avec peu de contrats entre les mains, les compagnies d'assurance ne peuvent répartir leurs coûts que sur un faible nombre de cotisants...

Cas concret : Monsieur et Madame Boris

Monsieur et Madame Boris sont sur le point de souscrire un prêt immobilier pour faire l'acquisition de leur premier logement. Leur budget leur permet d'emprunter 100 000 € sur 15 ans.

Un établissement de crédit leur fait l'offre suivante :

- Taux nominal de 5,5 % (hors assurance et frais de dossier).
- Assurance perte d'emploi : 0,65 %.
- Frais de dossier : gratuits.

Si Monsieur et Madame Boris acceptent cette offre, ils rembourseront leur prêt selon les conditions suivantes :

- Mensualité hors assurance : 817,08 €/mois
- Assurance : 54,17 €/mois

Au total, leurs mensualités avec assurance seront donc de 871,25 €/mois.

À la fin du prêt, le montant total des intérêts s'élèvera à 47 074,40 € et le coût total de l'assurance à 9 750,60 €.

Le coût total du crédit sera donc de 56 825 €, **ce qui correspond à un TEG de 6,50 %.**

Le taux du crédit de Monsieur et Madame Boris est non seulement passé de 5,5 % à 6,5 %, mais l'assurance perte d'emploi représente près de 10 % du capital emprunté !

Le délai de carence

Si vous êtes licencié et que vous souhaitez faire jouer l'assurance perte d'emploi de votre crédit pour que les mensualités soient prises en charge par la compagnie d'assurance, il va vous falloir respecter un délai de carence.

Ce délai, qui court à compter de la souscription du prêt, est une période pendant laquelle vous n'avez droit à aucune indemnité si vous perdez votre emploi.

Ce délai varie en fonction des contrats d'assurance, de 6 à 12 mois à compter de la signature du prêt.

Le délai de franchise

En plus du délai de carence, vous devez également respecter ce que l'on appelle un délai de franchise.

Tous les établissements de crédit prévoient, à compter du jour où vous percevez vos allocations Assedic, une période pendant laquelle vos mensualités de crédit ne seront pas prises en charge. Cette période varie de 3 à 6 mois selon les contrats.

C'est seulement après cette période que l'assurance remboursera vos mensualités à votre place... Si vous n'avez toujours pas retrouvé un emploi !

La période d'indemnisation

La période maximale d'indemnisation varie selon les assurances. Elle se situe en général entre 12 et 24 mois pour une même période de chômage. Dès que vous retrouvez du travail, l'indemnisation de l'assurance cesse.

Si vous retrouvez rapidement du travail mais que vous le perdez tout aussi vite (moins de 6 mois plus tard, par exemple), certains contrats prévoient que vous n'aurez pas à subir une nouvelle période de franchise.

Attention

Rares sont les assurances de crédits qui proposent une indemnisation (ou prise en charge) de la totalité de vos mensualités. Le pourcentage varie entre 50 et 100 %, avec parfois un plafond (entre 800 € et 1 900 €).

Le dossier d'assurance

L'assurance de votre crédit ne vous sera jamais présentée par la compagnie d'assurance mais par la banque ou la société de crédit. L'établissement prêteur a l'obligation de mettre à votre disposition les conditions générales du contrat d'assurance ainsi qu'une notice explicative relative aux risques couverts par votre assurance.

L'établissement prêteur devra aussi porter à votre connaissance :

- le montant de votre prime d'assurance ;
- le taux effectif global de votre prêt (assurance incluse).

Le questionnaire de santé

Pour valider le contrat d'assurance proposé, vous aurez à remplir, dater et signer un questionnaire sur votre état de santé.

Les informations d'ordre médical ne servent qu'à l'assurance. L'établissement prêteur n'en aura pas connaissance. Si votre âge ou votre état de santé ne vous permet pas d'être couvert par l'assurance qui vous est proposée, la banque ou la société de crédit peut vous proposer une autre assurance.

Attention

Quand vous remplissez le questionnaire de santé, soyez honnête ! Toute fausse déclaration ou omission d'information (oubli involontaire) peut annuler purement et simplement votre contrat d'assurance !

Vous aurez payé vos primes d'assurance pour rien et en plus, vous ne serez plus couvert.

S'Assurer et Emprunter avec un Risque Aggravé de Santé (AERAS)

Dans certains cas, l'état de santé du demandeur de crédit est si fragile ou présente tellement de risques que presque toutes les portes des compagnies d'assurance se ferment. Depuis le 6 janvier 2007, il existe une nouvelle solution : AERAS.

Afin de faciliter le recours au crédit immobilier pour les personnes présentant un risque de santé aggravé, une convention a été signée entre l'État, les banques, les assureurs et des associations de consommateurs et de malades. Cette convention s'appelle AERAS. Pour en savoir plus sur la convention AERAS, rendez-vous sur le site *www.aeras-infos.fr*

LES FRAIS ANNEXES AU CRÉDIT

Les « frais annexes » au crédit ne sont généralement pas directement liés à son utilisation, mais à des causes extérieures. Dans le cadre de votre demande de prêt, l'établissement de crédit a dû mener certaines actions spécifiques. Ces actions ne sont bien sûr pas gratuites ! Elles vous sont donc facturées par la banque ou la société de crédit.

Ces frais peuvent correspondre à :

- des timbres fiscaux ;
- des frais d'enregistrement si un acte (un écrit) doit en faire l'objet (par exemple, la mise en place d'un gage sur un véhicule).

Bon à savoir

Si votre prêt nécessite l'intervention d'un notaire, aucun frais ne doit en principe vous être demandé par l'établissement prêteur (ces frais sont déjà intégrés dans ce que vous devez régler au notaire).

LES GARANTIES DU CRÉDIT

Les frais liés aux garanties de votre crédit se présentent sous trois formes principales :

- le cautionnement ;
- l'hypothèque et l'inscription en privilège de prêteur de deniers ;
- le nantissement.

En fonction des caractéristiques que présente votre dossier de demande de prêt (durée, montant, domiciliation de vos revenus ou non...), l'établissement prêteur peut exiger une garantie pour la mise en place du prêt.

Le critère le plus souvent retenu par les banques et les sociétés de crédit est celui du « risque ». Si le prêteur estime qu'il prend un risque à vous prêter de l'argent, il vous demandera une garantie !

Le cautionnement

Dans un dossier de crédit, il est n'est pas rare que l'établissement de crédit ou la banque demande à l'emprunteur un cautionnement. La caution est alors la personne qui s'engage à rembourser les sommes dues à la banque en cas de défaillance de paiement de l'emprunteur.

Attention

Une fois engagée, la caution ne peut plus revenir sur son engagement.

Il existe deux types de caution :

- **La caution simple.** Le prêteur se retourne d'abord vers l'emprunteur. Si le prêteur ne parvient à se faire rembourser par l'emprunteur, il se retournera alors vers la caution.
- **La caution solidaire.** En cas de défaillance de paiement de l'emprunteur, le prêteur peut se retourner immédiatement vers la caution. C'est la caution la plus souvent demandée par les banques et sociétés de crédit.

Conseil pratique

Comme évoqué dans la première partie de SOS Fins de mois difficiles, *si vous vous portez caution solidaire d'un tiers, intégrez le montant de la mensualité de crédit dans votre endettement. Si l'emprunteur ne paye plus ses échéances, vous serez alors en mesure d'assumer vos responsabilités.*

Si vous êtes caution d'un crédit d'un tiers, vous devez :

- recevoir de la part du prêteur un exemplaire de l'offre préalable de crédit ;
- bénéficier du même délai de réflexion que l'emprunteur ;
- être informé par le prêteur de toute défaillance de paiement de la part de l'emprunteur.

Le cautionnement ne prend fin qu'au remboursement total du crédit.

Le cas particulier des époux

Un époux, s'il se porte caution seul (sans son conjoint), ne peut s'engager que sur ses biens propres. Il ne pourra s'engager sur les biens acquis dans le cadre de la communauté qu'avec l'accord écrit de son conjoint.

La caution d'un organisme spécialisé

Pour certains prêts immobiliers, l'hypothèque peut être remplacée par la caution d'un organisme spécialisé. En cas de défaillance de paiement de votre part, cet organisme remboursera l'établissement prêteur à votre place, puis se retournera contre vous.

Si vous bénéficiez de la caution d'un tel organisme, celui-ci vous demandera :

- une participation à un fonds de garantie (qui vous sera éventuellement restitué partiellement en fin de crédit) ;
- une commission de caution (des frais).

Bon à savoir

Si vous êtes amené à revendre votre bien dans les prochaines années, vous économiserez les frais de notaire. En effet, ne s'agissant pas d'une hypothèque, il n'y aura pas de levée d'hypothèque à demander !

L'hypothèque

Si vous achetez un bien immobilier à l'aide d'un prêt bancaire, l'opération est presque toujours assortie d'une garantie (réelle) :

- hypothèque conventionnelle ;
- inscription en privilège de prêteur de deniers.

L'hypothèque conventionnelle

L'hypothèque prend la forme d'un acte chez le notaire. Elle est inscrite soit dans l'acte de vente du bien immobilier, soit dans un acte notarié séparé. Les formalités obligatoires de publication au bureau des hypothèques sont réalisées par le notaire.

L'hypothèque permet à votre créancier, en cas de non-paiement, de faire saisir le bien immobilier et d'en obtenir la vente. La banque qui a prêté les fonds pourra alors être payée sur le prix de vente de votre bien, de façon prioritaire par rapport aux autres créanciers.

Attention

L'hypothèque disparaît en même temps que la créance, mais l'effacement de l'inscription de l'hypothèque n'intervient qu'un an après la fin du crédit. L'inscription hypothécaire est maintenue pendant ce délai pour permettre au créancier de faire jouer ses recours en cas d'impayés (action en justice). Toute revente du bien pendant ce délai nécessite un accord de la part du prêteur.

Les frais d'hypothèque comprennent :

- des impôts ;
- des taxes ;
- la rémunération du notaire.

Ces frais représentent autour de 2 % du montant du prêt (par exemple 3 000 € pour un bien de 150 000 €...).

À toutes fins utiles : ces frais sont bien sûr à votre charge...

L'inscription en privilège de prêteur de deniers

Proche de l'hypothèque, cette garantie porte uniquement sur des biens anciens. Elle ne s'applique pas :

- aux biens achetés sur plan (VEFA : Vente en l'état futur d'achèvement) ;
- à la construction d'une maison individuelle.

L'inscription en privilège de prêteur de deniers est une garantie prise par le prêteur qui est prioritaire sur toutes les autres garanties prises sur le bien immobilier. En cas de problèmes financiers, le fonctionnement de l'inscription en privilège de prêteur de deniers sera identique à celui de l'hypothèque : le bien sera saisi, puis vendu par voie judiciaire.

Bon à savoir

L'inscription en privilège de prêteur de deniers est moins chère que l'hypothèque, car elle n'est pas assujettie à la taxe de publicité foncière.

Caution, société de caution, hypothèque, inscription en privilège de prêteur de deniers... Rien n'est vraiment simple en matière de prise de garantie sur votre crédit !

Une dernière et nous en aurons terminé : le nantissement.

Le nantissement

Le nantissement est une garantie qui porte sur un bien qui n'est pas immobilier. Les formes les plus courantes de nantissement utilisées dans des opérations de crédit aux particuliers concernent les véhicules, les titres et les contrats d'assurance-vie.

Le nantissement de votre véhicule

Ce type de nantissement s'appelle un « gage ». Le gage fait l'objet d'un enregistrement en Préfecture.

Si vous souhaitez vendre votre véhicule, vous devrez fournir un « certificat de non-gage » prouvant que votre crédit a bien été remboursé.

Le nantissement de titres

Le nantissement de titres (actions, obligations...) est un acte par lequel vous donnez des titres en garantie pour votre crédit.

Le plus souvent, vous pouvez continuer à réaliser des opérations d'achat et de vente sur le portefeuille faisant l'objet du nantissement.

Le nantissement d'un contrat d'assurance-vie

Les prêts « in fine » sont la plupart du temps adossés à des contrats d'assurance-vie.

Le capital d'un prêt « in fine » se rembourse en fin de contrat. La fin du contrat d'assurance-vie est en général la même que celle du contrat « in fine ». C'est donc grâce à l'assurance-vie que vous réglez le crédit.

Le nantissement de l'établissement prêteur portera donc sur l'assurance-vie, qui en principe doit permettre de solder le crédit.

À QUI VOUS ADRESSER POUR DEMANDER VOTRE CRÉDIT ?

Pour demander un crédit (idéalement aux meilleures conditions), vous pouvez vous tourner vers votre banque, une banque concurrente ou encore une société de crédit.

Les banques

Une banque est un établissement habilité à effectuer toutes les opérations de banque telles qu'elles sont définies par la loi :

- réception de fonds du public ;
- opérations de crédit ;
- délivrance et gestion d'instruments de paiement (carte et chéquier).

À savoir

Toutes les banques proposent tous les types de crédit (à peu de choses près).

Conseil pratique

Pour votre crédit à la consommation ou pour votre prêt immobilier, faites jouer la concurrence ! Comparez les TEG pratiqués par les banques et les sociétés de crédit.

Vous pouvez aussi vous rapprocher d'un intermédiaire en opérations de banque, appelé plus communément « courtier ». Ce dernier peut être spécialisé en :

- *recherche de prêts immobiliers ;*
- *recherche de crédits à la consommation ;*
- *rachat de crédits immobiliers et à la consommation ;*
- *recherche d'assurances pour votre crédit immobilier.*

Privilégiez les courtiers disposant d'un réseau d'agences. Ainsi, votre interlocuteur ne change pas à chaque fois que vous voulez le contacter par téléphone. En cas de besoin, vous pourrez aussi le voir rapidement, car il sera proche de chez vous.

Pour recourir aux services d'un courtier, vous devez établir un contrat de mandat. Le contrat de mandat peut être :

- Simple : vous pouvez aller voir un autre courtier.
- Exclusif : vous ne pouvez pas signer un contrat avec un autre courtier.

Attention

Un courtier ne peut percevoir des honoraires qu'au déblocage des fonds de votre crédit. Les honoraires du courtier correspondent en quelque sorte aux « frais de dossier » de votre crédit. Quel que soit le montant des honoraires demandés par votre courtier, négociez ! S'il refuse, changez de courtier !

Les prêts non bancaires

Il existe des formules de prêts non distribuées par les banques et les sociétés de crédit. Vous pouvez orienter vos recherches en direction :

- du 1% Logement ;
- des prêts de la fonction publique (si vous êtes fonctionnaire) ;
- de la Caisse d'allocations familiales de votre département ;
- de votre caisse de retraite...

Leurs formules de prêt peuvent être très avantageuses. N'hésitez pas à prendre contact avec les structures concernées.

Les autres formes de crédits

Le prêt sur gage

Pour faire face à un besoin de trésorerie urgent, le prêt sur gage peut peut-être vous aider. Contre le dépôt d'un objet de valeur (bijou, montre, argenterie, tableau, sculpture, tapis, mobilier, tapisserie, verrerie, fourrure, instrument de musique, bouteille de grand cru...), un prêt peut vous être accordé immédiatement.

Bon à savoir

Le prêt est généralement accordé dans un délai d'une heure !

Vos objets sont estimés par des commissaires-priseurs. C'est la valeur de votre objet qui détermine le montant de votre prêt. Celui-ci représente 50 à 70 % de la valeur estimée de votre objet sur le marché des ventes aux enchères publiques.

Si votre demande de prêt est refusée, vos objets vous sont immédiatement restitués.

À noter

Les objets sont conservés en toute sécurité, généralement dans une chambre forte.

Si vous ne pouvez pas rembourser votre prêt, il vous suffit de payer les intérêts pour prolonger le prêt pour une durée d'un an. Si vous ne voulez pas (ou ne pouvez pas) rembourser ces intérêts, l'objet sera vendu aux enchères. Le produit de la vente servira à rembourser le prêt et les intérêts.

S'il y a un bénéfice, il vous sera reversé ! À l'inverse, si la vente ne suffit pas à couvrir le remboursement, le déficit est supporté par l'établissement. Il ne vous sera donc pas réclamé...

Vous pouvez à tout moment récupérer vos objets en remboursant le montant du prêt et les intérêts (calculés au prorata du nombre de mois).

À noter

Aujourd'hui, 93 % des objets déposés en gage au Crédit municipal de Paris sont récupérés par leurs propriétaires.

Pour en savoir plus sur le prêt sur gage, vous pouvez vous rendre sur le site du Crédit municipal de Paris : *www.creditmunicipal.fr*

Le recours au microcrédit personnel

Vous ne pouvez pas (ou vous ne pouvez plus) accéder au crédit bancaire (crédit distribué par une banque ou un établissement de crédit) et vous êtes en recherche d'une solution pour financer votre accession à la location ?

Vous avez besoin d'un coup de pouce de quelques centaines, voire de quelques milliers d'euros pour financer le dépôt de garantie, la commission de l'agence immobilière ou encore les frais d'installation dans votre logement ?

Le microcrédit personnel représente peut-être la solution que vous attendez.

Qu'est-ce que le microcrédit personnel ?

Tout d'abord, ne confondez pas le microcrédit personnel avec le microcrédit professionnel.

Le microcrédit professionnel sert à financer un particulier dans le cadre de la création d'une entreprise ou d'une micro-entreprise.

Le microcrédit personnel finance le besoin ou le projet d'un particulier dans un cadre non professionnel, c'est-à-dire dans le cadre de la vie quotidienne : logement, santé, formation, emploi, moyens de transport...

Le microcrédit personnel est avant toute chose un produit financier. Il ne peut donc être commercialisé que par une banque ou un établissement de crédit. (Sauf cas particulier : une association ou une collectivité, par exemple.)

Le fonctionnement du microcrédit personnel

Le microcrédit personnel est arrivé sur le marché français au milieu des années 2000. Il est encore à ce jour relativement confidentiel, c'est-à-dire peu connu du grand public.

Il existe plusieurs formules de microcrédit personnel en France. Le plus souvent, le dispositif du microcrédit personnel repose sur l'intervention de deux acteurs :

- **Le prêteur** (celui qui finance le prêt). En général, il s'agit d'une banque ou d'un établissement de crédit, parfois une association ou une collectivité locale (un Conseil régional, par exemple).
- **L'accompagnant.** Il s'agit le plus souvent d'une association ou d'un service social. L'accompagnant définit, ou aide à définir,

avec précision le besoin ou le projet du demandeur, monte avec lui le dossier de demande de microcrédit personnel et l'accompagne tout au long du remboursement du microcrédit.

En tant que produit financier, le microcrédit personnel est soumis à la même réglementation que les autres types de crédit (crédits immobilier, crédits à la consommation…).

En clair, si vous avez un retard dans le règlement d'une ou de plusieurs mensualités, l'accompagnant vous aidera dans un premier temps à trouver les solutions pour y faire face.

Si cette situation dure, le prêteur est libre de mettre en place tout type d'action de recouvrement pour récupérer la somme d'argent prêtée.

Attention

Signer un microcrédit personnel vous engage de la même façon qu'un crédit immobilier ou un crédit à la consommation !

Qui peut bénéficier du microcrédit personnel ?

Pour bénéficier d'un microcrédit personnel, il faut tout d'abord ne pas pouvoir avoir accès aux crédits commercialisés par les banques et les sociétés de crédit. Toute personne répondant à ce principe peut potentiellement formuler une demande de microcrédit personnel.

Où s'adresser pour demander un microcrédit personnel ?

Il n'existe pas de liste officielle présentant les banques, les établissements de crédit, les associations et les services sociaux participant au dispositif. Adressez-vous à votre banque et aux différents réseaux associatifs près de chez vous, et demandez-leur s'ils le proposent.

Dans les grandes lignes, vous savez maintenant comment fonctionnent les principaux types de crédit (prêts immobiliers et crédits à la consommation) et vous en connaissez le coût. Vous commencez donc à être armés pour formuler une demande de crédit en sachant dans quoi vous vous engagez !

Pour affûter vos armes, je vous propose (enfin) de plonger dans le cœur de la « nébuleuse du crédit » !

Nous allons voir, une par une, toutes les formes de prêts immobiliers et de crédits à la consommation.

18
LES DIFFÉRENTS TYPES DE PRÊTS IMMOBILIERS

COMMENT BIEN CHOISIR VOTRE PRÊT IMMOBILIER ?

Parce que souscrire un prêt immobilier vous engage sur une longue durée, vous avez tout intérêt à ne pas vous tromper. Toute erreur pourrait être lourde de conséquences sur votre budget et sur votre confort de vie.

Pour vous aider à faire le bon choix, je vous conseille donc fortement d'appliquer ma méthode…

Étape 1 — Établissez votre plan de financement

Que ce soit pour financer l'acquisition ou la construction de votre logement, ou encore la réalisation de travaux, vous devez systématiquement bâtir un plan de financement. Votre plan de financement doit faire apparaître plusieurs éléments.

Tout d'abord, doivent apparaître les dépenses liées à votre projet immobilier. Par exemple, si vous souhaitez acheter un appartement ancien, vous devrez lister :

- le prix d'achat ;
- le prix des travaux (s'il y en a) ;
- le coût des garanties de votre prêt ;
- les frais de notaire…

De même, votre plan de financement doit comporter la part de vos ressources que vous pouvez mobiliser pour réaliser votre projet, par exemple :

- votre apport personnel (je pense ici bien sûr à votre épargne de projets) ;
- un crédit bancaire : calculez avec précision votre capacité de remboursement ;

- un crédit non bancaire : 1 % logement, prêt de la fonction publique, etc. ;
- un emprunt à la famille...

Ce plan de financement va vous permettre de savoir combien :

- vous devez emprunter pour réaliser votre projet ;
- vous pouvez emprunter ;
- vous pouvez rembourser.

Attention, « pouvoir emprunter » et « pouvoir rembourser » ne veulent pas dire la même chose...

« Pouvoir emprunter » correspond à la somme qui peut vous être prêtée par une banque ou une société de crédit.

« Pouvoir rembourser » correspond à la somme que vous pouvez rembourser chaque mois sans risquer de faire déraper la gestion de votre budget.

Bien qu'étant très bien placés pour évaluer ce qu'ils peuvent vous prêter (et donc le risque qu'ils prennent), les établissements de crédit et les banques ont parfois le « pied léger sur la pédale de frein » lorsque les objectifs commerciaux en fin de mois ne sont pas atteints... Dans ce genre de situation, certains dossiers de demande de prêts immobiliers qui devraient être refusés « passent » tout de même...

Étape 2 — Ne mettez pas tous vos œufs dans le même panier

Pour le financement de votre projet, vous devez rechercher les meilleures formules de prêt possibles.

Dans votre plan de financement, vous avez calculé ce que vous **pouvez** rembourser tous les mois. Ne cherchez pas à faire financer la totalité de votre projet par un ou deux prêts seulement. N'hésitez pas à répartir votre capacité de remboursement (ce que vous pouvez payer tous les mois) sur plusieurs prêts bien distincts.

Vous devez vous tourner vers des solutions comme :

- le prêt à 0 % ;
- le Prêt accession sociale (à la propriété) ;
- un prêt conventionné...

Ainsi, en bénéficiant de prêts à des conditions avantageuses, vous pourrez réaliser de belles économies : sur les frais de dossier, mais aussi et surtout sur les taux d'intérêt.

Étape 3 — Faites attention au type de taux proposé

Les taux qui vous seront proposés peuvent être différents d'un crédit à l'autre. Ils peuvent être imposés par le type du prêt (par exemple le prêt épargne logement *via* un compte épargne logement et/ou un plan épargne logement) ou ne pas être soumis à une réglementation particulière.

Le taux fixe

Le taux fixe est un taux qui restera inchangé durant toute la durée de votre prêt. Le montant de vos mensualités sera le même jusqu'à la fin de votre crédit.

Ainsi, le coût de votre prêt ne risque pas de s'envoler. Vous maîtrisez donc votre budget.

Malheureusement, si les taux baissent, vous n'en profiterez pas !

Le taux variable

Le taux variable, ou révisable, est, au départ, presque toujours plus bas que le taux fixe : c'est une offre d'appel !

Par la suite, le taux peut varier à la baisse, mais aussi à la hausse. Cette variation n'a lieu qu'une fois par an.

Votre prêt à taux variable peut prévoir :

- des dispositions particulières pour limiter les risques de hausse du taux de votre prêt ;
- une transformation de votre prêt en taux fixe.

Attention

Si votre contrat ne prévoit pas la possibilité de transformer votre prêt à taux variable en prêt à taux fixe, vous ne pourrez pas le demander en cours de route (lorsque vous aurez commencé à rembourser).

Depuis le 1er octobre 2008, dans le cas d'un prêt à taux variable, le prêteur doit porter une fois par an à la connaissance de l'emprunteur le montant du capital restant à rembourser.

Attention

Personne n'étant en mesure de prévoir ce qui peut se passer en matière de taux d'intérêt pour les prêts immobiliers et compte tenu du contexte de crise actuel, soyez prudent et ne choisissez pas de prêt à taux variable.

Préférez un taux fixe, même si le taux variable annoncé peut vous paraître plus attractif ! « Un tiens vaut mieux que deux tu l'auras » !

Étape 4 — Choisissez la bonne durée pour votre prêt principal

La durée de votre crédit dépend principalement de votre capacité de remboursement. Plus la mensualité que vous pouvez rembourser pas mois est importante, plus la durée de votre prêt sera courte, et inversement.

Ne cherchez pas forcément à rembourser la mensualité la plus importante possible. Certes, vous rembourserez plus vite, mais qu'en sera-t-il de la mise en place de votre épargne ? Rembourser un prêt immobilier ne doit pas vous empêcher de continuer à alimenter votre épargne de précaution (pour faire face aux coups durs) et aussi votre épargne retraite (pour vous assurer un complément de revenus) ! Ne « tendez » pas votre budget pour réaliser votre rêve, laissez-lui un peu d'air...

La plupart des banques proposent des formules de prêt dont le montant des mensualités peut être modifié en cours de route :

- Si votre situation financière est susceptible de se dégrader pendant quelques mois, demandez une réduction du montant de votre mensualité.
- Si vous remboursez moins tous les mois, vous paierez sur une durée plus longue.
- Si vos ressources vous permettent d'augmenter vos remboursements, vous rembourserez plus vite votre prêt.

Conseil pratique

Orientez vos recherches de prêt immobilier vers des formules dites « modulables ». C'est un atout dans la gestion de votre budget.

Étape 5 — Identifiez votre capacité d'apport personnel

L'apport personnel est la partie de votre projet que vous financez sur vos fonds propres.

Apport minimum

Le montant de votre apport personnel dépend principalement :

- de votre capacité à emprunter ;
- de votre endettement et de la nature de vos dettes ;
- du montant de votre projet ;
- des garanties que vous pouvez apporter à l'établissement de crédit, par exemple une assurance-vie.

Si votre capacité à emprunter est faible, que vous êtes déjà endetté par ailleurs, que vous ne pouvez apporter aucune garantie et que le montant de votre projet est important, vos chances d'obtenir votre prêt immobilier sont proches de zéro.

À l'opposé, si vous n'êtes pas ou peu endetté, si votre capacité d'emprunt est importante, que vous êtes en mesure d'apporter des garanties à l'établissement prêteur, vous pouvez avoir la quasi-certitude de pouvoir signer votre offre préalable très rapidement (dans le respect du délai de réflexion de 10 jours, bien entendu...).

Conseil pratique

Je vous conseille d'avoir un apport d'au moins 20 % du prix total de votre opération immobilière. Cela rassure le prêteur de pouvoir constater que vous avez préparé de longue date votre projet, que vous avez épargné pour lui donner vie et que vous avez su gérer votre budget.

À savoir

Certains établissements de crédit acceptent de financer la totalité de votre projet, mais hors frais de notaire.

Apport maximum

Ne mettez pas tous vos œufs dans le même panier ! Afin de diminuer votre endettement et/ou la durée de remboursement, ne soyez pas tenté de mettre sur la table toutes vos économies... Ce n'est pas parce que vous accédez à la propriété que vous devez arrêter d'avoir une épargne de précaution et une épargne pour votre retraite !

Par ailleurs, vous devez avoir en tête la globalité de votre projet. Il y aura des assurances à souscrire, des frais de copropriété ou encore des petits travaux à réaliser...

C'est là que votre plan de financement vous sera pleinement utile. Vous saurez quelle partie de votre épargne :

- vous pourrez consacrer à votre apport personnel ;

- vous pourrez débloquer pour la réalisation de travaux ultérieurs ;
- vous devrez conserver au titre de vos épargnes de précaution et de retraite…

Étape 6 — Ne signez pas n'importe quelle garantie

Hypothèque, nantissement, cautionnement ou encore inscription en privilège de prêteur de deniers ? Si vous avez le choix, optez pour la garantie la moins chère.

Bon à savoir

L'hypothèque est toujours la plus chère.

Pour vous éclairer sur le coût des différentes garanties, voici un tableau qui va vous permettre de comparer les prix.

	Hypothèque (H)		IPPD* (I)		Caution (C)			
Montant du prêt	Montant**	%	Montant**	%	Montant***	%	Différence (H-C)	Différence (I-C)
50 000€	1 820 €	3,64%	1 390 €	2,78%	1 192 €	2,38%	628 €	198 €
80 000 €	2 390 €	2,99%	1 760 €	2,20%	1 582 €	1,98%	808 €	178 €
100 000 €	2 790 €	2,79%	2 000 €	2,00%	1 850 €	1,85%	940 €	150 €
120 000 €	3 180 €	2,65%	2 230 €	1,86%	2 130 €	1,78%	1 050 €	100 €
150 000 €	3 750 €	2,50%	2 590 €	1,73%	2 550 €	1,70%	1 200 €	40 €
180 000 €	4 300 €	2,39%	2 970 €	1,62%	2 970 €	1,65%	1 330 €	- 50 €
200 000 €	4 600 €	2,30%	3 250 €	1,56%	3 250 €	1,63%	1 350 €	- 140 €

* IPPD : Inscription en privilège de prêteur de deniers (pour les biens anciens).

** Les frais de mainlevée ont été inclus dans ce montant.

*** Ce montant ne tient pas compte du remboursement en fin de prêt des 75 % du Fonds mutuel de garantie (Société de conditionnement).

Étape 7 — Soyez attentif aux conditions de remboursement

Dans la plupart des cas, votre prêt immobilier se rembourse sous forme de mensualités dont le montant est fixe sur toute la durée de remboursement.

Mais cela n'est pas vrai pour les prêts à taux variable : les mensualités peuvent changer chaque année.

Ce n'est pas vrai non plus pour les prêts « in fine » et les crédits relais : ces types de prêts sont soldés en totalité à la fin du contrat.

Bon à savoir

En cas de revente de votre bien immobilier et d'achat d'un nouveau, certains prêts prévoient de maintenir votre prêt immobilier sur votre nouvelle acquisition ! Simple et très pratique !

La déchéance du terme

Si vous ne pouvez plus rembourser votre crédit, passé un certain délai qui peut varier d'un établissement de crédit à un autre, votre banque vous demandera de payer :

- la totalité du capital restant dû ;
- les intérêts non échus (c'est-à-dire les intérêts restant à courir) ;
- une indemnité légale...

Cette procédure est appelée la « déchéance du terme ». Cette étape se situe juste avant le recours aux garanties (comme l'hypothèque).

Conseil pratique

Chacun peut connaître des difficultés financières.

Si vous n'êtes pas responsable de votre situation, il n'y aucune honte à éprouver. La vraie difficulté va être de trouver des solutions le plus rapidement possible.

Pour cela, lisez attentivement les offres préalables de crédit que les établissements de crédit vous remettent. Certaines propositions vous offrent la possibilité de reporter une ou plusieurs mensualités de façon consécutive ou non pendant la durée de remboursement de votre prêt immobilier.

En cas de difficultés, vous demandez le report d'une ou deux mensualités pour vous soulager financièrement. Ces mensualités seront reportées à la fin de votre contrat.

Le remboursement anticipé

Si vous souhaitez rembourser votre prêt avant la fin du contrat, c'est possible sous certaines conditions.

Dans la plupart des cas, vous devrez avertir le prêteur au moins un mois avant le remboursement effectif, mais ce délai peut être plus long sur certains contrats. Reportez-vous à votre contrat ou prenez contact avec votre banque ou établissement de crédit.

Pour les prêts immobiliers, le prêteur peut vous demander jusqu'à 3 % du capital restant dû. Si vous souhaitez effectuer un remboursement anticipé partiel, le montant de celui-ci ne pourra pas être inférieur à 10 % du capital initialement emprunté.

Conseil pratique

Gardez cette somme, placez-la sur un compte d'épargne et attendez d'avoir suffisamment d'argent pour effectuer votre règlement.

Si votre prêt a été conclu après le 1er juillet 1999, cette indemnité ne vous sera pas demandée si votre remboursement anticipé est motivé :

- par la vente du bien immobilier faisant suite à un changement de votre lieu d'activité professionnelle ou de celui de votre conjoint ;
- par le décès de l'un de vous deux ;
- par la cessation forcée de l'activité professionnelle de l'un de vous deux.

Vous avez désormais entre les mains les principaux éléments de comparaison pour bien choisir votre prêt immobilier. Vos connaissances se renforcent !

Mais ce n'est toujours pas suffisant... Alors pour vous « fortifier » davantage, voici un tour d'horizon des différents types de crédit immobilier...

LES DIFFÉRENTS TYPES DE PRÊTS IMMOBILIERS

Le prêt immobilier classique

Le prêt immobilier classique est un crédit dont la durée de remboursement est établie dès la signature du contrat. Vous connaissez donc la date de fin de remboursement.

Si vous vous orientez vers ce type de crédit, je vous invite à :

- rechercher un crédit classique à taux fixe : les mensualités restent inchangées pendant toute la durée du prêt ;
- choisir un prêt « Modulable » : en ayant la possibilité de demander l'augmentation ou la diminution du montant de vos mensualités, vous adaptez les remboursements à l'évolution de votre budget... et pas le contraire !

- opter pour une formule de crédit vous proposant la mise en place de reports de mensualités : en cas de difficultés financières passagères, vous pourrez « souffler » !
- comparer les offres : TEG (et pas taux nominal), couverture de l'assurance, garanties exigées...

Conseil pratique

Je vous déconseille de souscrire un crédit classique à taux variable (même plafonné) : vous ne seriez plus maître de votre endettement !

Le principe du prêt immobilier classique (à taux fixe) est simple. Le montant de la mensualité se répartit entre :

- l'assurance : son montant est fixe ;
- le capital : plus vous avancez dans le remboursement de votre crédit, plus la part de capital dans la mensualité augmente ;
- les intérêts : plus vous avancez dans le remboursement de votre crédit, plus la part des intérêts dans la mensualité diminue.

Bon à savoir

Quand vous avez bien avancé dans le remboursement de votre prêt immobilier classique, ne cherchez pas à vous le faire racheter si vous trouver un taux plus intéressant ailleurs, le plus souvent, ce ne serait pas rentable. De plus, les calculs ne sont pas toujours simples à effectuer pour un novice.

Cas concret : Monsieur et Madame Pierre

Monsieur et Madame Pierre envisagent d'acheter une maison dans l'ancien. Leurs ressources annuelles sont de 34 800 €, soit 2 900 € par mois.

Prudents, Monsieur et Madame Pierre ne souhaitent pas que leur taux d'endettement dépasse 30 %. Ils n'ont aucun autre crédit pour le moment.

Leur projet immobilier est de 100 000 € et ils disposent de 20 000 € d'apport personnel.

- Frais de notaire estimés : 6 880 €
- Frais de garantie estimés : 1 677 €
- Montant du prêt : 88 557 € (100 000 - 20 000 + 6 880 + 1 677)

Un établissement spécialisé dans les prêts immobiliers leur a fait l'offre suivante :

- Taux nominal de 5 % (hors assurance).
- Assurance (sans perte d'emploi) : 0,36 %.
- Durée de remboursement : 12 ans.
- Frais de dossier : gratuits

Si Monsieur et Madame Pierre acceptent cette offre, ils rembourseront leur prêt immobilier selon le plan d'amortissement suivant :

Plan d'amortissement sur les 12 années de remboursement, année par année					
Année	**Total à payer**	**Capital amorti**	**Intérêts**	**Assurance**	**Capital restant dû**
1	10 147 €	5 526 €	4 302 €	319 €	83 031 €
2	10 147 €	11 335 €	4 020 €	319 €	77 222 €
3	10 147 €	17 442 €	3 722 €	319 €	71 115 €
4	10 147 €	23 860 €	3 410 €	319 €	64 697 €
5	10 147 €	30 607 €	3 082 €	319 €	57 950 €
6	10 147 €	37 700 €	2 736 €	319 €	50 857 €
7	10 147 €	45 155 €	2 374 €	319 €	43 402 €
8	10 147 €	52 991 €	1 992 €	319 €	35 566 €
9	10 147 €	61 229 €	1 591 €	319 €	27 328 €
10	10 147 €	69 888 €	1 170 €	319 €	18 669 €
11	10 147 €	78 989 €	727 €	319 €	9 568 €
12	10 147 €	88 557 €	261 €	319 €	0 €

Plan d'amortissement de la première année de remboursement						
N°	Mois Années	Total à payer	Capital amorti	Intérêts	Assurance	Capital restant dû
1	janvier 2009	846 €	450 €	369 €	27 €	88 107 €
2	février 2009	846 €	902 €	367 €	27 €	87 655 €
3	mars 2009	846 €	1 356 €	365 €	27 €	87 201 €
4	avril 2009	846 €	1 812 €	363 €	27 €	86 745 €
5	mai 2009	846 €	2 269 €	361 €	27 €	86 288 €
6	juin 2009	846 €	2 729 €	360 €	27 €	85 828 €
7	juillet 2009	846 €	3 190 €	358 €	27 €	85 367 €
8	aôut 2009	846 €	3 653 €	356 €	27 €	84 904 €
9	sept 2009	846 €	4 119 €	354 €	27 €	84 438 €
10	oct 2009	846 €	4 586 €	352 €	27 €	83 971 €
11	nov 2009	846 €	5 055 €	350 €	27 €	83 502 €
12	déc 2009	846 €	5 526 €	348 €	27 €	83 031 €
Total		846 €	5 526 €	302 €	319 €	83 031 €

Le crédit relais

Si vous êtes propriétaire d'un logement et que vous souhaitez le vendre pour financer une nouvelle acquisition, le prêt relais peut vous aider à le faire, sans attendre la vente de votre logement actuel.

Le crédit relais est une avance partielle sur le prix à recevoir de la vente à venir. Sa durée peut aller jusqu'à 2 ans.

À savoir

Le crédit relais peut représenter jusqu'à 70 % de la valeur du bien que vous vendez.

Pour évaluer la valeur de votre bien, l'établissement prêteur vous demandera de faire réaliser une estimation par une agence immobilière ou un notaire.

L'établissement de crédit peut vous proposer :

- **De ne payer que les intérêts.** Vous solderez votre crédit relais quand votre bien sera vendu.
- **De ne rien payer du tout.** Vous réglerez la totalité du prêt (capital et intérêts) lorsque votre bien sera vendu.

Il existe deux formes de crédits relais :

- **Le crédit relais « sans prêt long terme associé ».** Il peut vous être proposé si le prix de vente de votre bien est égal ou supérieur au prix d'acquisition de votre nouveau logement.
- **Le crédit relais « associé à un prêt long terme ».** Il peut vous être proposé si le prix de vente de votre bien est inférieur au prix d'acquisition de votre nouveau logement. Ce type de prêt viendra financer la différence entre la vente de votre ancien logement et l'achat du nouveau (si vous ne disposez pas d'une épargne suffisante).

Bon à savoir

Il est plus facile d'obtenir un crédit relais si vous avez en votre possession un compromis de vente signé.

Conseil pratique

Dans un marché immobilier aussi tendu que le nôtre (les prix baissent et les taux d'emprunt se redressent), je vous déconseille d'avoir recours au crédit relais, et encore moins à sa formule « sans prêt long terme associé ». En plus d'être potentiellement risqué, il est très cher ! Différez plutôt votre projet...

Vous disposez d'une période pouvant aller jusqu'à deux ans pour vendre votre bien. Pendant cette période, vous devrez adapter votre prix de vente en fonction du marché. L'essentiel est de solder le crédit relais dans le délai qui vous est imparti !

Le crédit relais présente en effet un risque. Si vous n'arrivez pas à vendre votre ancien bien et que le crédit relais arrive à son terme, l'établissement prêteur est en droit d'exiger le règlement de la totalité du prêt.

Dans ce cas, prenez rendez-vous avec votre prêteur, exposez votre situation et négociez. Vous pouvez demander :

- un prolongement de la durée du crédit relais ;
- un moratoire, c'est-à-dire une période pendant laquelle vous n'aurez plus rien à payer.

Ce geste de la part de l'établissement de crédit n'est pas gratuit : les intérêts continueront à courir...

Le prêt « In fine »

Il s'agit d'un prêt immobilier dont le remboursement du capital emprunté s'effectue en une seule fois, à la fin du contrat. Le prêt est soldé avec les fonds provenant d'un placement que vous aurez mis en place en parallèle. Le plus souvent, il s'agira d'une assurance-vie.

Pendant toute la durée du contrat, vous payerez donc simplement :

- les intérêts du prêt « in fine » ;
- les primes d'assurance du crédit.

Le prêt « in fine » est une formule de prêt bien adaptée pour réaliser un investissement locatif (acheter un logement que vous mettrez en location).

Le prêt « in fine » vous permet de déduire les intérêts de votre emprunt immobilier de vos revenus issus de la location (en plus des déductions fiscales spécifiques).

En cas de décès avant la fin du contrat « in fine », c'est l'assurance décès du crédit qui remboursera le prêt.

Si vous avez choisi parallèlement un placement de type assurance-vie, le capital issu de ce dernier ira à vos bénéficiaires !

Attention

Si vous êtes en mesure de réaliser ce type d'investissement, c'est tout d'abord que vos fins de mois ne sont a priori pas difficiles. Cependant, si vous êtes novice dans ce domaine, je vous conseille de vous faire aider par un gestionnaire de patrimoine.

Le Pass-Foncier

Dans un contexte où le foncier (les terrains) est devenu rare, donc cher, le Pass-Foncier est un dispositif qui permet de différer (reporter) l'achat du terrain pendant la durée de remboursement de la maison (dans la limite d'une durée maximale de 25 ans), tout en sécurisant l'opération en cas de difficultés financières.

Ce système de fractionnement de paiement peut vous offrir la possibilité d'acquérir votre *première* résidence principale.

Le principe : acquérir le bâti (la maison) avant le foncier

Le Pass-Foncier permet aux ménages qui souhaitent devenir propriétaires de leur résidence principale de payer en deux temps :

- d'abord la construction de la maison ;
- ensuite le terrain, lorsque le prêt dédié à la construction de la maison est remboursé.

Le Pass-Foncier permet de reporter l'achat du terrain pendant toute la période de remboursement des prêts que vous aurez souscrits pour la construction de votre maison. Ce report va de 18 à 25 ans.

À noter

Vous pouvez racheter votre terrain à n'importe quel moment, et ce sans aucune formalité particulière !

Qui peut en bénéficier ?

Pour bénéficier du Pass-Foncier, vous devez remplir trois conditions :

1. Être primo-accédant de sa résidence principale (est considéré primo-accédant tout ménage qui n'a pas été propriétaire de sa résidence principale au cours des deux dernières années).
2. Respecter les conditions de ressources du Prêt social de location-accession (PSLA). Ces conditions de ressources sont liées à la zone géographique dans laquelle vous vivez.

Pour savoir dans quelle zone est situé le bien que vous souhaitez acheter, rendez vous sur le site *www.juri-logement.org/les_textes/ARRETES/2003/DECEMBRE/a_19-12-03bis.htm*

Plafonds de ressources du PSLA (applicables à partir du 1er avril 2007)		
Nombre de personnes destinées à occuper le logement	Zone A	Zones B et C
1	27 638 €	23 688 €
2	35 525 €	31 588 €
3	40 488 €	36 538 €
4	44 425 €	40 488 €
5 et plus	43 363 €	44 425 €

3. Bénéficier d'une aide à l'accession sociale à la propriété attribuée par une ou plusieurs collectivités locales (Conseil général, Conseil régional, commune…) sous la forme d'une subvention ou d'une bonification de prêt.

Montant des aides à l'accession sociale à la propriété		
Nombre de personnes destinées à occuper le logement	Zone A	Zones B et C
3 et moins	4 000 €	3 000 €
4 et plus	5 000 €	4 000 €

Quelles opérations immobilières financer ?

Le Pass-Foncier finance deux types d'opérations :

- l'achat du terrain dans le cadre d'un contrat de construction de maison individuelle ;
- l'achat du terrain dans le cadre d'un achat sur plan (VEFA : Vente en l'état futur d'achèvement).

À noter

L'achat d'un appartement par le biais du Pass-Foncier n'est pas encore possible actuellement.

De quel montant peut-on disposer ?

Le montant du Pass-Foncier ne pourra excéder les plafonds suivants (par logement) :

Zone A	Zone B	Zone C
50 000 €	40 000 €	30 000 €

Pour savoir dans quelle zone le bien que vous souhaitez acheter est situé, rendez vous sur le site *www.juri-logement.org/les_textes/ARRETES/2003/DECEMBRE/a_19-12-03bis.htm*

Pour en savoir plus sur le Pass-Foncier, rendez vous sur le site *www.passfoncier.fr/PDF/pass_foncier_accedant_avril_2008.pdf*

Vous pouvez aussi prendre rendez-vous avec votre banque et demander des explications complémentaires à votre chargé de clientèle.

Vous pouvez également prendre contact avec l'ANIL (Agence nationale pour l'information sur le logement). Pour connaître les coordonnées de votre ADIL (Agence départementale pour l'information sur le logement), rendez vous sur le site *www.anil.org/fr/votre-adil/index.html*

Le prêt à taux zéro (PTZ)

Le prêt à taux zéro est réservé à certains accédants dont les revenus ne dépassent pas un certain plafond. Ce plafond varie en fonction de la taille du ménage et de la localisation géographique du bien acquis.

Comme son nom l'indique, le taux d'intérêt est de 0 % (hors assurance).

Les caractéristiques du prêt (montant, durée et durée du différé d'amortissement) varient en fonction des mêmes critères.

Le différé d'amortissement

Le prêt à taux zéro est un prêt gratuit (hors assurance). Pour certains bénéficiaires de ce prêt, il peut y avoir une période de différé d'amortissement (sans charge de remboursement pour l'emprunteur) qui peut aller jusqu'à 18 ans.

L'intérêt de ce différé est de réduire la charge financière en début de remboursement. C'est en effet la période la plus difficile à franchir, puisque les échéances de tous les prêts bancaires s'accumulent.

Quelles opérations immobilières financer ?

Le prêt à taux zéro concerne exclusivement l'acquisition d'une résidence principale.

Cette résidence principale doit être occupée par l'accédant au moins huit mois par an pendant toute la durée du prêt.

Si vous achetez dans le neuf

Le PTZ peut s'appliquer :

- à la construction ou à l'acquisition d'une maison neuve et le cas échéant du terrain ;
- à l'acquisition d'un appartement neuf (annexes et garages compris).

Si vous achetez dans l'ancien

Le PTZ peut s'appliquer :

- à l'acquisition d'un logement ancien avec ou sans travaux ;
- à la transformation en logements de locaux non destinés à l'habitation dont l'emprunteur est déjà propriétaire et le cas échéant à l'acquisition de ces locaux.

Attention

Le prêt à taux zéro est exclu quand l'opération est financée à l'aide d'un PSLA (Prêt social de location-accession) !

Qui peut en bénéficier ?

Les bénéficiaires du nouveau prêt à 0 % sont des personnes physiques (particuliers ou ménages) primo-accédantes (qui accèdent pour la première fois à la propriété) ou candidates à l'acquisition de leur résidence principale.

L'emprunteur (et chacun des co-emprunteurs) ne doit pas avoir été propriétaire de sa résidence principale au cours des deux dernières années précédant l'offre de prêt. Cette condition est supprimée pour deux catégories d'emprunteurs :

- les personnes handicapées ;
- les personnes contraintes de se reloger à la suite de dommages causés par une catastrophe naturelle ou industrielle, dans la limite de deux ans suivant l'arrêté de constatation de cette catastrophe.

Pour obtenir le prêt à taux zéro, les revenus de l'emprunteur ne doivent pas dépasser un plafond, variable en fonction de la taille du ménage et de la localisation du bien (pour savoir dans quelle zone le bien que vous souhaitez acheter est situé, rendez vous sur le site *www.juri-logement.org/les_textes/ARRETES/2003/DECEMBRE/a_19-12-03bis.htm*).

Plafond de ressources applicables à compter du 1er avril 2007		
Nombre de personnes du ménage	Zone A	Zone B et C
1	31 250 €	23 688 €
2	43 750 €	31 588 €
3	50 000 €	36 538 €
4	56 875 €	40 488 €
5 et plus	64 875 €	44 425 €

Pour les offres de prêt émises entre le 1er juin et le 31 décembre 2008, c'est le revenu fiscal de l'année N – 1 qui est retenu, soit l'année 2007.

La durée de remboursement

La durée de remboursement du PTZ dépend du revenu des personnes qui composent le ménage et peut varier de 6 ans à 22 ans (de 9 ans à 24 ans en cas de majoration).

Le remboursement du prêt est assorti d'un différé d'amortissement total (aucune mensualité à régler) ou partiel (seuls les intérêts sont réglés) d'une durée variable, réservé aux accédants les plus modestes.

De quel montant peut-on disposer ?

Le montant du PTZ ne peut dépasser :

- 20 % du coût de l'opération (hors frais d'acquisition) dans la limite des montants plafonnés. Ce plafond est porté à 30 % dans les *zones franches urbaines* et dans les *zones urbaines sensibles.*

  Pour en savoir plus sur les zones franches urbaines, rendez-vous sur le site *http://www.fnae-zus.org.*

  Pour en savoir plus sur les zones urbaines sensibles, rendez-vous sur le site *http://i.ville.gouv.fr/divbib/doc/chercherZUS.htm*
- 50 % du montant du ou des autres prêts immobiliers, d'une durée supérieure à deux ans, destinés à financer l'opération : il n'est donc pas possible d'obtenir un prêt à 0 % seul, sans avoir recours à un autre prêt.

Attention

Le prêt à 0 % ne peut en aucun cas constituer le financement principal, puisqu'il est limité à 50 % du ou des autres prêts.

Le PTZ est cumulable avec tout autre prêt (sous réserve des conditions d'obtention liées à chaque prêt : prêt d'accession sociale, prêt conventionné, prêt bancaire, prêt épargne logement, prêt 1 % Logement, prêt à caractère social...), sauf le PSLA (Prêt social de location-accession).

Où s'adresser pour demander un PTZ ?

Seuls les établissements de crédit ayant passé une convention avec l'État sont habilités à accorder les prêts à 0 %.

Pour en savoir plus sur le PTZ, rendez-vous sur le site *http://vosdroits.service-public.fr/particuliers/F10799.xhtml*

Vous pouvez aussi prendre rendez-vous avec votre banque et demander des explications complémentaires à votre chargé de clientèle.

Vous pouvez également prendre contact avec l'ANIL (Agence nationale pour l'information sur le logement).

Pour connaître les coordonnées de votre ADIL (Agence départementale pour l'information sur le logement), rendez vous sur le site *www.anil.org/fr/votre-adil/index.html*

Le prêt conventionné (PC)

Le prêt conventionné est un prêt sans condition de ressources, qui peut être consenti par toutes les banques ayant passé une convention avec l'État.

À noter

Le prêt conventionné ouvre droit à l'Aide personnalisée au logement (APL). Pour en savoir plus sur l'APL (si vous achetez ou construisez), rendez-vous sur le site www.caf.fr/catalogueapl/tp_apl3.htm

Le bénéficiaire d'un prêt conventionné doit occuper le logement financé à titre de résidence principale (au moins huit mois par an), soit lui-même, soit son conjoint, ses ascendants ou descendants, ou ceux de son conjoint. Cette occupation doit être effective un an maximum après la déclaration d'achèvement des travaux (ou l'acquisition si celle-ci est postérieure à la déclaration).

Un prêt conventionné peut être cumulé, entre autres, avec l'un des prêts suivants :

- prêt à taux zéro ;
- prêt d'épargne logement ;
- 1 % Logement ;
- prêt aux fonctionnaires ;
- prêt relais.

Quelles opérations immobilières financer ?

Un prêt conventionné peut financer :

- l'acquisition d'un terrain (dans la limite de 2 500 m²) ;
- l'achat d'un logement neuf ;
- l'aménagement en habitation de locaux non destinés initialement à cette utilisation.

La durée de remboursement

Le prêt conventionné est amortissable sur une durée :

- de 10 à 25 ans pour la construction, l'acquisition d'un logement neuf ou l'acquisition d'un logement existant ;
- de 5 à 15 ans pour les opérations d'amélioration et les travaux visant à réaliser des économies d'énergie.

De quel montant peut-on disposer ?

Le prêt conventionné peut désormais financer la totalité du coût de l'opération immobilière.

Le taux d'intérêt

Le taux est différent selon qu'il s'agit d'un taux fixe ou d'un taux révisable.

Conseil

Je vous conseille vivement de ne pas choisir un prêt à taux révisable. Il peut être alléchant au départ, mais vous réserver de désagréables surprises avec le temps : il peut augmenter très sensiblement et ainsi déstabiliser votre budget. Préférez donc un prêt conventionné à taux fixe !

Les taux des prêts conventionnés sont fixés par les banques ou établissements financiers dans la limite d'un taux plafond.

Taux maximum des prêts conventionnés à taux fixe au 1er décembre 2008			
Durée égale ou inférieure à 12 ans	Durée supérieure à 12 ans et inférieure ou égale à 15 ans	Durée supérieure à 15 ans et inférieure ou égale à 20 ans	Durée supérieure à 20 ans
6,75 %	6,95 %	7,10 %	7,20 %

Où s'adresser pour demander un prêt conventionné ?

Pour en savoir plus sur le prêt conventionné, rendez-vous sur le site *www.logement.equipement.gouv.fr/rubrique.php3?id_rubrique=1668*

Vous pouvez aussi prendre rendez-vous avec votre banque et demander des explications complémentaires à votre chargé de clientèle.

Vous pouvez également prendre contact avec l'ANIL (Agence nationale pour l'information sur le logement).

Pour connaître les coordonnées de votre ADIL (Agence départementale pour l'information sur le logement), rendez vous sur le site *www.anil.org/fr/votre-adil/index.html*

Le prêt à l'accession sociale (PAS)

Le PAS est accordé dans les mêmes conditions que les prêts conventionnés classiques, à des personnes dont les ressources sont inférieures à des plafonds.

Plafonds de ressources annuelles valables au 1er novembre 2008 (jusqu'au 31/12/09)		
Nombre de personnes composant le ménage	Zone A	Zones B et C
1	31 250	23 688
2	43 750	31 588
3	50 000	36 538
4	56 875	40 488
5 et plus	64 875	44 425

Les revenus de référence sont ceux de l'année N – 2.

À noter

Le prêt à l'accession sociale ouvre droit à l'Aide personnalisée au logement (APL). Pour en savoir plus sur l'APL (si vous achetez ou construisez), rendez-vous sur le site www.caf.fr/catalogueapl/tp_apl3.htm

Le logement financé doit constituer la résidence principale de l'emprunteur, ou de ses ascendants, descendants ou de ceux de son conjoint.

À noter

En aucun cas le PAS ne peut financer une résidence secondaire !

Le PAS peut être cumulé, entre autres, avec l'un ou plusieurs des prêts suivants :

- prêt d'épargne logement ;
- 1 % Logement ;
- prêts aux fonctionnaires ;
- prêt relais ;
- prêts accordés par des organismes à caractère social, dont le taux d'intérêt ne dépasse pas 5 %.

À noter

Le montant du PAS et des prêts à caractère social ne peut pas dépasser 95 % du coût total de l'opération.

La durée de remboursement

Le PAS peut être d'une durée :

- de 10 à 25 ans pour la construction, l'acquisition d'un logement neuf ou l'acquisition d'un logement existant ;
- de 5 à 15 ans pour les opérations d'amélioration et les travaux visant à réaliser des économies d'énergie.

De quel montant peut-on disposer ?

Le montant financé par un PAS correspond au maximum à 90 % du prix de vente TTC du logement ou du prix de revient final de l'opération.

Le taux d'intérêt

Le taux est différent selon qu'il s'agisse d'un taux fixe ou d'un taux révisable.

Conseil

Je vous conseille vivement de ne pas choisir un prêt à taux révisable. Il peut être alléchant au départ, mais vous réserver de désagréables surprises avec le temps : il peut augmenter très sensiblement et ainsi déstabiliser votre budget. Préférez donc un prêt conventionné à taux fixe !

Taux maximum des PAS à taux fixe au 1er décembre 2008			
Durée égale ou inférieure à 12 ans	Durée supérieure à 12 ans et inférieure ou égale à 15 ans	Durée supérieure à 15 ans et inférieure ou égale à 20 ans	Durée supérieure à 20 ans
6,15 %	6,35 %	6,50 %	6,60 %

Où s'adresser pour demander un PAS ?

Pour en savoir plus sur le PAS, rendez-vous sur le site *www.logement.gouv.fr/rubrique.php3?id_rubrique=679*

Vous pouvez aussi prendre rendez-vous avec votre banque et demander des explications complémentaires à votre chargé de clientèle.

Vous pouvez également prendre contact avec l'ANIL (Agence nationale pour l'information sur le logement).

Pour connaître les coordonnées votre ADIL (Agence départementale pour l'information sur le logement), rendez vous sur le site *www.anil.org/fr/votre-adil/index.html*

Le prêt d'épargne logement (PEL)

Le prêt d'épargne logement est un prêt à taux réduit qui s'obtient après **une première phase d'épargne** préalable, moyennant des versements réguliers sur un **plan ou un compte d'épargne logement.**

À noter

Le prêt doit être demandé dans le délai maximum d'un an à compter de la date de clôture du plan d'épargne (CEL ou PEL).

Les plans d'épargne logement (PEL) et les comptes épargne logement (CEL) permettent d'accéder au prêt d'épargne logement (pour plus d'information sur le PEL et le CEL, voir le chapitre 14).

Le tableau suivant résume les modalités des PEL et des CEL.

	Durée		Montant des versements			Rémunération de l'épargne	
Type d'épargne	Mini	Maxi	Minimum à l'ouverture	Périodicité	Maximum à la fin de la période d'épargne	Taux de rémunération (2)	Montant maxi de la prime d'État
PEL	4 ans	10 ans	225 € puis 540 € par an (1)	mensuelle / trimestrielle / semestrielle	61 200 €	2,5 % (3)	1 525 € + 10% des intérêts acquis par personne à charge (4)
CEL	18 mois	indéfinie	30 € puis 76,22 €	libre	15 300 €	2 %	1 144 €

(1) En cours de plan, vous pouvez augmenter ou diminuer le montant des versements, mais sans passer sous le montant minimum (225 €).

(2) Le taux de rémunération est constitué de l'intérêt versé par la banque et de la prime d'État.

(3) Pour les PEL souscrits à compter du 30 juillet 2003.

(4) Avec un maximum de 153 € par personne à charge.

Un prêt d'épargne logement peut financer :

- l'achat d'un terrain, si le prêt finance également la construction ;
- une construction ;
- l'acquisition d'un logement neuf ou ancien ;

- une extension (un agrandissement de l'habitation) ;
- des travaux d'amélioration de l'habitat ;
- l'achat d'un parking ou d'une place de stationnement, si l'on est déjà propriétaire de son habitation et si le parking est situé à moins d'un kilomètre de celle-ci.

Le PEL peut financer la résidence principale de l'emprunteur, de ses ascendants ou descendants ou encore de son locataire.

Le PEL est souvent insuffisant pour financer l'achat du logement à acquérir, sauf si le titulaire du plan possède un apport personnel important. Le recours à un prêt bancaire complémentaire est donc souvent nécessaire. Cela suppose le paiement de deux mensualités.

Les prêts complémentaires au PEL peuvent être :

- les prêts immobiliers du secteur bancaire (secteur dit « libre », par opposition au secteur des prêts soumis à des conventions) ;
- prêt de votre caisse de retraite ;
- prêt de votre Conseil général ;
- prêt Paris Logement 0 %, qui concerne uniquement les personnes habitant à Paris depuis au moins 1 an (soumis à des plafonds de ressources).

Conseil pratique

Comme les taux d'intérêt des prêts bancaires sont supérieurs à ceux des prêts d'épargne logement, vous avez tout intérêt à prendre un prêt d'épargne logement le plus élevé possible, afin de limiter le montant de la mensualité du prêt complémentaire.

De quel montant peut-on disposer ?

Le montant maximum d'un prêt issu d'un PEL est de 92 000 €. Il est de 23 000 € si le prêt est issu d'un CEL.

Il est possible de cumuler un prêt en provenance d'un PEL et un autre d'un CEL. Cependant, le total des deux prêts ne doit pas dépasser 92 000 €.

Le montant du prêt octroyé dépend des versements effectués lors de la phase d'épargne.

Où s'adresser pour demander un PEL ?

Pour en savoir plus sur le prêt d'épargne logement, rendez-vous sur le site *www.logement.gouv.fr/rubrique.php3?id_rubrique=734*

Vous pouvez aussi prendre rendez-vous avec votre banque et demander des explications complémentaires à votre chargé de clientèle.

Vous pouvez également prendre contact avec l'ANIL (Agence nationale pour l'information sur le logement). Pour connaître les coordonnées de votre ADIL (Agence départementale pour l'information sur le logement), rendez vous sur le site *www.anil.org/fr/votre-adil/index.html*

Le prêt social location-accession (PSLA)

Le PSLA est un prêt conventionné qui peut être consenti à des personnes morales (organismes HLM, promoteurs privés...) pour financer des opérations de construction ou d'acquisition de logements neufs.

Ces opérations doivent faire l'objet d'un contrat de location-accession après obtention d'un agrément et signature d'une convention.

Les logements faisant l'objet du PSLA doivent être occupés à titre de résidence principale (au moins huit mois par an) par des personnes dont les revenus sont inférieurs, à la date de signature du contrat préliminaire ou, à défaut, à la date de signature du contrat de location-accession, à un plafond de ressources.

Plafonds de ressources PSLA à compter du 1er avril 2007		
Nombre de personnes destinées à occuper le logement	Zone A	Zones B ou C
1	27 638	23 688
2	35 525	31 588
3	40 488	36 538
4	44 425	40 488
5 et plus	48 363	44 425

Les prêts conventionnés peuvent être mobilisables en complément du PSLA (par exemple le 1 % Logement).

À noter

Pour un même logement, vous ne pouvez pas cumuler le PSLA et le prêt à 0 %.

La mensualité de remboursement à la charge du ménage est plafonnée. La somme des mensualités (hors primes d'assurance) ne doit pas dépasser la redevance payée (le loyer) au cours du mois précédant la levée de l'option (option d'accession).

À noter

L'aide personnalisée au logement (APL) peut être accordée à l'accédant titulaire d'un contrat de location-accession lorsque le vendeur est titulaire d'un PSLA (application du barème de l'aide personnalisée accession).

Les aides fiscales

Le PSLA donne droit à des aides fiscales :

- Une **TVA à 5,5 %** quand le locataire-accédant lève l'option d'accession dans les cinq ans de l'achèvement de l'immeuble pour acheter le logement qu'il loue. La vente est exonérée de TVA et non assujettie aux droits d'enregistrement !
- Une **exonération de taxe foncière** sur les propriétés bâties pendant quinze ans à compter de l'année suivant celle de leur achèvement. Le ménage qui lève l'option d'accession bénéficie de cette exonération pour la durée restant à courir.

Où s'adresser pour demander un PSLA ?

Pour en savoir plus sur le PSLA, je vous invite à vous rendre sur le site *www.logement.gouv.fr/article.php3?id_article=5883*

Vous pouvez aussi prendre rendez-vous avec votre banque et demander des explications complémentaires à votre chargé de clientèle.

Vous pouvez également prendre contact avec l'ANIL (Agence nationale pour l'information sur le logement). Pour connaître les coordonnées de votre ADIL (Agence départementale pour l'information sur le logement), je vous invite à vous rendre sur le site *www.anil.org/fr/votre-adil/index.html*

L'aide personnalisée au logement (APL)

L'APL est souvent perçue par la population française comme une aide au logement pour les locataires. Mais elle constitue également une aide au logement pour les accédants à la propriété !

Le logement concerné par l'APL doit être votre résidence principale. Pour avoir droit à l'APL, vous devez rembourser un prêt aidé (par exemple le prêt à taux zéro), un prêt conventionné, ou encore un prêt d'accession sociale.

Votre prêt doit concerner une opération :

- de construction ou d'achat d'un logement neuf ;
- d'achat d'un logement ancien avec ou sans travaux ;
- d'agrandissement ou d'aménagement d'un local à usage d'habitation.

Attention

L'aide personnalisée au logement est accordée à titre personnel. Si vous avez moins de 25 ans et si vos parents perçoivent pour vous des prestations familiales ou s'ils bénéficient d'une aide au logement ou du RMI, vous ne serez plus pris en compte pour le calcul de ces prestations. Cela entraînera la diminution ou, dans certains cas, la perte de l'allocation dès qu'une aide au logement vous sera attribuée. Aussi, avant de faire votre demande, comparez ce que vous pourrez toucher et ce que vos parents perdront.

Pour vous aider à faire ce calcul, vous pouvez vous rendre sur le site de la Caisse d'allocations familiales : www.caf.fr/wps/portal/particuliers/simulationlogement

Le montant de l'aide dépend des éléments suivants :

- vos ressources ;
- votre situation familiale ;
- votre lieu de résidence ;
- la nature de votre logement ;
- la date de signature du prêt ;
- le montant de vos remboursements ;
- le nombre d'enfants ou de personnes que vous avez à charge.

L'aide est versée chaque mois à votre organisme prêteur. Son montant vient en déduction de vos échéances de prêt.

Attention

Tout changement de situation peut entraîner un nouveau calcul à la hausse ou à la baisse.

Où s'adresser pour demander l'APL ?

Le formulaire de demande est à retirer auprès de votre Caisse d'allocations familiales (CAF).

Pour connaître les coordonnées de votre CAF, vous pouvez vous rendre sur le site de la CAF *www.caf.fr/wps/portal/votrecaf/jechercheunecaf*

Vous pouvez également télécharger le formulaire à l'adresse : *www.caf.fr/wps/portal/particuliers/formulaires/metropole/al*

Le prêt 1 % Logement

Le prêt 1 % Logement est accessible sans conditions de ressources si vous êtes salarié d'une entreprise privée de plus de 10 salariés ne relevant pas du régime agricole.

Le montant de ce prêt est réglementé ; il varie selon vos ressources. Le taux d'intérêt est de 1,5 % seulement.

Le prêt 1 % Logement peut venir en complément d'un prêt principal.

À noter

Le prêt 1 % Logement n'est pas lié à votre contrat de travail. Vous n'aurez donc pas à le rembourser par anticipation si vous quittez votre entreprise.

Où s'adresser pour demander un prêt 1 % Logement ?

Pour faire une demande de prêt 1 % Logement, il vous faut prendre contact directement avec votre employeur ou le service du personnel de votre société.

Prêt classique, « in fine », crédit relais, Pass-Foncier, prêt à taux zéro, prêt conventionné, prêt accession sociale, prêt épargne logement, prêt social location-accession, aide personnalisée au logement, 1 % Logement... Nous avons achevé notre tour des principaux types de prêts immobiliers !

Nous voilà donc à mi-parcours de l'exploration de la « nébuleuse du crédit »...

Sans plus attendre, entamons la seconde partie de notre voyage, probablement la plus intéressante, mais la plus redoutable aussi : celle du crédit à la consommation !

19
LES DIFFÉRENTS TYPES DE CRÉDITS À LA CONSOMMATION

LE PRÊT PERSONNEL

Les prêts personnels sont des crédits amortissables et non affectés.

« Amortissables » signifie que la durée de remboursement et le montant des mensualités sont définis à l'avance et que rien ne pourra les changer après signature du contrat (sauf exceptions). On parle aussi de « prêt de trésorerie ».

« Non affectés » veut dire qu'ils ne sont pas destinés à réaliser un achat précis, comme par exemple une voiture.

Néanmoins, et comme pour tout type de crédit, le prêt personnel doit répondre à certaines caractéristiques :

- sa durée doit être supérieure à 3 mois ;
- le montant du prêt doit être inférieur ou égal à 21 500 € (pour bénéficier du dispositif de protection du consommateur) ;
- il ne doit pas financer une activité professionnelle.

À savoir

Rien n'interdit à une banque de vous accorder un prêt personnel supérieur à 21 500 €. Mais ce type de crédit ne rentre alors plus dans la catégorie des prêts à la consommation.

Un prêt à double facette

Le prêt personnel est souvent le reflet de deux situations bien précises.

Si **vous avez besoin de trésorerie et/ou vous êtes souvent à découvert**, le prêt personnel peut alors vous éviter :

- d'émettre des chèques sans provision ;

- de voir vos différents prélèvements rejetés par votre banque.

Mais même si son taux est beaucoup moins élevé que celui du découvert autorisé, il faudra néanmoins le rembourser. Avant de vous engager, faites consciencieusement votre budget et assurez-vous d'avoir la capacité de régler les mensualités.

Si **vous avez une dépense importante à effectuer**, le prêt personnel peut financer votre achat sans que l'établissement prêteur ne vous demande de vous expliquer sur son utilisation.

Attention

Le prêt personnel n'étant pas affecté à l'achat d'un bien (pas de justificatif), si ce dernier s'avère défectueux ou s'il n'est pas livré, vous devrez tout de même continuer à rembourser votre prêt.

Mais gardez bien une chose à l'esprit : que votre demande de prêt personnel soit motivée par un besoin de trésorerie, le comblement d'un découvert bancaire ou encore par un achat à réaliser, ce n'est jamais très bon signe... :

- **Si vous avez un besoin de trésorerie**, c'est que vous n'avez pas mis en place une épargne de précaution.
- **Si vous avez un découvert bancaire**, c'est le signe d'une mauvaise gestion ou de la dégradation de votre situation financière.
- **Si vous devez réaliser un achat important** et que celui-ci était prévu, votre épargne de projet aurait dû le financer. Si cet achat n'était pas prévu, votre épargne de précaution aurait dû venir vous prêter main-forte !

Analysez donc bien les raisons qui vous ont conduit à formuler une demande de prêt personnel et tirez-en les conclusions qui s'imposent (vous n'avez pas été assez prévoyant ou vous n'avez pas géré convenablement votre budget...).

Les banques et les établissements ont très bien compris cela. C'est une des raisons pour laquelle le prêt personnel existe : combler des erreurs de gestion dans votre budget. Alors, pour éviter de supporter le paiement d'un prêt personnel, pensez avant tout à épargner.

Soyez patient et constructif : économisez mois après mois !

Combien coûte un prêt personnel ?

La forte concurrence sur les crédits à la consommation vous permet de bénéficier d'un taux nominal généralement bas.

Les frais de dossiers sont parfois fixes, mais le plus souvent proportionnels au montant du crédit. Si vous trouvez des propositions dans lesquelles il n'y a pas de frais de dossier, c'est qu'ils sont intégrés dans le taux ! Alors plutôt que de courir après un prêt personnel sans frais de dossier, recherchez plutôt un crédit avec un TEG très compétitif.

Si ce crédit « bon marché » fait apparaître des frais dossiers, négociez une remise partielle ou totale du montant ! Vous ferez ainsi d'une pierre deux coups : un taux intéressant et des frais de dossier réduits !

LE PRÊT AFFECTÉ

Le prêt est dit « affecté » quand le contrat précise que le prêt finance un bien déterminé et que la banque règle directement le vendeur.

Les crédits affectés sont souvent proposés directement dans les magasins de meubles, d'électroménager, de hi-fi-vidéo, d'informatique, ou encore par les concessionnaires automobiles.

Les avantages du prêt affecté

Avec un prêt affecté, vous n'avez rien à régler tant que le bien que vous achetez ne vous a pas été livré.

Si l'achat n'a finalement pas lieu ou si le bien n'a pas été livré, le crédit est annulé. Inversement, si vous n'obtenez pas votre prêt, la vente est également annulée.

Enfin, vous n'empruntez que la somme nécessaire : pas de tentation d'augmenter le montant du crédit pour acheter plus...

Combien coûte un prêt affecté ?

Généralement, les prêts affectés sont un peu plus chers que les prêts personnels classiques. C'est normal, car il y a un intermédiaire entre vous et votre banque : le vendeur !

L'intervention du vendeur n'est bien entendu pas gratuite... La banque ou la société de crédit lui verse une commission « d'apporteur d'affaires ». Elle répercute ensuite cette commission dans le taux d'intérêt...

LE CRÉDIT GRATUIT

Le crédit gratuit est un crédit à la consommation dont la publicité doit indiquer le montant de la remise qui vous sera consenti en cas de paiement au comptant (valable pour les crédits d'une durée supérieure ou égale à 90 jours) et préciser qui prend en charge le coût du crédit.

Cela correspond à la possibilité que vous offre un magasin ou un commerçant de régler vos achats en plusieurs fois sans aucun frais (le « 3 fois sans frais », par exemple).

Concrètement, si vous décidez de payer au comptant un bien pour lequel un crédit gratuit de 3 mois ou plus est proposé, le vendeur a l'obligation de vous consentir une remise ! Cette remise est calculée selon un barème établi tous les 6 mois (en janvier et juillet). Le barème est publié au *Journal Officiel* sous la rubrique « Avis divers ».

Attention

Les crédits gratuits dont la durée est inférieure à trois mois n'ouvrent pas droit à une ristourne obligatoire lors d'un paiement au comptant.

LA LOCATION AVEC OPTION D'ACHAT (LOA)

La LOA est une formule proche d'un crédit, qui est aussi appelée « crédit-bail » ou encore « leasing ».

Elle est surtout utilisée pour la vente de véhicules. La banque achète pour votre compte un véhicule que vous avez commandé, puis vous loue ce même véhicule pour une durée prévue par le contrat (de 3 à 5 ans en général).

Attention

Pendant la durée du contrat, vous n'êtes que locataire du bien. Vous devrez en plus assumer les charges liées au véhicule : paiement de la carte grise, règlement de l'assurance...

Le versement d'un dépôt de garantie vous sera généralement demandé.

En cours de location, si le bien est détruit, le contrat sera résilié et vous devrez payer une pénalité qui pourra correspondre à la valeur des loyers restant à payer !

Le fonctionnement de la LOA

Dans le cas d'une LOA, on parle de loyer et pas de mensualités.

Le premier loyer peut être majoré pour correspondre alors à un apport personnel. Cette majoration diminuera d'autant les loyers pour le reste de la LOA.

À l'issue du contrat (ou même parfois en cours de contrat) vous avez la possibilité d'acheter le bien à un prix déterminé au début de votre contrat. Ce prix tient bien sûr compte des loyers que vous avez déjà versés.

Si vous renoncez à votre option d'achat, vous récupérez votre dépôt de garantie, ce qui peut être utile si vous reprenez un autre véhicule avec la même formule.

Le contrat de LOA

La LOA est considérée par le Code de la consommation comme un crédit à la consommation. Une offre préalable doit donc vous être remise, comportant notamment les conditions de location et d'achat, le nombre et l'échelonnement des loyers, leur montant et le versement à effectuer pour l'option finale d'achat.

Il n'y a pas de taux effectif global (TEG).

Bon à savoir

Comme pour tout crédit à la consommation, vous pouvez vous rétracter dans les 7 jours qui suivent la signature du contrat.

Vous pouvez aussi effectuer un remboursement anticipé sans aucune indemnité (si votre contrat prévoit que le bien vous appartiendra).

Avantages et inconvénients de la LOA

Dans le cas d'une LOA, vous n'avez généralement pas à verser d'apport personnel.

De plus, les loyers qui vous sont proposés englobent des services liés au bien que vous avez choisi : assistance, assurance-décès, (pour une voiture, l'entretien, ou même le remplacement des pneus)...

En revanche, il est assez difficile de comparer les caractéristiques d'une LOA avec une formule de prêt traditionnelle : aucun taux n'est présent sur l'offre !

Combien coûte une LOA ?

Les spécialistes estiment que la LOA revient légèrement plus cher qu'un prêt voiture (qui est un crédit affecté).

Cependant, la LOA offre des services associés non présents dans le crédit classique.

En général, il vous sera demandé des frais de dossier, comme dans le cas d'un prêt classique : n'hésitez pas à les négocier !

LE PRÊT ÉTUDIANT

Le prêt étudiant peut vous permettre de financer vos études et peut aller jusqu'à 30 000 €. Il comporte deux étapes.

Dans un premier temps, vous avez le choix entre deux solutions :

- la **franchise totale**, c'est-à-dire que vous ne payez rien (sauf les primes d'assurance) ;
- la **franchise partielle** : vous remboursez au moins les intérêts plus les primes d'assurance.

Conseil pratique
Choisissez la seconde solution, c'est la moins coûteuse.

La seconde étape débute en principe à votre entrée dans la vie active. À ce moment-là, vous payerez des mensualités pleines : intérêts, assurance et capital. C'est cette étape qui va vous permettre de rembourser totalement votre crédit.

La plupart des banques proposent des prêts étudiants à des taux inférieurs à ceux des prêts classiques. Elles peuvent aussi vous faire cadeau des frais de dossier. Si cela ne vous est pas proposé, demandez-le !

Si vous ne pouvez justifier de revenus réguliers ou suffisants au moment où vous demandez votre prêt étudiant, il vous sera demandé la caution d'un parent ou d'un proche.

Attention
En cas de défaillance de paiement de votre part, c'est le parent ou le proche qui s'est engagé à vos côtés qui devra payer à votre place.

Les fonds peuvent ensuite être mis à votre disposition en une ou plusieurs fois. Il est préférable d'utiliser vos fonds au fur et à mesure de vos besoins. Cela diminue le coût des intérêts et réduit les tentations !

LE CRÉDIT REVOLVING

Appelé également « crédit permanent », « crédit renouvelable » ou encore « crédit reconstituable », le crédit revolving est un crédit :

- **Non affecté.** Vous faites ce que vous voulez avec la fameuse réserve d'argent qui vous est consentie par le prêteur.
- **Non amortissable.** Il n'y a pas d'échéancier (tableau d'amortissement).
- **Reconstituable.** Vous reconstituez la réserve d'argent au fur et à mesure de vos remboursements.

Dans la plupart des cas, le crédit revolving est associé à une carte de crédit, ce qui facilite grandement son utilisation... Les banques, les sociétés de crédit et les grandes enseignes le proposent toutes : devant la rentabilité très élevée qu'offre cette forme de crédit, pourquoi s'en priveraient-elles...

La durée du crédit revolving

La durée d'un contrat de crédit revolving est généralement d'un an. Il est ensuite reconduit chaque année. Trois mois avant le renouvellement, vous êtes informé des conditions de reconduction du contrat.

À noter

À chaque date anniversaire, vous avez généralement la possibilité, si vous le souhaitez, de transformer votre crédit revolving en un prêt classique.

Si vous n'avez pas utilisé votre crédit revolving pendant 3 années consécutives, ni utilisé l'un des moyens de paiement associés au contrat, la société de crédit ou la banque vous demandera par écrit si vous souhaitez reconduire ce crédit. Si vous ne renvoyez pas ce document signé et daté au plus tard 20 jours avant la date d'échéance du contrat, ce dernier sera résilié.

Les modifications du contrat

Vous pouvez vous opposer aux modifications éventuellement proposées par votre banque lors de la reconduction du contrat. Pour cela, utilisez le bordereau de réponse joint à la proposition de modification (vous disposez de 20 jours pour réagir).

Si vous refusez les nouvelles conditions de taux ou de remboursement proposées, vous serez dans l'obligation de rembourser le capital restant dû aux conditions antérieures. Sachez que dès lors, vous ne pourrez plus utiliser le crédit permanent.

En cas d'augmentation de votre plafond de crédit, la banque ou l'organisme de crédit vous adressera une offre préalable (comme pour le contrat initial). Vous pouvez demander à tout moment la réduction de la « réserve d'argent », sa suspension ou encore sa résiliation pure et simple.

Combien coûte un crédit revolving ?

Les mensualités d'un crédit revolving comprennent :

- le remboursement du capital emprunté ;
- les intérêts ;
- l'assurance.

Le taux de ce genre de crédit à la consommation étant le plus souvent considérablement élevé, la part du capital dans la mensualité que vous remboursez tous les mois est faible. De plus il faut y ajouter le montant de l'assurance, ce qui diminue d'autant votre capacité à rembourser ce crédit rapidement.

Cas concret : Madame Crépin

Madame Crépin a souscrit un crédit revolving à ces conditions :

- Réserve disponible à l'ouverture : 7 500 €
- Taux effectif global : 20 %

Madame Crépin décide de se servir de sa réserve pour acheter des meubles et de l'électroménager. La note se monte à 7 159 €.

Pour rembourser son crédit, Madame Crépin se fait prélever chaque mois de 150 €.

En imaginant que Madame Crépin ne se serve plus jamais de sa réserve d'argent, combien de temps lui faudra-t-il pour solder son crédit revolving ?... Réponse : il lui faudra 8 ans !

Pour 7 159 € empruntés, elle aura remboursé au final 14 400 € !

Les intérêts se montent en effet à 7 241 € ! Soit davantage que la somme empruntée... Je vous laisse imaginer où Madame Crépin en serait aujourd'hui avec le remboursement de son crédit revolving si elle s'était laissé tenter à nouveau...

CONCLUSION ET AVERTISSEMENT

Quelques chiffres

En France, les différentes formes de crédits à la consommation participent aux mécanismes de productions de biens et de services.

Pour bien comprendre l'importance du crédit à la consommation, voici quelques chiffres significatifs.

En 2006 :

- Le **Produit intérieur brut** de la France (le PIB, c'est-à-dire le chiffre d'affaires de notre pays) se montait à **1 793 milliards d'euros.**
- La **consommation des ménages** s'élevait à **1 292 milliards d'euros,** soit 72 % du PIB.
- Les **encours de crédits à la consommation** se situaient à près de **135 milliards d'euros.**

Le crédit à la consommation représentait donc en 2006 :

- plus de **10 %** de la consommation des ménages ;
- **7,5 %** du PIB...

Sans les crédits à la consommation, notre pays connaîtrait donc une chute vertigineuse de son PIB... c'est-à-dire de son chiffre d'affaires !

Le crédit revolving : à éviter à tout prix !

Prêt classique, crédit non affecté, crédit gratuit, LOA... Les formes de crédit à la consommation sont « riches » et variées, mais également considérablement utiles pour notre pays...

Cependant, s'il existe une forme de crédit dont il faut impérativement se passer, c'est bien le crédit revolving ! Je ne saurais que trop vous recommander d'éviter tout contact avec les réserves d'argent, les comptes permanents, les crédits renouvelables... Ils sont fondamentalement **toxiques** pour votre budget !

Posez-vous les bonnes questions. Le crédit revolving est-il indispensable :

- Pour vous loger ? Non !
- Pour vous déplacer ? Non !
- Pour vous alimenter ? Non !
- Pour votre santé ? Encore non !

Pour financer l'acquisition de votre résidence principale, le crédit est incontournable. Pour financer l'achat de votre voiture, le crédit est très utile (3 véhicules neufs sur 4 sont achetés à crédit).

Pour financer le remplacement de votre équipement ménager (électroménager et meubles), pourquoi pas... Quoi que...

Mais avoir recours au crédit revolving est nuisible pour la bonne gestion de vos ressources.

Si vos fins de mois sont difficiles et que vous êtes détenteur d'une « réserve d'argent », ne l'utilisez plus et demandez-en immédiatement la résiliation.

En effet, comment peut-on être à la recherche d'une méthode pour :

- maîtriser ses postes de dépenses ;
- améliorer le suivi de son budget ;
- augmenter son pouvoir d'achat ;
- mettre en place des formes d'épargne adaptées à ses besoins ;
- utiliser intelligemment le crédit ;
- éviter toute situation de surendettement...

... et avoir en même temps recours à des crédits dont les taux d'intérêts dépassent les 20 % ? Ce n'est pas raisonnable. Arrêtez de vous intoxiquer ! Faites une croix ferme et définitive sur les crédits revolving.

C'est donc par le pire des produits de crédits à la consommation que nous avons achevé notre voyage au cœur de la « nébuleuse du crédit »...

Enfin... presque achevé... Il va maintenant nous falloir sortir de son champ d'« attraction » !

Pour cela, nous allons voir comment vous devez, et pouvez, faire face à d'éventuelles difficultés de remboursement...

20
SURENDETTEMENT : LES SOLUTIONS

LES BONNES PRATIQUES ET LES BONS COMPORTEMENTS

Vous éprouvez des difficultés dans le remboursement de vos crédits ? Vous n'êtes peut-être pas surendetté pour autant...

Pour vous aider à surmonter vos difficultés, voici ce que vous devez faire sans plus attendre.

Agissez sur vos postes de dépenses

Réalisez un état des lieux précis de votre situation budgétaire, c'est-à-dire un point complet sur vos différents postes de dépenses.

Concentrez en priorité l'utilisation de vos ressources sur les postes de dépenses vitaux : logement, alimentation, santé...

Réduisez toutes les dépenses superflues concernant les postes de dépenses non vitaux (loisirs, culture, restaurant, café...).

Arrêtez momentanément d'alimenter vos comptes d'épargne (temporairement seulement et si cela est possible).

Demandez à vos créanciers (banque et établissements de crédit) :

- la mise en place d'un report de mensualités ;
- ou l'étalement de vos retards de règlement sur plusieurs mois ;
- ou le rééchelonnement de vos prêts (opération qui consiste à rallonger la durée de vos prêts pour réduire le montant de vos mensualités).

Enfin, pensez à faire jouer les assurances de vos crédits (en cas d'incapacité de travail, de perte d'emploi...).

Agissez sur vos ressources

Faites le tour de vos proches ; votre famille et vos amis pourront peut-être vous aider.

Vendez les biens dont vous ne vous servez pas, ou qui ont de la valeur. Vous pourrez ainsi consacrer une partie plus importante de vos ressources au remboursement de vos différents crédits.

Augmentez votre rémunération en ayant recours aux heures supplémentaires (si votre employeur vous en offre la possibilité).

Enfin, débloquez votre épargne de précaution : livret A, livret de développement durable...

Sollicitez l'aide de professionnels

Demandez à votre banque (ou à une banque concurrente) ou à une société de crédit de vous racheter tout ou partie de vos dettes pour alléger le montant total de vos mensualités.

Sollicitez l'aide d'un courtier spécialisé en rachat de crédit. Il pourra peut-être obtenir de l'un de ses partenaires (banques et sociétés de crédit) le rachat de tout ou partie de vos dettes.

Attention

Privilégiez un courtier travaillant en agence, et pas par téléphone ou Internet. Il pourra vous recevoir, bien comprendre votre situation et vous apporter des réponses dans un délai assez court.

Enfin, contactez un conseiller en économie sociale et familiale (rapprochez-vous de votre commune, du Conseil général ou de la CAF de votre département).

Attention

Vous ne devez surtout pas souscrire de nouveaux crédits à la consommation pour payer vos retards de règlement. Ces nouvelles dettes ne pourraient qu'aggraver votre endettement et vous faire basculer vers une situation de surendettement.

Au moment où vous parcourez *SOS Fins de mois difficiles*, il se peut que :

- votre situation financière ne vous permette plus de mettre en œuvre des actions correctives relatives à la gestion de votre budget ;

- vous ne soyez plus en mesure de faire face à vos différentes dettes : factures, crédits, impôts...

Si tel est le cas, il est fort probable que vous soyez surendetté. Cette situation est tout sauf rassurante...

Elle stresse, angoisse, voire tétanise totalement les particuliers et les familles qui la subissent. Parfois, il arrive qu'elle crée des réactions de « déni de faillite personnelle ». À travers mon expérience associative, j'ai régulièrement entendu : « Ce n'est pas du surendettement, ce sont des difficultés financières passagères... »

Si vous êtes surendetté, ne rejetez pas la réalité, car le surendettement n'est pas une fatalité ! Il existe des solutions pour vous en sortir.

Simplement, il va vous falloir dans un premier temps faire preuve de courage pour reconnaître et accepter cet état de fait, et dans un second temps pour faire face à vos responsabilités.

SURENDETTEMENT : DÉFINITION ET TYPOLOGIE

Les factures, les courriers de relance de votre banque et des sociétés de crédits s'empilent sur votre bureau, parfois sans même être ouverts ?

Ce genre de situation relève la plupart du temps du surendettement. Mais comment peut-on définir plus précisément le surendettement ?

La définition du surendettement

Voici la définition du surendettement que donne le Code de la consommation :

Article L 330-1 modifié par la **Loi n° 2008-776 du 4 août 2008 – art. 14**

La situation de surendettement des personnes physiques est caractérisée par **l'impossibilité manifeste pour le débiteur de bonne foi de faire face à l'ensemble de ses dettes non professionnelles exigibles et à échoir...**

Le surendettement peut donc se définir de la manière suivante :

- **Vous êtes un particulier.** Vous n'êtes donc pas le représentant d'une société.

- **Vous êtes de bonne foi.** Vous n'avez pas été acteur de votre situation, mais spectateur. Vous ne l'avez pas « organisée », mais subie.
- **Vous n'êtes plus en mesure de régler tout ou partie de vos dettes,** quelles qu'elles soient : factures, crédits, impôts...

Mais concrètement, qui peut être frappé d'une situation de surendettement ? Et comment cela arrive-t-il ?

Pour vous aider à comprendre ce phénomène, voici quelques chiffres ainsi que les enseignements qui peuvent en être tirés (source : Banque de France, Enquête typologique, 2004).

À noter

Les chiffres qui suivent sont issus de l'« Enquête typologique 2004 » de la Banque de France. Attention, ces chiffres :

- *ne reflètent que la situation des surendettés qui ont déposé une déclaration de surendettement ;*
- *ne prennent pas en compte les surendettés qui ne déclarent pas leur situation auprès de la commission de surendettement ;*
- *comparent l'évolution des situations de surendettement des particuliers entre 2001 et 2004.*

Structure du foyer et âge des surendettés

En 2004, près de **deux personnes sur trois** déclarant leur situation de surendettement étaient **célibataires ou à la tête d'un foyer monoparental.**

En effet, quand la société change, les comportements aussi :

- En 1914, 20 000 divorces étaient prononcés et ils représentaient 5 % des couples mariés.
- En 1970, ces chiffres étaient portés à 40 000 divorces et 10 % des couples mariés.
- En 2001, hausse spectaculaire : 120 000 divorces. Selon l'INSEE, un couple sur deux divorce.

Le vieil adage « À deux, on est plus forts » se transforme en « Seul, on est deux fois moins fort ». Ce qui vaut pour le couple s'applique aux problématiques budgétaires...

Les surendettés de **plus de 55 ans** représentent 12,6 % des situations de surendettement en 2001 et **17,9 %** en 2004 !

C'est la seule tranche d'âge qui connaît une progression sur cette période : + 42 % !

Afin de compenser leur pouvoir d'achat en régression, les approchants à la retraite et les retraités ont davantage recours aux crédits à la consommation. Certains d'entre eux ne pouvant plus tenir leurs engagements de règlements se retrouvent en situation de surendettement (particulièrement les plus de 60 ans qui subissent une baisse de revenus à leur arrivée à la retraite).

Profession et patrimoine des surendettés

En 2004, les **employés, ouvriers, chômeurs et inactifs** représentent **88,9 %** des surendettés.

La population surendettée disposant d'un **patrimoine supérieur à 152 400 €** est passée de 3,7 % en 2001 à **16,6 %** en 2004 !

Le surendettement n'affecte donc plus uniquement les couches sociales les moins aisées, il commence aussi à toucher les Français dotés d'un patrimoine immobilier significatif.

50 % des surendettés sont propriétaires d'un véhicule. Ce chiffre n'a pas bougé sur la période observée. Par opposition, **un surendetté sur deux est sans véhicule.** Ce qui pose toute la problématique de la recherche d'un emploi (et de maintien dans l'emploi) pour un surendetté vivant dans une zone pourvue d'un réseau de transport en commun peu dense.

Les **locataires** représentent presque quatre surendettés sur cinq : **78,2 %** en 2004. Ils étaient 75,2 en 2001. En cas de difficultés financières, les propriétaires peuvent utiliser leur patrimoine comme un véritable bras de levier financier. En effet, en offrant une sûreté réelle au prêteur (par exemple avec une hypothèque), les propriétaires se voient bien souvent accordée la possibilité de regrouper leurs crédits et ainsi d'alléger substantiellement leur budget.

Les locataires, n'ayant que très rarement la possibilité d'apporter une garantie à leur banquier ou à l'établissement de crédit, se voient fermer l'accès à cette opportunité.

Motifs du surendettement

Les surendettés dits « **passifs** » ou victimes d'un accident de la vie (licenciement, chômage, séparation, divorce, maladie, accident, baisse de ressources et décès) sont de plus en plus nombreux : **72,9 %** en 2004 contre 63,6 % en 2001.

Les surendettés dits « **actifs** » ou ayant eu recours aux crédits de manière excessive chutent de 36,4 % en 2001 à **27,1 %** en 2004.

Mauvaise gestion, recours abusif aux crédits, définition du projet de logement disproportionnée par rapport aux ressources ou encore charges locatives ou de copropriété trop importantes, les surendettés « actifs » démontrent souvent des carences en matière de gestion budgétaire et peuvent relèver (de façon marginale) de pathologies ne pouvant être traités que par voie médicale (par exemple l'achat compulsif).

Crédits et surendettement

En 2004, les **dettes liées aux crédits** représentent plus de **75 %** de la dette totale du surendetté (dans plus de 6 dossiers sur 10).

Qu'ils aient été accordés ou non dans le respect des critères d'acceptation ou des règles d'octroi les plus drastiques, les crédits pèsent de façon incomparable et évidente dans les problématiques de surendettement.

Reste une question en suspens : quelle est la proportion de crédits directement responsables des dépôts de dossiers en commission (c'est-à-dire le crédit de trop...) ?

Parmi les dossiers présentant des crédits, **les comptes permanents** (ou crédits revolving) sont toujours très largement représentés et passent même de 65 % en 2001 à **70,2 %** en 2004. Vous pouvez ainsi juger par vous-même de la « toxicité » de ce type de crédit...

Capacités de remboursement des surendettés

Près d'un surendetté sur trois a une **capacité de remboursement négative** : **31,8 %** en 2004 (ils étaient 27,2 % en 2001).

Lorsqu'on fait le rapport entre les ressources et les dettes d'un surendetté, ce dernier n'est pas en mesure de rembourser quoi que ce soit dans un cas sur trois. Les finances des surendettés les plus pauvres sont donc de plus en plus obérées.

À l'opposé, plus d'un surendetté sur quatre a une **capacité de remboursement positive** et supérieure au RMI (**26,4 %** en 2004 contre 22,1 % en 2001). Le phénomène du surendettement s'étend donc au-delà des couches sociales dites « défavorisées ».

Redépôts de dossier

En 2004, près d'un dossier déposé sur trois (**32,3 %** contre 29,6 % en 2001) correspond en réalité à un **redépôt** (voir glossaire).

La cause de redépôt la plus représentative est le chômage : 41,6 % en 2004 contre 33,7 % en 2001.

L'activité économique de notre pays permet de moins en moins rapidement aux familles surendettées de redresser l'état de leurs finances personnelles.

Vous en savez un peu plus sur le surendettement et les particuliers et familles qu'il touche.

Alors, si votre situation est celle d'un surendetté, je n'aurai qu'un seul conseil : saisissez la commission de surendettement !

COMMENT SAISIR LA COMMISSION DE SURENDETTEMENT ?

Vous avez déjà :

- réalisé un état des lieux de votre situation budgétaire, par vous-même ou avec l'aide d'un conseiller en économie sociale et familiale ;
- concentré vos ressources sur vos postes de dépenses vitaux (logement, alimentation, santé...) ;
- arrêté toute dépense non indispensable : restaurant, loisirs, vacances... ;
- tenté de négocier avec vos différents créanciers (plan de rattrapage, réaménagement de vos crédits, mise en place de reports de mensualités...) ;
- sollicité l'aide d'un courtier dont les tarifs ne sont pas prohibitifs ;
- fait appel à vos proches ;
- tenté d'augmenter vos ressources (vente de biens, heures supplémentaires...) ;
- arrêté d'alimenter vos comptes d'épargne ;
- essayé de résoudre votre problématique avec un travailleur social...

Mais rien n'y fait ; les actions que vous avez mises en place ne vous ont pas permis de rétablir votre situation budgétaire.

Ne perdez plus de temps : saisissez la commission de surendettement.

Comment faire ? Voici les étapes que vous devez respecter.

Étape 1 — Procurez-vous une déclaration de surendettement

La déclaration de surendettement est le document officiel à remplir pour saisir la commission.

Pour obtenir ce document, vous pouvez :

- **Le télécharger directement** à partir du site Internet de la Banque de France : *www.banque-france.fr/fr/instit/services/page3a1.htm*
- **Le demander au secrétariat de la commission de surendettement.** (Le secrétariat de la commission est le service qui instruit et étudie votre dossier.)
- **L'obtenir dans un bureau d'accueil et d'information de la Banque de France (BAI).** Le BAI est un dispositif d'information du grand public sur les services qu'offre la Banque de France aux particuliers et aux ménages. Vous trouverez les coordonnées téléphoniques de l'ensemble des secrétariats et BAI sur le site de la Banque de France : *www.banque-france.fr/fr/instit/telechar/histoire/succurs.pdf*

Étape 2 — Remplissez la déclaration de surendettement

La déclaration de surendettement est un document de onze pages qui se présente de la façon suivante :

- Page 1 : votre état civil, vos coordonnées personnelles et votre signature.
- Page 2 : votre situation de famille, les personnes que vous avez à charge et vos conditions de logement.
- Page 3 : votre profession et vos ressources mensuelles.
- Page 4 : votre patrimoine (immobilier, épargne, véhicule...) et vos engagements en tant que caution (vous voyez encore une fois que c'est important).
- Page 5 : vos charges courantes mensuelles (eau, électricité, chauffage...).
- Page 6a et 6b : l'état de votre endettement bancaire et financier (vos crédits immobiliers et à la consommation, les emprunts réalisés auprès de vos proches...).
- Page 7a et 7b : l'état de votre endettement non bancaire (commerçants, bailleur...).
- Page 8 : les causes, selon vous, de votre surendettement (cases à cocher). Cette page sert aussi à préciser si une assistance vous a déjà été apportée par un travailleur social.
- Annexe : l'état de vos dettes fiscales.

Vous devez donc remplir la déclaration de surendettement, l'annexe (votre situation fiscale) et aussi joindre les pièces justificatives :

- qui vous sont demandées ;
- que vous jugerez utiles pour une bonne compréhension de votre dossier.

Ces pièces justificatives doivent apporter la preuve de ce que vous écrivez : votre état civil, votre domicile, la composition de votre foyer, votre état d'endettement...

Une déclaration de surendettement n'est pas systématiquement simple à remplir et les pièces justificatives prennent du temps à être collectées.

Bon à savoir

Pour vous aider à remplir la déclaration de surendettement et l'annexe, et à rechercher les pièces justificatives qui vous sont demandées, vous pouvez demander l'aide d'un travailleur social : assistant social ou conseiller en économie sociale et familiale. Pour prendre rendez-vous avec un travailleur social, contactez votre commune (le Centre communal d'action sociale), le Conseil général ou la CAF de votre département.

Votre déclaration doit être **totalement honnête.** Toute dissimulation ou fausse déclaration est susceptible d'entraîner le rejet définitif de votre dossier.

Avant de prendre une décision sur votre dossier, la commission de surendettement demande donc à son secrétariat de mener une enquête pour vérifier vos déclarations et l'état de vos dettes.

Le dépôt de votre déclaration de surendettement ne suspend pas l'obligation que vous avez de payer vos créanciers. En clair, ce n'est pas parce que vous déposez une déclaration que vous pouvez arrêter de régler vos dettes. On pourrait même dire que dans l'attente de la décision de la commission, vos créanciers sont libres de continuer les poursuites.

Alors, dans l'attente de la décision de la commission et dans la mesure du possible, envoyez chaque mois un règlement à tous vos créanciers. Pour cela, calculez la somme dont vous avez besoin tous les mois pour couvrir vos besoins vitaux : logement, alimentation, santé... Si votre budget vous permet de dégager une somme d'argent, même minime, pour régler vos dettes, faites-le ! Un règlement de 10 ou 15 € peut vous paraître mesquin... Bien au contraire ! Il prouve votre bonne volonté et votre bonne foi ! Vous mettez tout en œuvre pour régler, même petitement, vos différents créanciers.

Très important

Ne privilégiez surtout pas un de vos créanciers au détriment des autres ! Même si ce créancier est le représentant de votre plus grosse dette, même si votre règlement permet d'arrêter les relances par téléphone et par courrier, ne décidez jamais de concentrer l'argent qu'il vous reste pour régler un seul et même créancier !

Ce type de décision peut conduire votre dossier de surendettement à sa perte. En effet, un ou plusieurs de vos créanciers mis à l'écart de vos règlements peuvent tout à fait s'opposer à ce que votre dossier soit accepté par la commission (on parle de « recevabilité »).

Ça y est, vous avez dûment rempli votre dossier et joint les pièces justificatives demandées. Votre « mission » est-elle pour autant accomplie ? Non !

Votre dossier est en quelque sorte une photographie de votre situation budgétaire, sociale, matrimoniale, fiscale et patrimoniale au moment ou vous saisissez la commission de surendettement.

Le problème est qu'une photographie ne bouge pas... Elle ne dit rien sur ce qui s'est passé avant et sur ce qui peut se passer après...

En complément idéal de votre déclaration de surendettement, il vous faut donc rédiger un courrier d'accompagnement !

Ce courrier doit :

- **Décrire les circonstances qui vous ont conduit à être surendetté.** Pour cela, faites un historique de votre situation budgétaire, professionnelle, familiale, patrimoniale...
- **Être factuel.** Ne présentez que des faits, pas l'expression de vos impressions ou de vos sentiments. Ce n'est pas que l'agent du secrétariat de la commission ne les lira pas ou n'y sera pas du tout sensible, mais devant l'importante charge de travail qui est la sienne (malheureusement), il doit se concentrer sur les éléments qui peuvent l'aider à comprendre votre situation.
- **Laisser clairement entendre à la commission de surendettement que votre situation vous préoccupe** et que vous êtes déterminé à tout mettre en œuvre pour y remédier (avec l'aide de la commission, bien sûr).

Votre courrier ne doit surtout pas :

- **Vous dédouaner de vos responsabilités.** Que votre situation de surendettement soit subie (chômage, séparation, longue période d'arrêt de travail...) ou « provoquée » (vous avez eu recours au crédit de façon déraisonnable), ne rejetez pas la faute sur vos créanciers, la société ou le « système »... Premièrement, ça ne changera pas votre situation, deuxièmement cette attitude n'est pas celle d'un adulte responsable qui se prend en charge.

- **Demander la lune.** Ne cherchez pas à obtenir un effacement total de vos dettes si votre situation n'est pas irrémédiablement compromise. D'une part, la commission pourrait y voir un comportement recherchant le profit. D'autre part, vous n'êtes probablement pas suffisamment informé pour en connaître tous les tenants et aboutissants. Enfin, cette décision appartient pleinement à la commission.

Votre déclaration est remplie, vos documents sont joints et votre courrier est rédigé. Vous pouvez maintenant adresser le tout au secrétariat de la commission de surendettement.

Attention

À partir du moment où vous saisissez la commission de surendettement, vous ne pouvez pas vendre des objets de valeur, votre voiture ou encore moins votre logement (si vous en êtes propriétaire) ! Pour cela, il vous faut l'accord de la commission ou du juge de l'exécution.

Étape 3 — Suivez à la lettre les instructions du secrétariat de la commission

Vous venez de déposer votre dossier à la commission de surendettement (à son secrétariat pour être plus exact). Vous avez donc procédé à ce que l'on appelle la « saisine de la commission de surendettement ». Que va-t-il se passer maintenant ?

Vous allez recevoir très rapidement (sous 48 heures, c'est le délai légal) une attestation de dépôt de votre déclaration. Cette attestation de dépôt vous indiquera votre numéro de dossier. Ce numéro de dossier est la référence à rappeler lors de toute correspondance avec le secrétariat de la commission.

Dans le même temps (en général dans le même courrier), le secrétariat va vous informer de votre inscription au fichier FICP (Fichier des incidents de remboursement des crédits aux particuliers).

Dès lors, pour vous protéger de vous-même et pour protéger les banques et les établissements de crédits, vous ne pourrez plus avoir recours au crédit, quelle qu'en soit la forme : immobilier ou à la consommation (sauf cas rares et complexes).

Il est rare que les dossiers soient complets lors du dépôt au secrétariat. Celui-ci va donc faire l'inventaire des documents manquants. À réception du courrier du secrétariat de la commission vous indiquant la liste des pièces justificatives à fournir, vous aurez 15 jours pour les envoyer.

Attention

Répondez à ce courrier dans le délai imparti. Si vous ne respectez pas ce délai, votre dossier sera classé « sans suite ». En clair, votre dossier sera clôturé !

Bon à savoir

Si vous éprouvez des difficultés à fournir les documents qui vous sont demandés, contactez l'agent du secrétariat en charge de votre dossier (ses coordonnées figurent sur les courriers qu'il vous adresse). Expliquez-lui vos difficultés, il vous aidera à les résoudre ou vous indiquera vers qui vous tourner.

Après avoir échangé quelques courriers avec le secrétariat, votre dossier est enfin complet. L'agent en charge de votre dossier va pouvoir l'étudier et rendre ses conclusions. Dès que possible, votre dossier sera alors présenté devant la commission de surendettement.

Étape 4 — « Recevabilité » et « orientation » de votre dossier

Lors de cette étape, vous n'avez rien à faire, si ce n'est attendre la décision de la commission.

En fonction d'une organisation qui lui est propre, la commission peut se réunir une fois tous les deux mois, une fois par mois ou encore tous les 15 jours.

Le délai d'attente peut donc être long… Et parfois encore plus, car certaines commissions peuvent prendre du retard lors de pics d'activité (dépôts de dossiers en nette augmentation).

Attention

Quel que soit le délai d'attente, ne vous découragez pas. Soyez combatif et surtout continuez à prouver votre bonne volonté et votre bonne foi en envoyant un règlement par mois, aussi petit soit-il, à chacun de vos créanciers !

La « recevabilité » de votre dossier

Pour que votre dossier soit recevable :

- Vous ne devez pas être commerçant, artisan ou agriculteur. Ces professions relèvent d'une autre procédure, car il n'y a pas de séparation entre leur patrimoine personnel et professionnel (on dit qu'il y a « unité patrimoniale »).
- Vous devez être dans l'incapacité manifeste de faire face à vos dettes.
- Votre endettement ne doit pas être lié à une activité professionnelle.
- Et vous devez être de bonne foi ! Vous n'avez pas provoqué ou organisé votre situation de surendettement. Vous avez toujours essayé (dans la mesure du possible) d'effectuer des règlements à vos différents créanciers...

À noter

Le taux de recevabilité est proche de 90 %. Les dossiers irrecevables ne sont donc pas légion...

Si votre dossier est irrecevable

Si votre dossier est irrecevable, vous pouvez faire appel de cette décision dans un délai de 15 jours à compter de la date du courrier de notification de décision d'irrecevabilité.

Si vous faites appel de la décision, votre dossier sera alors confié au juge de l'exécution qui sera chargé de trancher définitivement sur la recevabilité de votre dossier.

- Si le juge confirme la décision de la commission de surendettement (votre dossier est irrecevable), vous ne pourrez pas faire appel de la décision du juge de l'exécution...
- Si le juge infirme la décision de la commission (va dans le sens contraire de la commission), votre dossier est donc recevable et vos créanciers ne pourront pas faire appel de cette décision.

Si votre dossier est recevable

Si votre dossier est recevable, c'est une bonne nouvelle mais la procédure n'est pas terminée pour autant.

Vos créanciers peuvent en effet faire appel de cette décision.

Si vos créanciers font appel de la décision, votre dossier sera alors confié au juge de l'exécution qui sera chargé de trancher définitivement sur la recevabilité de votre dossier. Le juge de l'exécution peut :

- Confirmer la décision de la commission de surendettement : votre dossier est recevable.
- Infirmer la décision de la commission (il va dans le sens contraire de la commission) : votre dossier est donc irrecevable et vous ne pourrez pas faire appel de cette décision.

Quelle issue pour votre dossier

Si votre dossier est définitivement recevable, la commission va maintenant décider de son orientation (dans la pratique, cette décision se prend en même temps que la décision de recevabilité).

Très important

Si votre dossier est définitivement recevable et que vous faites l'objet de poursuites de la part de vos créanciers, vous pouvez demander au juge de l'exécution la « suspension des voies d'exécution », c'est-à-dire l'arrêt total (mais pas définitif) des poursuites engagées par vos créanciers à votre encontre.

En clair, si le juge de l'exécution prononce cette suspension des procédures, vos créanciers doivent cesser toute action contre vous. Vous êtes protégé par la loi.

Cette suspension des voies d'exécution reste valable pendant toute la phase de conciliation (c'est-à-dire pendant la construction du plan de redressement).

Votre dossier peut être orienté vers :

La procédure classique

Le plus souvent, la commission va orienter votre dossier vers la procédure dite « classique ». Il s'agit simplement de la mise en place d'un plan de règlement de vos dettes.

La procédure de rétablissement personnel

Plus rarement (mais la proportion de ce type de cas tend à augmenter d'année en année), la commission orientera votre dossier vers la procédure de rétablissement personnel : en clair, l'effacement total de vos dettes.

Faire appel de la décision d'orientation

Si la décision d'orientation de votre dossier par la commission ne vous convient pas, vous pouvez faire appel de cette décision. La procédure d'appel relève également du juge de l'exécution. Il pourra alors décider :

- De confirmer la décision de la commission. Vous ne pouvez pas faire appel de cette décision.
- D'infirmer la décision de la commission, c'est-à-dire d'orienter votre dossier vers la procédure que vous attendiez.

Si la décision d'orientation de votre dossier par la commission ne convient pas à vos créanciers, ils peuvent eux aussi faire appel de cette décision. La procédure d'appel relève aussi du juge de l'exécution. Il pourra alors décider :

- De confirmer la décision de la commission. Vos créanciers ne peuvent pas faire appel de cette décision.
- D'infirmer la décision de la commission, c'est-à-dire d' orienter votre dossier vers la procédure qui convient à vos créanciers.

LA PHASE AMIABLE (OU PHASE DE CONCILIATION)

Mise en place du plan de redressement

Votre dossier est définitivement recevable et a été orienté vers la procédure classique : la mise en place d'un plan de remboursement.

Ce plan porte en réalité le nom de « Plan conventionnel de redressement ». Pour construire votre plan conventionnel, le secrétariat de la commission va :

- **Calculer votre « reste à vivre »**, c'est-à-dire la somme dont vous avez besoin pour faire vivre votre foyer. Cette somme intègre le montant des dépenses de logement, de nourriture et de scolarité de vos enfants. Elle est fixée par la commission après avis d'un conseiller en économie sociale et familiale (CESF). Vous venez de comprendre l'intérêt de vous faire assister d'un CESF dès le départ...
- **Déterminer le montant de la mensualité** que vous allez pouvoir régler à chacun de vos créanciers.

Cette mission que mène le secrétariat de la commission de surendettement porte un nom : la « phase de conciliation », ou « phase amiable ».

Une fois construit, le secrétariat vous fait parvenir (ainsi qu'à vos créanciers) le plan de redressement. Ce n'est pour l'instant qu'une proposition de plan. Le plan ne vous est pas imposé. Vous pouvez donc le contester... Et vos créanciers aussi.

Si la mission de conciliation a réussi

Si les conditions de remboursement prévues par le plan vous conviennent ainsi qu'à vos créanciers, le plan peut prévoir :

- l'abandon de certaines pénalités ;
- l'allongement des durées de remboursement ;
- des réductions de taux d'intérêt...

La durée maximale du plan est de 10 ans (sauf dispositions particulières, notamment si vos dettes intègrent un prêt immobilier et que la commission et/ou le juge n'ont pas décidé de vous faire vendre votre bien).

Vous êtes alors inscrit au FICP (Fichier national des incidents de remboursement des crédits aux particuliers) pour toute la durée du plan de redressement, dans la limite de 10 ans.

Conseils « plus que pratiques »...

Les modalités de remboursement sont détaillées dans votre plan de redressement. À l'instant même ou vous signez le plan, vous vous engagez à le respecter.

Je vous rappelle que ce plan porte un nom : Plan conventionnel de redressement.

- plan de redressement parce que son objectif est de pouvoir vous permettre de solder progressivement vos dettes ;
- plan conventionnel parce que c'est un contrat !

La signature de ce contrat vous oblige à en respecter les termes, et à vos créanciers aussi.

Alors soyez vigilant ! Veillez bien à ce que votre compte soit approvisionné (pour les prélèvements)...

Dès la signature du plan, contactez vos créanciers pour régler les derniers détails, c'est-à-dire les modalités de paiement : prélèvement, virement, mandat compte, mandat cash...

Pendant le déroulement du plan, trois cas de figures peuvent se présenter à vous :

- Vos revenus ont augmenté de façon significative : profitez de cette embellie pour augmenter le montant des mensualités que vous avez à régler tous les mois. Pour cela, informez le secrétariat de la commission de votre démarche et contactez vos créanciers.
- Votre situation personnelle et/ou professionnelle a connu des changements qui sont de nature à vous mettre en difficulté pour rembourser le plan : contactez tout de suite le secrétariat de la commission : il vous indiquera la conduite à tenir. Informez également vos créanciers, ce sont les premiers concernés...

- Votre situation personnelle et/ou professionnelle ne vous permet plus de respecter le plan : faites de même ! En principe, vous devrez déposer une nouvelle déclaration de surendettement...

Si la mission de conciliation a échoué

Si vous contestez le plan de redressement (parce que vous le jugez inadapté à votre situation financière), vous avez le droit de formuler au secrétariat une proposition de plan conventionnel différente, c'est-à-dire qui « colle » davantage à votre situation budgétaire.

Vos créanciers jouissent du même droit.

Vous pouvez aussi purement et simplement refuser le plan, tout comme vos créanciers.

On parle ici d'échec de la phase de conciliation. L'échec de cette phase est alors constaté par le secrétariat de la commission par un courrier qui vous est adressé ainsi qu'à vos créanciers également. Vous avez 15 jours (vos créanciers également) pour formuler une demande de recommandation.

LA PHASE DE RECOMMANDATION

La phase de recommandation est consécutive au constat d'échec de la phase de conciliation.

Pour formuler votre demande de recommandation, vous devez remplir un imprimé qui vous a été transmis par le secrétariat de la commission (cet imprimé a été joint à la lettre de constat d'échec de la phase de conciliation).

Attention

Si vous ne réagissez pas dans le délai imparti (15 jours), votre dossier sera classé « sans suite », c'est-à-dire clôturé... Vous aurez fait toutes les démarches pour rien...

Les deux types de recommandation

Il existe deux types de recommandation (ce n'est pas à vous de les formuler ou de les proposer, c'est le travail du secrétariat de la commission).

Les recommandations ordinaires permettent :

- les rééchelonnements et délais de paiement ;
- l'imputation des paiements sur le capital (vos règlements vien-

nent en déduction du capital emprunté, et pas des intérêts) ;
- la réduction du taux d'intérêt ;
- la réduction de la dette en cas de vente d'un bien immeuble.

Les recommandations extraordinaires peuvent prendre la forme :
- d'un effacement partiel des dettes, applicable à l'issue d'un plan de remboursement et si votre situation budgétaire n'a pas changé ; vous êtes alors inscrit au FICP pendant 10 ans.
- la mise en place d'un moratoire, c'est-à-dire d'un délai pendant lequel il n'y a rien à payer.

Une fois formulées par le secrétariat, les recommandations sont validées par la commission, puis vous sont adressées. Chaque partie (vous ou vos créanciers) peut saisir le juge pour contester les recommandations de la commission dans un délai de 15 jours après notification de ces recommandations.

Si vous faites appel des recommandations de la commission

C'est le juge de l'exécution qui s'occupe de cette procédure.

S'il confirme les recommandations de la commission, vous ne pouvez pas faire appel de cette décision.

S'il ne confirme pas les recommandations de la commission, il peut décider :
- d'en changer une partie ;
- de toute les changer ;
- d'en proposer d'autres...
- ou encore d'orienter votre dossier vers la procédure de rétablissement personnel, c'est-à-dire effacer totalement vos dettes (c'est en réalité un peu plus complexe et plus long...).

Si vos créanciers font appel des recommandations de la commission

Si le juge de l'exécution confirme les recommandations de la commission, vos créanciers ne peuvent pas faire appel de cette décision.

Si le juge de l'exécution ne confirme pas les recommandations de la commission, il peut décider :
- d'en changer une partie ;
- de toute les changer ;
- d'en proposer d'autres...

- ou encore d'orienter votre dossier vers la procédure de rétablissement personnel, c'est-à-dire effacer totalement vos dettes (c'est en réalité un peu plus complexe et plus long...).

LA PROCÉDURE DE RÉTABLISSEMENT PERSONNEL

L'ouverture d'une procédure de rétablissement personnel suppose que le débiteur de bonne foi se trouve dans une situation financière irrémédiablement compromise.

Le caractère irrémédiable de la situation financière du débiteur est déterminé par l'observation et l'analyse des critères objectifs suivants :

- l'âge ;
- les possibilités d'évolution économique et sociale ;
- la situation familiale ;
- la faculté de remboursement ;
- l'existence d'une procédure antérieure.

La procédure de rétablissement personnel permet l'effacement total des dettes du débiteur. Elle peut être ouverte dans les cas de figure suivants :

- Vous avez saisi la commission de surendettement et votre dossier est recevable. La commission de surendettement a décidé d'orienter votre dossier vers la procédure de rétablissement personnel parce que votre situation financière est irrémédiablement compromise.
- Vous avez saisi la commission de surendettement et votre dossier est recevable. La commission de surendettement a décidé d'orienter votre dossier vers la procédure dite classique, c'est-à-dire vers l'élaboration d'un plan de redressement conventionnel. Vous faites appel de cette décision d'orientation de votre dossier devant le juge de l'exécution. Le juge de l'exécution peut décider d'ouvrir une procédure de rétablissement personnel.
- Vous avez saisi la commission de surendettement et votre dossier est recevable. La commission de surendettement a décidé d'orienter votre dossier vers la procédure dite classique, c'est-à-dire vers l'élaboration d'un plan de redressement conventionnel. La mission de conciliation est un échec : le plan de redressement est contesté (par vous ou vos créanciers). La commission élabore

alors des recommandations. Que vous les contestiez ou non, le juge de l'exécution aura à se prononcer sur leur efficacité. S'il les trouve inadaptées, il peut alors décider d'ouvrir de lui-même une procédure de rétablissement personnel...

- Dans certains cas, vous pouvez demander directement au juge l'ouverture de la procédure.

Attention

Pendant le déroulement de la procédure de rétablissement personnel et s'il estime qu'un plan de redressement est encore possible, le juge peut renvoyer votre dossier à la commission.

Si vous bénéficiez de la procédure de rétablissement personnel, vous êtes inscrit au FICP pendant 8 ans.

Comme vous venez de le constater, les procédures de traitement des situations de surendettement ne sont pas vraiment tout ce qu'il y a de plus simple...

Et pour être totalement sincère, c'est en réalité bien plus complexe.

Pour vous rassurer, je tiens à vous dire que les agents des secrétariats de commission de surendettement peuvent vous apporter les explications et les éclaircissements que vous attendez. Par ailleurs, les conseillers en économie sociale et familiale peuvent vous apporter une aide et un soutien précieux tout au long de la procédure.

Malgré tout, déclarer une situation de surendettement, c'est soit :

- le constat d'un échec dans la gestion de ses ressources, qui traduit bien souvent des lacunes en éducation budgétaire et financière ;
- le triste résultat d'une situation totalement subie : licenciement, divorce, maladie... ;
- les conséquences malheureuses d'une forte adhésion (consciente ou inconsciente) à notre société de consommation : « Je consomme, donc je suis... »

À bien y réfléchir, consommer pour consommer ne donne en réalité aucun sens à la vie. Nous avons besoin de consommer pour vivre... pas le contraire !

Consommer doit répondre avant tout à des besoins et quand c'est possible, seulement quand c'est possible, consommer peut répondre aussi à des envies...

Alors, si ce livre peut :

- vous apprendre à maîtriser vos dépenses pour augmenter votre pouvoir d'achat, j'en serai satisfait ;
- vous permettre de protéger votre famille des aléas de notre existence, de réaliser les projets qui vous tiennent à cœur et d'améliorer vos conditions de vie pour vos « vieux jours », je m'en réjouis d'avance ;
- modifier profondément vos comportements face au crédit « toxiques », là... je marque un point !

« Rome ne s'est pas faite en un jour »... Par conséquent, vous avez du temps... Bon courage !

GLOSSAIRE

Avertissement

Les termes en caractères italiques renvoient à leur définition dans le glossaire.

Acte sous seing privé

L'acte « sous seing privé » (ou sous signature privée) est une convention écrite établie et signée par les parties, ou par un tiers mandaté, en vue de régler une situation contractuelle (vente, location, société, contrat de travail...). Un testament ou un contrat d'assurance sont des actes sous-seing privé.

Assistant(e) social(e) (AS)

Les assistants de service social peuvent intervenir auprès de publics très différents : enfants, adolescents, adultes, personnes âgées, malades, handicapés.

D'une façon générale, ils mènent des « interventions sociales, individuelles ou collectives, en vue d'améliorer par une approche globale et d'accompagnement social les conditions de vie des personnes et des familles ».

Plus précisément, leurs missions consistent à :

- accompagner et soutenir les personnes aux prises avec des situations de changement ou de difficultés sociales ;
- informer sur les droits, par exemple aux prestations sociales, aux soins médicaux, au logement, à la formation ;
- orienter en fonction des demandes vers des centres d'accueil et différents spécialistes ;

- encadrer et animer des groupes de professionnels et de bénévoles ;
- participer au développement social de quartiers ou de collectivités.

Par ailleurs, c'est la seule profession sociale à être spécifiquement soumise au secret professionnel.

Leurs principaux employeurs sont les Conseils généraux (plus de la moitié de l'effectif professionnel exerce au sein des *services sociaux départementaux*), les communes, l'État, les organismes de protection sociale, les associations et les entreprises.

La profession est très majoritairement féminine, les hommes ne représentant qu'un peu plus de 10 % de l'effectif total. Les assistants de service social doivent être titulaires du DEASS (diplôme d'État d'assistant de service social, au niveau Bac+3).

Association française des intermédiaires bancaires (AFIB)

L'AFIB est un syndicat professionnel fondé en 1997. Il regroupe des professionnels indépendants de la restructuration de crédits : les intermédiaires en opérations de banque (IOB), aussi appelés courtiers.

Unique syndicat de cette profession, l'AFIB a pour vocation de défendre, de valoriser et de promouvoir le métier d'intermédiaire en opérations de banque. Il regroupe les IOB indépendants vis-à-vis des établissements de crédit et des banques.

Autorités de tutelle bancaire (en France)

Membre de l'Eurosystème, la Banque de France assure la mise en œuvre de la politique monétaire unique définie par le conseil des gouverneurs des banques centrales de la zone Euro.

Concrètement, les établissements de crédit qui souhaitent obtenir des financements auprès de la banque centrale peuvent participer aux appels d'offres qui ont lieu chaque semaine aux conditions définies par l'Eurosystème.

La Banque de France collecte les informations statistiques nécessaires à l'élaboration de la politique monétaire.

Elle organise l'émission de la dette de l'État français pour le compte de l'agence France Trésor et est chargée d'émettre la monnaie fiduciaire (billets et pièces).

Elle gère aussi les réserves de change de la France et établit la balance des paiements pour le compte de l'État.

Elle centralise également un certain nombre d'informations utiles aux banques : le service central des risques, le Fichier bancaire des entreprises (FIBEN), le fichier des incidents de paiement.

La Banque de France surveille et réglemente le fonctionnement du marché bancaire. Cette mission est menée à bien au sein de différents comités fonctionnant sous son égide : le Comité de la réglementation bancaire et financière (CRBF), le Comité des établissements de crédit et des entreprises d'investissement (CECEI), la Commission bancaire, le Conseil national du crédit et du titre (CNCT) et le Comité consultatif.

Bureau d'accueil et d'information de la Banque de France (BAI)

Les bureaux d'accueil et d'information sont des entités administratives dépendantes de la Banque de France. Les BAI accueillent et informent les particuliers relativement :

- au traitement du surendettement ;
- à l'exercice du droit au compte ;
- à l'accès aux fichiers gérés par la Banque de France (*FICP, FCC, FNCI*) ;
- aux pratiques du secteur bancaire.

Caution solidaire

Le cautionnement est une sûreté personnelle par laquelle une personne nommée « la caution » s'engage à l'égard d'une autre, dite « le bénéficiaire du cautionnement », à payer la dette du débiteur principal, dit « la personne cautionnée », pour le cas où ce dernier faillirait à ses engagements.

Centre communal d'action sociale (CCAS)

Un Centre communal d'action sociale est un établissement public communal intervenant principalement dans trois domaines :

- l'action sociale légale qui, de par la loi, est sa seule attribution obligatoire ;
- l'aide sociale facultative et l'action sociale, domaines pour lesquels il dispose d'une grande liberté d'intervention et pour lesquels il met en œuvre la politique sociale déterminée par les élus locaux ;
- l'animation des activités sociales.

Existant de plein droit à l'échelon local, sa compétence s'exerce sur le seul territoire de la commune. Le Centre communal d'action sociale est une personne morale de droit public. Il est doté d'une autonomie de gestion, même s'il est rattaché à une collectivité territoriale (la commune).

Plusieurs communes peuvent se regrouper en un établissement public de coopération ; cet établissement est alors appelé Centre intercommunal d'action sociale (CIAS).

Les CCAS ou CIAS peuvent intervenir auprès des familles, des jeunes, des personnes âgées, des personnes handicapées et des personnes en difficulté au moyen de prestations en espèces, remboursables ou non, et de prestations en nature.

Chaîne du risque

Le risque pris par une banque ou un établissement de crédit prend naissance à la signature du contrat de prêt par le client et ne s'éteint qu'à son complet remboursement. La chaîne du risque comprend donc d'une part les différentes étapes de gestion d'un crédit : l'*octroi*, l'après-vente (la relation clientèle), le recouvrement (amiable, contentieux, judiciaire), et d'autre part l'ensemble des événements pouvant survenir au souscripteur et étant de nature à affecter le remboursement normal du prêt : décès, maladie, invalidité, incapacité de travail, perte d'emploi, baisse du niveau de ressources, surendettement...

Code de l'action sociale et des familles

Anciennement appelé Code de la famille et de l'action sociale, le Code de l'action sociale et des familles regroupe les différentes dispositions législatives et réglementaires relatives à l'aide et à l'action sociale destinée aux familles.

Il comprend les différentes formes d'aides et d'actions sociales, l'action sociale et médico-sociale mise en œuvre par les différentes formes d'établissements, les professions et activités d'accueil et les dispositions particulières applicables à certaines parties du territoire français.

Code de la consommation

Le Code de la consommation regroupe les différentes dispositions législatives et réglementaires relatives au droit de la consommation.

Il comprend l'information des consommateurs, la formation des contrats, la conformité et la sécurité des produits et des services, l'endettement, les associations de consommateurs et les institutions.

Code monétaire et financier

Le Code monétaire et financier regroupe les dispositions législatives relatives à la monnaie et à la finance : instruments de paiement, instruments financiers, opérations financières et services bancaires, grandes institutions financières publiques...

- Article L.519-1. « Est intermédiaire en opérations de banque toute personne qui, à titre de profession habituelle, met en rapport les parties intéressées à la conclusion d'une opération de banque, sans se porter ducroire. »
- Article L.519-2. « L'activité d'intermédiaire en opérations de banque ne peut s'exercer qu'entre deux personnes dont l'une au moins est un établissement de crédit. L'intermédiaire en opérations de banque agit en vertu d'un mandat délivré par cet établissement. Ce mandat mentionne la nature et les conditions des opérations que l'intermédiaire est habilité à accomplir. »

Commission de surendettement

Depuis le 31 décembre 1989 (*loi Neiertz*), les commissions de surendettement ont reçu pour mission de rechercher des solutions aux problèmes rencontrés par les particuliers qui ont contracté un endettement excessif ou qui sont confrontés à une réduction de leurs ressources à la suite d'un accident de la vie.

De par leur composition (membres de la fonction publique, majoritairement) et leurs prérogatives, les commissions de surendettement sont des autorités administratives décentralisées.

Il existe au moins une commission de surendettement par département.

Conseiller en économie sociale et familiale (CESF)

Le conseiller en économie sociale et familiale est un *travailleur social* qui concourt à l'information et à la formation des adultes, pour les aider à résoudre les problèmes de la vie quotidienne.

C'est ce qu'indique l'arrêté du 9 mai 1973 instituant le diplôme d'État de CESF. Une définition qui reste vraie même si les modes d'intervention des conseillers en économie sociale et familiale ont fortement évolué depuis, pour répondre aux difficultés croissantes des usagers, en particulier en matière de surendettement et de lutte contre l'exclusion.

Aujourd'hui, les conseillères (ce sont très majoritairement des femmes) s'adressent plutôt aux adultes, intervenant aussi bien sur le budget des familles qu'au niveau du logement, de l'alimentation et de la santé. Elles sont appréciées par les collectivités territoriales pour leur approche concrète des problèmes sociaux.

Actuellement au nombre de 7 000, les CESF exercent leur métier dans les services sociaux des communes et des départements, au sein des Caisses de sécurité sociale et des Caisses d'allocations familiales, voire dans les hôpitaux et les organismes HLM.

Les conseillers en économie sociale et familiale doivent être titulaires du DECESF (diplôme d'État de conseiller en économie sociale et familiale, au niveau Bac+3).

Consolidation de crédits

Action qui consiste pour une personne physique à regrouper tout ou partie de ses crédits. La consolidation peut être assortie du financement d'une opération nouvelle (véhicule, travaux...) et/ou d'une trésorerie supplémentaire sans affectation (pas de justificatif à fournir).

Créance civile

Somme d'argent due par une personne physique à une personne morale ou une autre personne physique.

Crédit affecté

Appelé aussi prêt personnel affecté, ce type de crédit est en général proposé directement sur le lieu de la vente par un vendeur qui fera signer à son client deux contrats totalement dépendants l'un de l'autre : le contrat de vente d'une part et le contrat de crédit d'autre part.

Lorsque l'un des contrats est annulé ou résilié, l'autre le sera également.

Crédit amortissable, ou crédit « classique »

Prêt dont le montant, la durée et les remboursements périodiques (amortissement du capital et des intérêts) sont déterminés à l'avance, suivant le cas de façon fixe ou en fonction de clauses de révision clairement définies.

Le crédit amortissable est également caractérisé par la capacité qu'a l'emprunteur de rembourser le capital dans le temps, par opposition au crédit « in fine », pour lequel l'emprunteur devra verser la totalité du capital à une échéance fixée lors de la souscription du contrat de prêt.

Pour les crédits amortissables à échéances constantes, la part liée aux intérêts diminue avec le temps, alors que la part liée au remboursement du capital augmente.

Crédit à la consommation

Est considéré comme un crédit à la consommation, tout prêt d'argent consenti :

- par un professionnel (établissement de crédit ou banque) à un consommateur ;
- avec ou sans intérêt ;
- pour une durée supérieure à 3 mois ;
- d'un montant inférieur à 21 500 € ;
- qui n'est ni destiné à financer une activité professionnelle, ni à acquérir un bien immobilier ;
- qui n'est pas souscrit sous la forme d'un acte notarié.

Le crédit à la consommation peut prendre plusieurs formes :

- le *crédit affecté*, (à l'achat d'un bien et/ou d'un service) ;
- le *prêt personnel* (ou non affecté) ;
- le *crédit gratuit* ;
- le *crédit renouvelable* (ou revolving) ;
- le *découvert bancaire* (facilité de caisse et découvert autorisé) ;
- la *location avec option d'achat*.

Crédit gratuit

Les frais liés au crédit gratuit (assurances, intérêts...) existent, mais sont pris en charge non par l'acheteur, mais par le vendeur.

Les facilités de paiement octroyées par certains vendeurs qui permettent au consommateur de payer en plus de trois fois sont également considérées comme des crédits à la consommation.

Crédit hypothécaire

Un crédit hypothécaire est un crédit qui est garanti par une *hypothèque*. Il existe deux types de prêts hypothécaires :

- le prêt d'acquisition « classique » : l'hypothèque intervient comme une garantie au bénéfice du prêteur ;
- le prêt hypothécaire « consommation » : c'est un prêt financier, quel qu'en soit l'objet, et garanti par une hypothèque.

Ce dernier prêt s'adresse à tout type d'emprunteur ayant les besoins les plus divers. Il suffit de posséder un patrimoine à donner en garantie.

Crédit non affecté

Appelé aussi prêt personnel non affecté, le prêt personnel est un prêt que le bénéficiaire peut utiliser pour tout type de projet (loisirs, travaux, trésorerie...). Aucune affectation n'est prédéfinie contractuellement, contrairement au *crédit affecté*.

Crédit revolving (ou permanent)

Appelé aussi crédit reconstituable ou renouvelable, le crédit revolving consiste à mettre à la disposition d'un emprunteur une certaine somme sur un compte spécifique ouvert auprès d'un établissement de crédit ou d'une banque.

Ce crédit est généralement disponible par le biais d'une carte remise à l'acheteur, qui est alors libre d'acheter dans les commerces qui sont affiliés à l'établissement de crédit.

Il est appelé renouvelable ou permanent car le capital emprunté se reconstitue après chaque remboursement de mensualité, et de fait redevient disponible.

Crédit socialement responsable (définition selon l'association CAPE)

Est considéré comme crédit socialement responsable tout crédit de nature à ne pas mettre en danger la situation économique, et donc sociale, de l'emprunteur au moment de la souscription. Le crédit socialement responsable sous-entend que le prêteur :

- réalise un bilan complet de la situation économique et sociale de l'emprunteur ;
- propose la forme de crédit la plus adaptée au besoin de l'emprunteur ;
- informe l'emprunteur sur l'ensemble des conditions contractuelles du crédit ;
- veille à ce que le montant des mensualités ne puisse en aucun cas déséquilibrer le budget de l'emprunteur.

Découvert bancaire

Face à un découvert, une banque peut proposer deux types de solutions aux détenteurs de compte :

- Une **facilité de caisse**. Pour des difficultés de courte durée (quelques jours par mois), la banque accepte d'honorer les paiements que le détenteur du compte a dû effectuer, même si le compte était débiteur. Ce type d'accord peut être précisé dans la convention de compte signée lors de l'ouverture du compte ou dans un contrat à part. Il peut aussi être révoqué à tout moment.
- Un **découvert autorisé**. En souscrivant une autorisation de découvert (soit inclue dans la convention de compte, soit dans

un contrat à part), le détendeur du compte a l'assurance que la banque honorera les paiements même si le compte est débiteur (dans la limite de ce qui a été octroyé comme montant et durée du découvert). Les agios facturés sont généralement inférieurs à ceux appliqués aux facilités de caisse.

Depuis mai 2003, la loi Mesures urgentes à caractère économique et financier (MURCEF) prévoit que les titulaires d'un compte en banque aient la possibilité de demander à leur banque une convention de compte. Sur celle-ci figure l'ensemble des tarifs auxquels ils sont soumis : agios, dates de valeur et découvert autorisé.

Délai de rétractation

C'est le délai pendant lequel l'emprunteur a la possibilité de se rétracter, c'est-à-dire de renoncer à sa demande de crédit. En principe, ce délai est de 7 jours à compter de la date de l'acceptation de l'offre préalable de crédit par l'emprunteur. Il peut être réduit à 3 jours dans le cas d'un *crédit affecté*. Le délai passe à 14 jours en cas de vente à distance.

Encours de crédit

Un encours de crédit représente le montant du capital restant dû par un particulier ou un ménage à un instant donné.

Épargne d'investissement

Se dit des produits d'épargne permettant à un particulier ou à un ménage de réaliser un investissement. Ces produits d'épargne sont en général des placements de type « long terme », par exemple l'acquisition d'un logement à des fins locatives.

Épargne de précaution

Se dit des produits d'épargne permettant à un particulier ou à un ménage de faire face à des dépenses imprévues (santé, réparation d'un véhicule). Les sommes placées doivent être mobilisables immédiatement, sans frais et sans perte des avantages fiscaux conférés par l'ouverture de ce type de produits d'épargne. Ces produits d'épargne sont en général des placements de type « court-moyen terme ».

Épargne de projet

Se dit des produits d'épargne permettant à un particulier ou à un ménage de concrétiser un projet (acquisition d'un véhicule, financement de vacances pour toute la famille ou encore remplacement d'équipements ménagers). Ces produits d'épargne sont en général des placements de type « court-moyen terme ».

Exclusion bancaire (ou du système bancaire)

Peut être considéré comme exclu du système bancaire tout particulier ou ménage ne disposant plus de compte bancaire, d'*instrument de paiement* ou n'ayant accès qu'à des services bancaires restreints (carte bancaire ne permettant que de réaliser des retraits dans un distributeur automatique de billets de la banque émettrice, pas de chéquier, pas de *facilité de caisse* ou de *découvert autorisé*).

Exclusion du crédit bancaire

Est exclue du crédit bancaire tout personne qui se trouve dans l'impossibilité de recourir aux crédits distribués par les banques et établissements de crédit, quelle qu'en soit la forme.

Exclusion sociale

L'exclusion sociale peut être considérée comme la relégation ou la marginalisation sociale de personnes ne correspondant pas, ou plus, au modèle dominant d'une société. Généralement non souhaitée par ces dernières, elle représente l'aboutissement d'un processus de rupture plus ou moins brutal et progressif des liens sociaux.

Faillite civile (droit Alsacien-Mosellan)

La faillite civile est issue d'une loi allemande du 10 février 1877 étendue aux trois départements français annexés (Haut-Rhin, Bas-Rhin et Moselle). Après le retour de ces trois départements dans la République française en 1918, il a été décidé d'étendre la législation française sur la faillite commerciale aux personnes non commerçantes en situation « d'insolvabilité notoire ».

La procédure de faillite civile est réservée aux personnes physiques qui ne sont ni commerçants, ni artisans, ni agriculteurs, domiciliées dans les départements du Haut-Rhin, du Bas-Rhin et de Moselle.

Les règles applicables à cette procédure sont celles du Code du commerce concernant le redressement et la liquidation judiciaire des entreprises. Pour y recourir, le passif impayé doit être supérieur à la valeur des actifs patrimoniaux et la situation du débiteur doit être durablement compromise.

La faillite civile est une procédure judiciaire qui relève de la compétence du tribunal de grande instance. Le jugement d'ouverture a pour effet de suspendre les poursuites individuelles et la procédure civile d'exécution.

Un mandataire désigné par le tribunal et rémunéré par le débiteur procède à un inventaire du patrimoine du débiteur et à l'évaluation de ses capacités de remboursement. Une liste de créances est établie, le débiteur reste tenu par ses dettes courantes.

À l'issue de la procédure, le tribunal peut soit prononcer un redressement judiciaire, soit ordonner la liquidation judiciaire.

En cas de redressement judiciaire, est mis en place un plan de continuation d'une durée maximale de dix ans. Lorsque le débiteur ne parvient pas à respecter les obligations du plan, la liquidation judiciaire est prononcée.

À l'issue de la procédure de liquidation, l'insuffisance d'actifs est prononcée, ce qui entraîne l'extinction du passif subsistant. Les créanciers ne recouvrent pas leur droit de poursuites, sauf pour les créances alimentaires ou en cas de fraude.

Fichier central des chèques (FCC)

La Banque de France assure la centralisation des incidents de paiement sur chèques émis sans provision, des interdictions bancaires d'émettre des chèques qui frappent systématiquement les titulaires de comptes à l'origine de ces incidents, et des interdictions d'émettre des chèques prononcées par les tribunaux (dites « interdictions judiciaires »).

Par ailleurs, depuis le 1er août 1987, le fichier central des chèques centralise, aux termes d'un accord avec le GIE Carte bancaire « CB », les décisions de retrait de cartes bancaires pour usage abusif prises par les établissements adhérant à ce groupement.

Fichier des « décisions de retrait de cartes bancaires pour usage abusif »

Depuis le 1er août 1987, le fichier central des chèques centralise, aux termes d'un accord avec le GIE Carte bancaire « CB », les décisions de retrait de cartes bancaires pour usage abusif prises par les établissements adhérant à ce groupement.

Fichier des démarcheurs bancaires et financiers (FIDEM)

Géré par la Banque de France, le FIDEM recense les personnes habilitées à procéder au démarchage bancaire et financier auprès du public. Sont concernées les personnes enregistrées auprès :

- de l'AMF ;
- du Comité des entreprises d'assurance ;

- du Comité des établissements de crédit et des entreprises d'investissement.

Fichier des incidents de remboursement des crédits aux particuliers (FICP)

Le législateur a confié à la Banque de France le soin de recenser :

- les incidents de paiement dits « caractérisés », constatés sur les crédits accordés à des personnes physiques pour le financement de besoins non professionnels ;
- les dossiers déposés auprès des *commissions de surendettement* ;
- les mesures conventionnelles et judiciaires de traitement des situations de surendettement (dont les mesures de rétablissement personnel introduites par la loi n° 2003-710 du 1er août 2003) ;
- les jugements de *faillite civile* prononcés dans les départements d'Alsace et de Moselle.

Les personnes recensées sont les personnes physiques domiciliées en France métropolitaine, dans les départements d'Outre-mer ou à Saint-Pierre-et-Miquelon, ainsi que les personnes physiques de nationalité française domiciliées hors de France, pour le financement de besoins non professionnels.

Fichier national des chèques irréguliers (FNCI)

L'article L.131-86 du Code monétaire et financier (issu de la loi du 30 décembre 1991 relative à la sécurité des chèques et des cartes de paiement) confie à la Banque de France le soin d'informer toute personne sur la régularité de l'émission des chèques qu'elle est susceptible d'accepter pour le paiement d'un bien ou d'un service. Pour ce faire, le FNCI centralise les coordonnées bancaires :

- de tous les comptes ouverts au nom d'une personne frappée par une interdiction d'émettre des chèques ;
- des oppositions pour perte ou vol de chèques ;
- des comptes clos, ainsi que des caractéristiques des faux chèques.

S'agissant des informations relatives à la perte ou au vol de chéquiers, le FNCI centralise également les déclarations pour perte ou vol faites par les victimes auprès du Centre national d'appels chèques perdus ou volés.

Fichier positif privé, ou Centrale privée de crédits

Un fichier positif privé peut être défini comme un fichier central regroupant des informations non seulement de nature « négative » (comme des incidents de paiement), mais également des informations « positives » sur l'état de l'endettement et du patrimoine d'une personne.

Ce fichier peut être géré par un ou plusieurs établissements financiers privés. Il peut exister plusieurs fichiers positifs privés dans un seul et même pays. Par exemple, on trouvera aux États-Unis les sociétés Experian, Equifax ou encore Transunion.

Fichier positif public, ou Centrale publique de crédits

Un fichier positif public peut être défini comme un fichier central regroupant des informations non seulement de nature « négative » (comme des incidents de paiement), mais également des informations « positives » sur l'état de l'endettement et du patrimoine d'une personne.

Ce fichier est géré par la banque centrale de l'État où elle a été instaurée. Pour l'Allemagne, le fichier positif public est par exemple géré par la Bundesbank.

Foyer monoparental (ou structure monoparentale)

Un foyer monoparental est un ménage constitué d'un seul adulte et d'au moins un enfant. En France, les foyers monoparentaux sont en majorité tenus par des femmes.

Hypothèque

Une hypothèque est un droit accordé à un créancier (par exemple une banque) sur un bien immobilier (ou exceptionnellement sur un bien meuble assimilable à un immeuble, tel un navire) en garantie d'une dette, sans que le propriétaire du bien, qui constitue la garantie, en soit dépossédé.

Inclusion bancaire

L'inclusion bancaire fait référence à l'ensemble des dispositifs mis en place par l'État et les acteurs du secteur bancaire pour favoriser la participation de tous aux échanges économiques.

Indemnité de retard

En cas de non-paiement d'une mensualité de crédit, le particulier ou le ménage se voit facturer par l'établissement de crédit une indemnité de retard. Cette indemnité peut aller jusqu'à 8 % du montant de la mensualité.

Indice des prix à la consommation (IPC)

L'indice des prix à la consommation est l'instrument de mesure de l'inflation. Il permet d'estimer, entre deux périodes données, la variation moyenne des prix des produits consommés par les ménages. C'est une mesure synthétique de l'évolution de prix des produits, à qualité constante.

Instrument de paiement

En France, les instruments de paiement sont composés :

- de la monnaie fiduciaire : billets et pièces ;
- des moyens scripturaux : cartes, chèques, virements, prélèvements.

Irrecevabilité (d'un dossier de surendettement)

Un dossier de surendettement est déclaré irrecevable dès lors qu'il ne satisfait pas à toutes les conditions de fond posées par l'article L.330-1 du *Code de la consommation* modifié par la loi n° 2008-776 du 4 août 2008, art. 14 :

« La situation de surendettement des personnes physiques est caractérisée par l'impossibilité manifeste pour le débiteur de bonne foi de faire face à l'ensemble de ses dettes non professionnelles exigibles et à échoir.

L'impossibilité manifeste pour une personne physique de bonne foi de faire face à l'engagement qu'elle a donné de cautionner ou d'acquitter solidairement la dette d'un entrepreneur individuel ou d'une société caractérise également une situation de surendettement. »

Juge de l'exécution (JEX)

La loi du 9 juillet 1991, entrée en application le 1er janvier 1993, a réformé les procédures civiles d'exécution et instauré le juge de l'exécution.

Ce juge est saisi des litiges relatifs à l'exécution des jugements ou tout autre titre exécutoire. Parallèlement, a été transférée au juge de l'exécution la compétence, autrefois détenue par le juge d'instance, en matière de surendettement des particuliers. La fonction de juge de l'exécution appartient au président du tribunal de grande instance, qui peut la déléguer à un ou plusieurs juges.

Legs

Le legs est une gratification testamentaire laquelle, en général, porte dérogation aux règles légales de la dévolution successorale.

Le but du testateur (auteur du testament) est soit d'attribuer tout ou partie de sa succession à une personne qui n'y était pas normalement appelée, soit d'attribuer à un de ses héritiers légaux une part d'un montant excédant la part d'héritage que la loi lui réserve. Le bénéficiaire d'un legs est appelé le « légataire ».

Location avec option d'achat (LOA)

Aussi appelée « leasing », cette technique permet d'utiliser un bien en tant que locataire pendant une certaine durée et de décider d'en devenir ou non propriétaire à la fin de la période de location, à condition d'avoir payé les loyers et versé le montant correspondant à l'option d'achat.

Loi Neiertz

Loi n° 89-1010 du 31 décembre 1989 relative à la prévention et au règlement des difficultés liées au surendettement des particuliers et des familles.

Article 1er : « Il est institué une procédure de règlement amiable destinée, par l'élaboration d'un plan conventionnel approuvé par le débiteur et ses principaux créanciers, à régler la situation de surendettement des personnes physiques, caractérisée par l'impossibilité manifeste pour le débiteur de bonne foi de faire face à l'ensemble de ses dettes non professionnelles exigibles et à échoir. »

Loi Scrivener

C'est la loi du 13 juillet 1979 n° 79-596 qui a introduit dans le *Code de la consommation* un ensemble de dispositions visant à protéger le consommateur contre les dangers du crédit.

Cette loi offre notamment au consommateur un délai de réflexion de 10 jours pour les crédits immobiliers et un *délai de rétractation* de 7 jours pour les *crédits à la consommation*.

Malendettement (définition selon l'association CAPE)

Relève d'une situation de malendettement toute personne non surendettée ayant recours au crédit de façon inadaptée.

Médiane

Si on ordonne une distribution de salaires, de revenus ou de chiffre d'affaires, la médiane est la valeur qui partage cette distribution en deux parties égales.

Ainsi, pour une distribution de salaires, la médiane est le salaire au-dessous duquel se situent 50 % des salaires.

Médiateur bancaire

Le médiateur bancaire peut être saisi pour tout litige né de la relation entre une banque et sa clientèle de personnes physiques agissant pour des besoins non professionnels, portant sur les produits bancaires et financiers et les services proposés par la banque.

Sont exclus les litiges relevant de la politique générale de la banque (par exemple la politique tarifaire, le refus de crédit, la conception des produits) et ceux concernant les performances de produits liées aux évolutions des marchés.

Médiateur de la République

Depuis sa création en 1973, l'institution du médiateur de la République s'emploie à améliorer les relations entre l'administration française et le citoyen. Nommé pour 6 ans et irrévocable, le médiateur de la République examine au cas par cas l'inadaptation de certains textes ou procédures, ou les excès de certains comportements. Il propose des solutions sur-mesure et des réformes de fond.

Mensualisation des ressources et des dépenses

La mensualisation des ressources résulte de la division par 12 du total annuel des ressources récurrentes, soumises à l'impôt ou non, d'un particulier ou d'un ménage.

La mensualisation des dépenses résulte de la division par 12 du total des dépenses récurrentes d'un particulier ou d'un ménage.

Mensualité à échoir

Se dit d'une échéance de prêt dont le remboursement n'a pas encore été exigé par le créancier.

Mensualité échue

Se dit d'une échéance de prêt dont le remboursement a été exigé par le créancier.

Mesures ordinaires et extraordinaires

Lorsque la *commission de surendettement* n'est pas parvenue à bâtir à l'amiable un plan de redressement, elle peut, à la demande du débiteur, recommander des mesures au *juge de l'exécution*. Ces mesures peuvent être de type « ordinaire » ou « extraordinaire ».

Les mesures extraordinaires :

- suspension de l'exigibilité des créances (moratoire pouvant aller jusqu'à 2 ans) ;
- effacement partiel des dettes.

Les mesures ordinaires :

- délais de paiement (pour une partie des dettes) et rééchelonnement (ne pouvant pas aller au-delà de 10 ans) ;
- imputation des paiements sur le capital (non pas sur les intérêts) ;
- réduction du taux d'intérêt (équivalent ou inférieur au taux d'intérêt légal : 3,99 % selon le *Journal Officiel* du 3 février 2008) ;
- réduction de la dette dans le cadre de la vente du logement.

Microcrédit professionnel

Le microcrédit désigne un prêt de faible montant garanti par une relation de proximité et dont l'objet est de permettre à une ou des personnes économiquement faibles et exclues des systèmes classiques de financement, de créer ou de développer leur propre activité économique.

Minimas sociaux

Les minimas sociaux prennent la forme de prestations sociales octroyées aux plus démunis, au nom de la solidarité nationale (source : *www.sante.gouv.fr*).

Le revenu minimum d'insertion (RMI), créé en 1988, garantit des ressources minimales à toute personne âgée d'au moins 25 ans ou assumant la charge d'au moins un enfant né ou à naître. (Le RMI va être remplacé par le RSA, revenu de solidarité active).

L'allocation de solidarité spécifique (ASS), instituée en 1984, est une allocation-chômage s'adressant aux chômeurs ayant épuisé leurs droits à l'assurance chômage et qui justifient d'au moins cinq années d'activité salariée au cours des dix années précédant la rupture de leur contrat de travail.

L'allocation équivalent retraite (AER), créée en 2002, est une allocation-chômage qui constitue un revenu de remplacement ou de complément au profit des demandeurs d'emploi qui totalisent 160 trimestres de cotisations à l'assurance vieillesse avant l'âge de 60 ans.

L'allocation d'insertion (AI), créée en 1984, est une allocation-chômage, d'une durée maximale d'un an, réservée depuis

1992 aux personnes ayant demandé l'asile en France, aux salariés expatriés non affiliés à l'assurance chômage ou aux réfugiés, ainsi qu'aux anciens détenus libérés depuis moins de 12 mois et aux victimes d'un accident du travail ou encore d'une maladie professionnelle.

L'allocation temporaire d'attente (ATA), créée en 2005, remplace l'allocation d'insertion (AI) pour les entrées à compter du 16 novembre 2006. Outre des conditions rénovées de versement aux demandeurs d'asile, l'ATA est ouverte à de nouvelles catégories de personnes : bénéficiaires de la protection subsidiaire, bénéficiaires de la protection temporaire ou victimes de la traite des êtres humains ou du proxénétisme. Exceptés les réfugiés, les anciens bénéficiaires de l'AI peuvent également bénéficier de l'ATA.

L'allocation de parent isolé (API), créée en 1976, s'adresse aux personnes assumant seules la charge d'au moins un enfant né ou à naître. Si le plus jeune enfant a plus de trois ans, l'allocation est versée pendant un an au maximum (API dite « courte »), sinon elle est versée jusqu'à ses trois ans (API dite « longue »).

L'allocation aux adultes handicapés (AAH), instituée en 1975, s'adresse aux personnes handicapées ne pouvant prétendre ni à un avantage vieillesse, ni à une rente d'accident du travail. Le titulaire doit justifier d'un taux d'incapacité d'au moins 80 %, ou d'au moins 50 % si la COTOREP (Commission technique d'orientation et de reclassement professionnel) reconnaît qu'il lui est impossible de travailler en raison de son handicap.

L'allocation supplémentaire d'invalidité (ASI), créée en 1957, s'adresse aux titulaires d'une pension d'invalidité servie par le régime de Sécurité sociale au titre d'une incapacité permanente et leur assure un niveau de revenu égal au minimum vieillesse. Jusqu'en 2005, ce minimum social était réservé aux personnes âgées de moins de 60 ans. Cette condition d'âge a été supprimée au 1er janvier 2006.

L'allocation veuvage, créée en 1980, s'adresse aux conjoints survivants d'assurés sociaux décédés. C'est une allocation temporaire versée pendant deux ans au maximum. Le titulaire doit être âgé de moins de 55 ans. Ce dispositif tend à disparaître, progressivement absorbé par les pensions de réversion. Il sera définitivement supprimé au 1er janvier 2011.

L'allocation supplémentaire vieillesse, créée en 1956, s'adresse aux personnes âgées de 65 ans ou plus (60 ans en cas d'inaptitude au travail) et leur assure un niveau de revenu égal au minimum vieillesse. Une nouvelle prestation, l'allocation de solidarité aux personnes âgées (ASPA) est entrée en vigueur le 13 janvier 2007. Cette allocation unique se substitue aux prestations de premier étage du minimum (qui ne font pas partie des minima sociaux) et à l'allocation supplémentaire vieillesse.

Moratoire

Terme de droit qui désigne une décision d'accorder un délai, ou la suspension d'une action.

Appliqué au droit du surendettement, le moratoire est une décision judiciaire qui relève de la compétence du *juge de l'exécution* et qui désigne le délai pendant lequel les créanciers ne peuvent plus exiger le remboursement de tout ou partie des sommes d'argent qui leur sont dues. Sans pouvoir aller au-delà de 2 ans (3 ans dans certains cas), le moratoire peut être assimilé à une suspension temporaire des obligations de remboursement du débiteur.

Octroi

Se dit du processus à mettre en œuvre par tout organisme prêteur lors d'une demande de prêt. Les critères retenus sont en général constitués (au minimum) des éléments d'appréciation suivants :

- capacité financière et possibilités de remboursement ;
- situation familiale et professionnelle ;
- revenus, patrimoine, épargne ;
- endettement en cours ;
- capacité juridique à contracter un crédit (majorité, absence de tutelle...) ;
- présence ou non de garantie (bien immobilier, famille pouvant se porter caution...) ;
- antériorité financière (consultation des différents fichiers gérés par la Banque de France).

Plus le montant demandé est élevé, plus les critères sont nombreux et discriminants.

Offre préalable de prêt (ou de crédit, OPC)

L'offre préalable de prêt est un contrat délivré par l'établissement de crédit permettant au futur emprunteur d'avoir connaissance de toutes les informations relatives à la proposition de crédit qui lui est faite (montant du crédit, *TEG*, coût total du crédit...) et de comparer les offres des différents établissements de crédit auxquels il s'adresse. Les conditions de l'offre préalable de crédit sont maintenues par le prêteur pendant une durée minimum de 15 jours.

Personne morale

En droit français, une personne morale est un groupement doté de la personnalité juridique, tout comme une personne physique. Généralement, une personne morale se compose d'un groupe de personnes physiques réunies pour accomplir quelque chose en commun. Ce groupe peut aussi réunir des personnes physiques et des personnes morales. Il peut également n'être constitué que d'un seul élément. La personnalité juridique donne à la personne morale des droits et des devoirs. Le droit français distingue :

- **Les personnes morales de droit public** : l'État, les collectivités territoriales, les établissements publics…
- **Les personnes morales de droit privé** : les plus courantes étant les entreprises, les sociétés civiles, les groupements d'intérêt économique, les associations.

Certaines personnes morales de droit privé sont chargées de la gestion d'un service public.

Personne physique

Au sens du droit français, une personne physique est un être humain doté, en tant que tel, de la personnalité juridique. Pour jouir directement et pleinement de sa capacité (ou personnalité) juridique, une personne physique doit être majeure (sauf en cas d'émancipation avant l'âge de la majorité) et ne pas être en incapacité partielle ou totale (mise sous tutelle ou curatelle), auquel cas cette capacité est exercée en son nom par un représentant légal.

À toute personne physique, s'attachent :

- Des **droits subjectifs**. Il s'agit là de prérogatives attribuées dans son intérêt et lui permettant de jouir d'une chose, d'une valeur ou d'exiger d'autrui une prestation (par exemple la propriété, le droit au respect de la vie privée).
- Des **obligations envers d'autres personnes** (en vertu d'un contrat de travail, par exemple) et le reste de la société (par exemple, l'obligation de réparer des dommages en raison d'un délit commis).

Phase amiable

Également appelée « phase de conciliation », la phase amiable représente le temps imparti à la *commission de surendettement* pour concilier les parties (le débiteur et les créanciers) en vue d'élaborer un *plan conventionnel de redressement.*

En cas d'échec de cette phase de conciliation, la commission procédera à l'ouverture d'une procédure appelée phase de recommandation.

Plan conventionnel de redressement (PCR)

Le PCR est un plan de remboursement établi par le secrétariat de la *commission de surendettement* et soumis à l'approbation de toutes les parties avant mise en œuvre (le débiteur et l'ensemble des créanciers.)

Il est calculé de manière à laisser au débiteur une somme d'argent lui permettant d'assurer sa subsistance et l'entretien de son foyer.

Politique d'octroi

L'enjeu d'une politique d'*octroi* de crédit consiste à évaluer le risque de façon réaliste afin de l'intégrer aux stratégies marketing et commerciales. Ainsi, une politique d'octroi permet d'offrir des produits de crédit innovateurs et adaptés à chaque cible client.

Combinant scores (notations) comportementaux et analytiques, la politique d'octroi sert les intérêts de la stratégie commerciale de la société de crédits ou de la banque.

La politique d'octroi repose centralement sur des outils informatiques de haute technologie.

Pouvoir d'achat (du salaire)

Le pouvoir d'achat du salaire est la quantité de biens et de services que l'on peut acheter avec une unité de salaire. Son évolution est liée à celles des prix et des salaires.

Prêt non conforme (ou hors critères)

Cette typologie de prêts correspond à des offres de crédit destinées à des emprunteurs ne satisfaisant pas aux critères des banques traditionnelles. En général, le *taux d'endettement* de cette cible client dépasse les 33 % et peut aller jusqu'à 50 %.

Procédure administrative

Dans la plupart des cas, le *plan conventionnel de redressement* fait l'objet d'une décision de la *commission de surendettement*. Il s'agit donc d'une procédure et d'une décision administrative de traitement du surendettement.

Procédure judiciaire

La *procédure de rétablissement personnel*, les *mesures ordinaires* et *extraordinaires* font l'objet d'une décision prise par le *juge de l'exécution*.

Dans certains cas, le *plan conventionnel de redressement* peut lui aussi faire l'objet d'une décision judiciaire. On parle alors de procédure et de décision judiciaire de traitement du surendettement.

Procédure de rétablissement personnel (PRP)

L'ouverture d'une procédure de rétablissement personnel suppose que le débiteur de bonne foi se trouve dans une situation financière irrémédiablement compromise. Le caractère irrémédiable de la situation financière du débiteur est déterminé par l'observation et l'analyse des critères objectifs suivants :

- l'âge ;
- les possibilités d'évolution économique et sociale ;
- la situation familiale ;
- la faculté de remboursement ;
- l'existence d'une procédure antérieure.

Mise en œuvre, la PRP permet l'effacement total des dettes du débiteur.

Produit intérieur brut (PIB)

Le PIB d'un pays correspond à son « chiffre d'affaires ». Il se définit plus précisément comme l'« agrégat représentant le résultat final de l'activité de production des unités productrices résidentes ». Il peut se définir de trois manières :

- Le PIB est égal à la somme des valeurs ajoutées brutes des différents secteurs institutionnels ou des différentes branches d'activité, augmentée des impôts, moins les subventions sur les produits (lesquels ne sont pas affectés aux secteurs et aux branches d'activité).
- Le PIB est égal à la somme des emplois finaux intérieurs de biens et de services (consommation finale effective, formation brute de capital fixe, variations de stocks), plus les exportations, moins les importations.
- Le PIB est égal à la somme des emplois des comptes d'exploitation des secteurs institutionnels : rémunération des salariés, impôts sur la production et les importations, moins les subventions, excédent brut d'exploitation et revenu mixte.

Rachat de crédits

Opération financière qui consiste pour un particulier ou un ménage à se faire racheter tout ou partie de son *encours de crédit* à la consommation et/ou immobilier. Selon la situation économique et sociale de l'emprunteur, cette opération peut se faire avec ou sans prise de garantie par le créancier (par exemple, une *hypothèque*).

Rachat de crédits hypothécaire

Opération financière qui consiste pour un particulier ou un ménage à se faire racheter tout ou partie de son *encours de crédit* à la consommation et/ou immobilier moyennant une prise de garantie par le créancier, comme l'*hypothèque.*

Réaménagement de crédits

Opération financière qui consiste pour un particulier ou un ménage à augmenter ou diminuer contractuellement le montant de tout ou partie de ses mensualités de crédits à la consommation et/ou immobilier. Le réaménagement de crédits conduit à diminuer ou augmenter la durée de tout ou partie des crédits à la consommation et/ou immobilier réaménagés.

Recevabilité d'un dossier de surendettement

Un dossier de surendettement est déclaré recevable dès lors qu'il satisfait à toutes les conditions de fond posées par l'article L.330-1 du *Code de la consommation* modifié par la loi n° 2008-776 du 4 août 2008, art. 14 :

« La situation de surendettement des personnes physiques est caractérisée par l'impossibilité manifeste pour le débiteur de bonne foi de faire face à l'ensemble de ses dettes non professionnelles exigibles et à échoir.

L'impossibilité manifeste pour une personne physique de bonne foi de faire face à l'engagement qu'elle a donné de cautionner ou d'acquitter solidairement la dette d'un entrepreneur individuel ou d'une société caractérise également une situation de surendettement. »

Recouvrement de créances civiles

Le recouvrement de *créances civiles* comprend trois phases :

- **Le recouvrement amiable** : processus conduisant le créancier à relancer le débiteur par voie orale et/ou écrite. L'objectif du recouvrement amiable est d'obtenir de la part du débiteur le règlement de la dette dans le cadre d'une négociation de gré à gré (d'un accord commun).

- **Le contentieux non judiciaire** : processus conduisant le créancier à relancer le débiteur par voie orale ou écrite. L'objectif du recouvrement contentieux non judiciaire est d'obtenir de la part du débiteur le règlement de la dette sans faire appel à la justice, mais dans un cadre de négociation dont les exigences en termes de délais et de facilités de paiement sont plus beaucoup plus fortes que durant la phase de recouvrement amiable.
- **Le recouvrement judiciaire** : processus conduisant le créancier à faire appel à la justice pour faire valoir ses droits et procéder au recouvrement de la dette du débiteur, bien souvent par la mise en œuvre de *voies d'exécution.*

En général, la phase amiable du recouvrement de créances civiles précède la phase de recouvrement contentieux non judiciaire, laquelle vient en amont de la phase de recouvrement judiciaire.

Redépôt d'un dossier de surendettement

Action conduisant un particulier ou un ménage à déposer à nouveau une déclaration de surendettement auprès du secrétariat de la *commission de surendettement.* La principale cause de redépôt d'un dossier de surendettement est le chômage : 41,6 % en 2004.

D'une manière générale, le redépôt d'un dossier de surendettement peut-être la conséquence :

- d'un changement significatif dans la situation économique et sociale du déposant ;
- de l'inefficacité des mesures prises par la commission ou par le *juge de l'exécution* ;
- de l'arrivée du terme d'une décision temporaire prise par la commission ou le juge de l'exécution.

Règlement interne de la commission de surendettement

Les textes de loi ne donnent que peu d'indications concernant le règlement interne de la *commission de surendettement.* Il appartient au préfet de déterminer son organisation et son mode de fonctionnement.

Regroupement de crédits

Opération financière qui consiste pour un particulier ou un ménage à regrouper tout ou partie de ses *encours de crédits* à la consommation et/ou immobiliers. Selon la situation économique et sociale de l'emprunteur, cette opération peut se faire avec ou sans prise de garantie par le créancier.

Réseau de prescription

Appelé aussi réseau de distribution, un réseau de prescription en matière de *crédits à la consommation* a pour vocation de participer à la diffusion et à la commercialisation de certaines lignes de crédits (produits) distribuées par une société financière (établissement de crédit le plus souvent). Ce type de réseau peut être composé :

- de magasins indépendants, franchisés ou succursalistes ;
- de grandes enseignes du secteur de la distribution ;
- de banques ;
- d'assureurs...

Reste à vivre (RAV)

Le montant des remboursements du *plan conventionnel de redressement* est fixé par référence à la quotité saisissable des revenus, de manière à ce qu'une partie des ressources nécessaires aux dépenses courantes du ménage soit réservée au « reste à vivre » en priorité.

Cette part des ressources ne peut être inférieure ou égale au RMI dont disposerait le ménage. Elle intègre le montant des dépenses de logement, d'alimentation et de scolarité, dans la limite d'un plafond défini par décret. Cette part est fixée par la *commission de surendettement*.

Restructuration de crédits

Opération financière qui consiste pour un particulier ou un ménage à réorganiser ses dettes financières : *crédits à la consommation* et/ou immobiliers.

Certains crédits peuvent être *rachetés*, d'autres *réaménagés*, d'autres *regroupés*. Un particulier ou un ménage ayant recours à une opération de restructuration de dettes peut à la fois voir ses crédits être rachetés, réaménagés et regroupés.

Saisie

La saisie est, selon le cas, une mesure conservatoire ou une *voie d'exécution*. Il y est procédé lorsqu'un créancier fait appréhender un bien appartenant à son débiteur (on dit « mettre sous main de justice »).

Lorsque le créancier ne dispose pas d'un titre (disposition légale ou administrative, convention ou jugement) mais qu'il est urgent de prendre une mesure provisoire pour garantir ses droits, il doit obtenir une autorisation qui est délivrée par le *juge de l'exécution* du tribunal de grande instance ou par le président du tribunal de commerce, selon le cas.

Saisine de la commission de surendettement

Acte par lequel un particulier ou un ménage porte à la connaissance de la *commission de surendettement* sa situation financière *a priori* obérée.

Pratiquement, la saisine correspond au dépôt de la déclaration de surendettement au secrétariat de la *commission de surendettement.*

Score

Formule mathématique permettant d'évaluer la probabilité qu'un candidat à l'emprunt présente un risque futur de non-règlement de ses créances (sur la base des caractéristiques de ce client).

On distingue des formules permettant l'évaluation ponctuelle de ce risque (par exemple les scores de recouvrement) de celles requises lors de l'étude de l'ouverture d'une nouvelle ligne de crédit (les scores d'*octroi*).

Secrétariat de la commission de surendettement

Tout comme la *commission de surendettement*, le secrétariat de la commission de surendettement revêt un caractère administratif. Véritable cheville ouvrière du dispositif de traitement des situations de surendettement des particuliers, le secrétariat a pour mission :

- d'instruire les dossiers de manière à pouvoir les présenter complets en commission ;
- d'élaborer les *plans conventionnels de redressement* ;
- d'informer le déposant sur ses droits, ses devoirs et la situation de son dossier au regard des différentes procédures existantes ;
- d'être la plaque tournante des informations entre la commission et le *juge de l'exécution.*

Service social départemental (SSD)

Chaque Conseil général dispose d'un service social départemental doté d'une équipe de *travailleurs sociaux* qui ont pour mission essentielle d'assurer l'accès des habitants du département à un certain nombre de droits dans leur vie au quotidien et de les accompagner sur le plan social pour contribuer à leur insertion sociale et/ou professionnelle.

Subprime

Le « subprime » (ou « crédit à risque ») désigne le marché des crédits accordés à des ménages qui n'ont pas accès aux crédits classiques (*prime market*), faute de moyens.

Les clients du « subprime market » arrivent souvent après plusieurs refus de la part des banques et des sociétés de crédit : revenus insuffisants ou instables, défauts de paiement antérieurs...

Certaines sociétés se sont placées sur ce secteur « à risque » et acceptent de leur permettre d'emprunter sous certaines conditions :

- les taux sont plus élevés et sont souvent des *taux variables* ;
- ces entreprises prennent une garantie sur la maison financée par ce type de crédit.

Surendettement actif

Le surendettement actif définit les particuliers et ménages ayant eu recours aux crédits de manière excessive. En 2004, ceux-ci représentaient 27,1 % de la totalité des surendettés recensés par les *commissions de surendettement*.

Surendettement passif

Le surendettement passif définit les particuliers et ménages victimes d'un « accident de la vie » (licenciement, chômage, séparation, divorce, maladie, accident, baisse de ressources ou décès). En 2004, ceux-ci représentaient 72,9 % de la totalité des surendettés recensés par les *commissions de surendettement*.

Suspension des voies d'exécution

La saisine de la *commission de surendettement* n'entraîne pas l'arrêt des poursuites à l'égard du débiteur. Pour avoir davantage de chances de mener à bien sa mission, la *commission de surendettement* a tout intérêt à limiter les actions de recouvrement de la part des créanciers vis-à-vis du débiteur.

C'est la raison pour laquelle la commission, mais aussi le débiteur, peuvent demander au *juge de l'exécution* la suspension des *voies d'exécution* engagées à l'encontre du surendetté. Pratiquement, la suspension des voies d'exécution entraîne l'arrêt des procédures de *recouvrement judiciaire* en cours.

Tacite reconduction

Crédit pour lequel il y a un renouvellement automatique des conditions contractuelles, par exemple le *crédit revolving*.

Taux d'endettement (définition selon l'association CAPE)

Définition applicable aux particuliers en accession à la propriété d'un bien immeuble : « Rapport entre le montant total des mensualités de crédits (prêts immobiliers compris), des cautions et pensions versées, de l'ensemble des impôts et le montant total mensuel des ressources régulières. »

Définition applicable aux particuliers locataires : « Rapport entre le montant total des mensualités de crédits, du montant du loyer mensuel charges comprises, des cautions et des pensions versées, de l'ensemble des impôts et le montant total mensuel des ressources régulières. »

Taux effectif global (TEG)

Le TEG figure obligatoirement sur l'*offre préalable de crédit*. C'est le seul taux qui permette à l'emprunteur de comparer les offres de crédit de même nature de plusieurs établissements de crédit et banques.

Le TEG représente, sous forme d'un pourcentage, tous les coûts obligatoires pour l'obtention d'un crédit. Ainsi, il comprend le *taux d'intérêt nominal conventionnel* (TNC), les éventuels frais de dossiers et le coût des assurances lorsque celles-ci sont obligatoires.

Taux effectif moyen (TEM)

Les taux effectifs moyens sont déterminés trimestriellement par la Banque de France, dans les conditions prévues par l'article D.313-7 du *Code de la consommation*, à partir d'une enquête auprès de certains établissements de crédit ou agences d'établissements considérés comme représentatifs.

L'enquête recense des données individuelles relatives à des crédits nouveaux accordés au cours de la période sous revue.

Les taux effectifs moyens résultent, pour chacune des catégories de prêts définies par un arrêté du 25 juin 1990, de la moyenne arithmétique simple des *TEG* observés.

Taux fixe

Taux d'intérêt du prêt souscrit par l'emprunteur ne subissant aucune variation pendant toute la durée du prêt.

Taux nominal conventionnel (TNC)

Le taux d'intérêt nominal conventionnel permet de calculer les intérêts perçus par le prêteur en contrepartie des fonds mis à disposition de l'emprunteur. Il n'intègre pas les éventuels frais de dossiers, ni le coût des assurances lorsque celles-ci sont obligatoires.

Taux de risque

Rapport entre la partie des *encours de crédits* provisionnée dans un compte de pertes et la totalité des *encours* distribuée par un établissement de crédit ou une banque sur une période donnée (en général un an). Le taux de risque peut être décliné par forme de crédit. On parlera par exemple de « taux de risque sur encours de *crédits revolving* ».

Taux de l'usure (TU)

Aux termes de l'article L.313-3 du *Code de la consommation*, est déclaré usuraire « tout prêt conventionnel consenti à un *taux effectif global* qui excède, au moment où il est consenti, de plus du tiers le *taux effectif moyen* pratiqué au cours du trimestre précédent par les établissements de crédit pour des opérations de même nature comportant des risques analogues ».

Taux variable (ou évolutif)

Taux d'intérêt de prêt qui évolue à la hausse comme à la baisse en fonction d'un indice défini.

Travailleur social

« Travailleur social » est un terme générique pour désigner un ensemble de métiers œuvrant dans le domaine de l'action sociale au sens large.

Le travailleur social se trouve en première place pour gérer, comprendre et aider à résoudre les besoins de ses publics.

Il doit généralement répondre à un ensemble de missions définies par l'institution qui l'emploie, souvent dans le but de faciliter l'insertion d'individus.

Le travailleur social intervient auprès des personnes, des familles, des groupes et des collectivités. Par ses conseils ou par les projets qu'il met en place, il cherche à prévenir les inégalités d'accès aux biens et aux services, à faciliter l'adaptation d'individus à leur environnement et à résoudre ou réduire certaines difficultés d'ordre social.

Il aide à clarifier les besoins des personnes, à cerner la source de leurs problèmes, à trouver et à mettre en œuvre les solutions qui leur conviennent, à faire valoir leurs droits, à effectuer des changements sociaux et à influencer les politiques sociales.

Vente à tempérament (VAT)

Vente à crédit dans laquelle l'acheteur rembourse par versements échelonnés et égaux. La vente à tempérament est définie comme tout contrat de crédit qui doit normalement emporter acquisition d'un bien meuble corporel (électroménager, véhicule...) et dont le prix s'acquitte en versements périodiques, en 3 paiements au moins.

Voie d'exécution

Les voies d'exécution sont relatives aux procédures plus connues sous le nom de *saisies.*

Les saisies sont les moyens légaux mis à la disposition des créanciers qui ne peuvent obtenir des débiteurs l'exécution volontaire des obligations dont ceux-ci sont tenus à leur égard. Les saisies confèrent un caractère forcé, et non plus volontaire, à l'accomplissement des obligations des débiteurs à l'égard des créanciers.

NOTES

....

....

....

....

....

....

....

....

....

....

....

....

....

....

....

....

....

....

....

....

....

....

....

....

....

....

....

....

....

....

....

....

....

....

....

....

....

....

....

....

....

....

....

....

....

....

....

....

....

....

....

....

....

....

....

....

....

....

....

....

....

....

....

....

....

....

....

....

....

....

....

....

....
....
....
....
....
....
....
....
....
....
....
....
....
....
....
....
....
....
....
....
....
....
....
....
....
....
....
....
....
....
....
....
....
....
....
....

....
....
....
....
....
....
....
....
....
....
....
....
....
....
....
....
....
....
....
....
....
....
....
....
....
....
....
....
....
....
....
....
....
....
....
....

....

....

....

....

....

....

....

....

....

....

....

....

....

....

....

....

....

....

....

....

....

....

....

....

....

....

....

....

....

....

....

....

....

....

....

....